suhrkamp taschenbuch 1075

Hans Bender, geboren am 1. 7. 1919 in Mühlhausen im Kraichgau, lebt in Köln. Nach der Gymnasialzeit Beginn des Studiums der Literaturwissenschaften und Kunstgeschichte 1939 in Erlangen. 1940–1945 Soldat der Infanterie, vom Kriegsende bis 1949 in sowjetischer Gefangenschaft. Nach der Rückkehr Fortsetzung des Studiums in Heidelberg und Beginn der schriftstellerischen Arbeit. Er veröffentlichte Gedichte, Geschichten, Aufsätze, zwei Romane und mehrere Anthologien und gab von 1954–1980 (1968–1976 als alleiniger Redakteur) die *Akzente* heraus.

Auch für die hier – zum 65. Geburtstag des Autors – wieder vorgelegten Kurzgeschichten Hans Benders gilt, was Siegfried Unseld 1957 schrieb: »Sie alle spiegeln im Kleinen das unfaßbar und geheimnisvolle Große des Lebens selbst, sie geben einen Blick frei in die Ganzheit dieser Welt. Sie vermitteln, um es in einem Wort zu sagen: Erfahrung. Erfahrung ist die Voraussetzung alles Erzählens ... Hans Bender hat den Rat eines Redakteurs für Erskine Caldwell befolgt: ›Geh nach Hause und schreibe über Sachen, die sich vor deinen Augen abspielen.‹«

Einige der Kurzgeschichten von Hans Bender gehören nicht nur zum festen Bestand der Antikriegsbelletristik der fünfziger Jahre; zumindest mit einigen Kurzgeschichten sind Bender gleichsam ›kanonisierte‹ Exemplare gelungen, die den Autor zum ›modernen Klassiker‹ dieser Gattung gemacht haben.

Hans Bender

Der Hund von Torcello

32 Geschichten

Suhrkamp

Titel der Originalausgabe: *Worte Bilder Menschen*
Umschlagfoto von Isolde Ohlbaum

suhrkamp taschenbuch 1075
Erste Auflage 1984

Lizenzausgabe mit freundlicher Genehmigung des
Carl Hanser Verlags, München
Suhrkamp Taschenbuch Verlag

Satz: Ebner Ulm
Druck: Nomos Verlagsgesellschaft, Baden-Baden
Printed in Germany
Umschlag nach Entwürfen von
Willy Fleckhaus und Rolf Staudt

1 2 3 4 5 6 – 89 88 87 86 85 84

Inhalt

Jurkas Jahre

Unsere Heeresfahrzeuge aus Metall, mit gepolsterten Sitzen und Gummirädern, waren in Ordnung auf den Truppenübungsplätzen daheim, auf den Asphaltstraßen und Autobahnen; doch schon in Polen, ostwärts von Warschau, zwischen Bjelsk und Slobim, blieben sie im Sand stecken. Die Kaltblüter bäumten sich im Gurt, brachen zusammen, verendeten, noch ehe ein Schuß gefallen war. Wir gehörten zur Armeereserve, marschierten Tag und Nacht, nach vorn zu kommen. Bei Rosslawl und Smolensk verlief damals die Front. Ich war Leutnant, hinter mir marschierte die Kompanie, drei Züge zu je vier Gruppen, der Troß, die Feldküche, die Schreibstube – was damals zu einer Kompanie gehörte. Fielen Pferde aus, requirierten wir Pferde. Pferde? Pferdchen, struppige, dickmähnige Panjepferdchen, wie die Polen und Russen sie hatten; aber zäh waren sie, zäher als unsere Zuchtstuten. Fielen Fahrzeuge aus, requirierten wir Fahrzeuge, klapprige Leiterwagen; »Schandflecke der Kolonne«, sagte der Oberst; doch die Panjes zogen sie durch den Sand wie Streichholzschachteln. Manchmal nahmen wir auch gleich die Fahrer mit, oder sie strömten freiwillig herbei, zerlumpte, undurchsichtige Kerle und bärtige Väterchen, die sich von ihrem Gespann nicht trennen wollten. Sie mußten nicht. Wir konnten alle gebrauchen. In Rutca – ein Dorf an einem See, und auf einem der Häuser saß ein Storchennest – requirierten wir einen Jungen mit seinem Gespann. Seine Mutter lief aus dem Haus, warf die Arme hoch und schrie. Sie lief ins Haus zurück, kam mit einer Jacke, lief wieder ins Haus, brachte ein Bündel, gab es ihrem Jungen hinauf, umarmte seine Füße und wischte die Tränen an seine Hose, während der Junge schon auf das Pferd einschlug und das Fahrzeug anrückte. Aus dem Jammergeschrei der Alten konnten wir nur den Namen des Jungen verstehen: »Jurka! Jurka!« Wir? Ja, auch meine Leute standen herum. Ich war gewiß kein Unmensch. In meiner Kompanie war ein Student aus Köln, der konnte etwas Polnisch und Russisch: Jovy hieß er. Ich ließ ihn kommen und sagte: »Sag der Matka, sie soll's halblang machen; ihr Jurka kommt zurück. In der Stadt schon schicke ich ihn zurück, und Pferd und Wagen auch.« Als sie verstand, stürzte sie zu mir hin und griff nach meinen Stiefeln. Ich machte, daß ich wegkam. Jurka reihte sich in unsere Kolonne, ein »Schandfleck« mehr. Die Stadt, die ich meinte, war Slobim, vielleicht auch Wisznia, Praschany oder eine andere. Sie waren sowieso alle gleich: Am Morgen schon lagen sie am Horizont, am Mittag erst zogen wir dort ein. Von weitem sahen sie aus wie Jerusalem, weiße, blaue und rosarote Häuser, darüber dicke Kirchenkuppeln; in der Nähe waren sie wie Bethlehem, Dörfer, Hütten, Ställe, zerstört, ausgebrannt. Sieben Tage, sieben Nächte, kurzer Schlaf, »marsch!« – Auf der Karte ein Strich: Bjelsk – Bobruisk, in Wirklichkeit eine Schinderei, Blutblasen, Schweiß, Durst, Müdigkeit bis zum Umfallen. Jenseits der Beresina, bei Stary Bischow, kamen wir in das erste Gefecht. Der Vormarsch war zu Ende. Feuertaufe für viele, Angriff auf Angriff. Das war nicht das Schlechteste. Jurka war hinten im Troß. In der Nacht kam er mit dem Verpflegungsfahrzeug zum Gefechtsstand. Während der Koch die Suppe ausschöpfte, hantierte er an seinen Panjes herum. Seine Augen, ängstliche, braune, slawische Augen, erinnerten mich an mein Versprechen, aber ich wollte nicht daran erinnert werden. Alle waren nötig, jedes Pferd, jedes Fahrzeug, jeder Hiwi. Stary Bischow war ein Kinderspiel gegen das, was nachher kam, die Kämpfe an der Dessna und Oka, ostwärts Podelsk, als wir schon den Rauch über Moskau sahen. Im Winter 41/42 liefen wir zurück von einem brennenden Dorf ins andere. Wir selber steckten sie an, um nicht erfrieren zu müssen im Schneesturm oder in den vereisten Schützenlöchern. Dann lagen wir fast drei Jahre bei Orel, einmal südlich, einmal nördlich, vor oder hinter der Stadt. Wir – ein halbes Dutzend von denen, die von Anfang an mit dabei waren. Die einen waren gefallen, die anderen verwundet oder zu einer fremden Einheit versetzt worden. Ersatz war dazu gekommen, junge und alte Leute, immer mehr alte Leute. Auch ich erhielt einige Kratzer, einen Steckschuß in die Hüfte, einen Granatsplitter ins Ohrläppchen, kein Grund, mich ins Lazarett zu verflüchtigen. Sonst hatte ich Glück. Aus Urlaub machte ich mir nicht viel. Ich wurde befördert, Oberleutnant, Hauptmann. Als Hauptmann bekam ich das Bataillon. Jurka war noch da mit seinem Gespann. Ich nahm ihn mit zum Stab. Er sollte es nicht schlechter haben als wir. Siebzehn oder achtzehn war er damals. Er trug eine Landseruniform ohne Schulterklappen und hatte einige Brocken Deutsch gelernt. Als mein Bursche verwundet wurde, nahm ich Jurka als Burschen. Er machte alles, was ich sagte, unterhielt das Feuer im Gefechtsstand, putzte die Stiefel, kochte Kaffee und kümmerte sich um die Pferde. Keiner machte das besser. Nein, er brauchte nicht zu hungern, und von den Marketenderwaren bekam er genausoviel ab wie unsere Leute. Wollte ich ihn lachen sehen, sagte ich: »Bald, Jurka, kommst du nach Hause.« – Daß er schließlich nach Hause kam, war nicht mein Verdienst. Der Durchbruch des Mittelabschnitts im Sommer 44 – für Jurka hatte er erfreuliche Folgen. So was von Auflösung gab es 1812 unter Napoleon nicht. Der Anfang vom Ende. Unser Glück, daß Sommer war! – Die Städte, die Wälder, Hügel, die wir erobert hatten, sahen wir alle wieder, jedoch ohne es uns gemütlich machen zu können. Kaum hatten wir die Panzerdeckungslöcher gegraben, da krepierten schon die ersten Granaten; die Panzer preschten in die Straßen, Hurrähgebrüll und Maschinengewehrfeuer jagten uns weiter zurück. Karatschew, Ryansk, Rosslawl, Klimowitschi, Stary Bischow, Bobruisk – die Namen der Kriegsschauplätze behält man, besser als die Namen der eigenen Kinder. Bis Slobim und Bjelsk wurden wir gejagt – wer noch zu jagen war. Unsere Nachhut bissen die Hunde. Auch nach Rutca kamen wir wieder; jenes Dorf am See mit dem Storchennest. Es war noch heil, und zwei junge Störche kreisten ums Nest. Ich ließ Jurka aus der Kolonne biegen. Er schlug auf die Panjes ein, ein ganzes Rudel nahm er mit. Bedankt hat er sich nicht. – Nicht weit hinter Rutca, ein paar Kilometer vor der großen Auffangstellung, die noch einen Winter lang den Russen aufhielt, wurde der Bataillonsstab geschnappt. Auf der Fahrt in die Gefangenschaft habe ich alle Städte noch mal gesehen, aus dem vergitterten Fenster des Güterwaggons. Gefangenschaft – von ihr spreche ich nicht gern, obwohl es andere schlechter hatten als ich. Vier Jahre, genauso lange wie Jurka bei uns gewesen war, war ich in Gefangenschaft.

Die Schlucht

»Mir war, daß aus der Schlacht ich jäh versank
In Schluchten, abgrundtief, uralt, gehöhlt –«
Wilfried Owen

Sonderbar, sie schreien wieder Hurra! Sie sind jenseits der Höhe. Der Widerstand ist gebrochen. Ich höre es aus ihren Stimmen. Ob sie noch an mich denken? Der Kleine, der mir die Erkennungsmarke abgebrochen hat, denkt vielleicht an mich. – Wie gut habe ich es jetzt. Ich liege im Tal. Das Blut ist verkrustet. Kühle umweht mich, und ich habe weder Hunger noch Durst.

Er hat keine Auszeichnungen und ist ganz jung, sagten sie untereinander, als ich vor zwei Tagen zu ihnen kam. Ihre gefleckten Zelte standen in den Gärten. Sie sprangen nackt in den Bach und wuschen ihre vorgestellten Schenkel. Hektor, drüben über dem Bach, sprach so laut, daß man jedes Wort verstand: Unser Angriffsziel: Serenaja-Bucht. – Seht auf die Karte. – Das ist die Serenaja-Bucht. – Dazwischen Schluchten. – Viele Schluchten. – Die Feindstellung ist rot eingezeichnet. – Überall rot. – Panzergräben. Schützengräben. Schützenlöcher, Bunker, Forts – – – Ich sprach nicht gern vor vielen Leuten. Die Sätze werden gewöhnlich, wenn man vor vielen spricht. Ich ging zu den einzelnen hin und fragte nach ihren Namen. Jeder hatte einen anderen Namen. Einer hieß Freddy, er war klein und hatte ängstliche Augen. Ich behielt die Namen. Setzt euch, raucht eine Zigarette, sagte ich. Sie suchten in ihren Taschen, schlugen mit den Handballen auf die Rädchen, die die Feuersteine ritzten, daß die Funken die benzingetränkten Dochte entflammten. Eine Zigarette, eine leichte Benommenheit, ein wenig Gift im Blut, Rauch, der zerfließt, nach oben schwebt, ein Wölkchen vor der Stirn. – Dann kam der Chef aus seinem Haus im Dorf, stieg herab in die Gärten. Seine Stiefel glänzten, sein Hemdkragen blendete, und sein Gesicht war rot vom Wein. Achtung! Achtung, riefen sie vor einem Menschen, der lebt. Vor einem Toten schweigen sie.

Hinter der Höhe ist es ruhig, nur in weiten Fernen klopfen die Maschinengewehre. Es dämmert. Es dunkelt.

Ich saß auf dem Balkon und sah auf das Meer. Xenia im Hof vor dem gemauerten Herd hielt den Topf über die Flammen. Sie war barfuß, sie hatte junge Füße, kurze, ebenmäßige Zehen mit breiten Nägeln, die sich in den Sand krallten. Woran denkst du? fragte sie, aber sie erwartete keine Antwort. Die Abende am Meer und Xenia, und die Nacht mit Xenia. Alig hieß ihr Junge. Er trug ein gesticktes Tatarenkäppchen und eine lange, weite Hose, die eine Kordel festhielt. Sein Oberkörper war schmal wie ein Buch. Zwei dünne Arme hingen herab und die Muscheln kleiner Hände. Er schlief in meinem Zimmer, auf einer Matratze neben der Tür. Als ich mit meinem Quartierschein in der Nacht ankam, wollte Xenia, die seine Mutter war, ihn schlafend aus dem Zimmer tragen. Ich sagte, er störe mich nicht. Alig lag mit erschrockenen Augen wach und ließ seine Blicke zwischen mir und meiner Pistole auf dem Stuhl hin und her gehen. In der zweiten Nacht kam Xenia. Alig sprach im Traum. Die Karbidlampe blies ein blaues Licht. Die Fotografie ihres Mannes hing an der Wand. Ich vergaß die Scham, aber das Vergessen war kurz. Ich war erleichtert, als sie ging. Wir haben uns nicht geküßt. Eva hatte ich nur geküßt. Ein Wunsch blieb offen, doch es ist gut, wenn Wünsche offen bleiben.

Am Abend vor der Schlacht zogen wir die Serpentine zum Ölberg hoch. Die Generalstäbler hatten den Berg so getauft. Die Namen bleiben, auch wenn man gegen das übrige gleichgültig geworden ist. Auf dem Ölberg sollten wir uns in der Nacht bereitstellen und am Morgen unter dem Feuerschlag der Artillerie und dem Hagel der Bomben die Höhe mit der Bastion erstürmen. Eine kalte Nacht mit nahen Sternen. Auch der Mond hing tiefer. Hintereinander gingen wir entlang der Straße. Fahrzeuge fuhren, Räder knarrten, Hufe klappten, Befehle kamen von vorn. Die Leute wandten die Gesichter und gaben die Befehle zurück. Wir rasteten. Robert holte eine Melone aus dem Brotbeutel und schnitt sie in Scheiben. Saftiges, kühles Fleisch, das im Mund zerging. Sprechen ist gut, wenn etwas bevorsteht. Zweimal kamen Sanitäter vorbei, die Bahren trugen, auf denen Verwundete lagen, stöhnende, dunkle Klumpen mit weißen Augen. – Weiter geht's!

Am Hinterhang des Ölbergs fanden wir Höhlen, in den Fels gehauen, und Gräben, durch die steinige Erde geschürft. Wir warteten, und jeder war mit sich allein, doch nicht so allein, wie ich jetzt bin. – Neben mir hockten die Melder mit angezogenen Knien. Die Köpfe hingen vornüber, und der Atem hob und senkte die Rücken. Robert schnarchte, erschrak vor seinem Schnarchen, zuckte zusammen, erwachte für Sekunden und fiel in neuen Schlaf.

Die Ausdünstungen der Melder füllten die Höhle wie Qualm. Die Kerze brannte hinab, bis der Docht im Wachs verzischte.

Dachte ich damals an den Tod? Ich dachte an das Sterben. Ich hatte Angst vor dem Sterben, vor der Plötzlichkeit und dem Schmerz des Sterbens. Es war einfacher. Es war ein dunkles, zähflüssiges Wasser, in dem ich mit offenem Mund ertrank. Nun liege ich auf dem Grund dieses Wassers, ruhig, wunschlos und hellwach.

Warum haben wir uns da oben aufgerieben, eine Höhe zu besetzen? Warum Bomben, Granaten und Geschosse zur Explosion gebracht, um einige Meter vorwärtszukommen? Die Offiziere schrien, ich schrie. Wer hat uns so zugerichtet, daß wir glaubten, jenseits der Höhe säße der Feind, und es sei notwendig, ihn zu töten und die Stadt an der Bucht zu besetzen? Nichts war notwendig. Der Tod nimmt alles. Von den Höhen der Insel sieht man die Sonne aus dem Meer steigen. Sie hat andere Farben als unsere Sonne zu Hause. Zu Hause scheint sie gelb oder rot, hier glänzt sie in den sieben Farben des Regenbogens, und das Wasser spiegelt ihre Farben wider. Der Nebel des Wassers mischt sich hinein, ein lichtes Grau dampft auf. Die Vögel steigen aus dem Nebel und durchschneiden das Licht mit ihren Flügeln. – Ein Sonnenstrahl fiel vor die Höhle, in der wir saßen. Wir taumelten hinaus, streckten die Arme, schüttelten die Beine. Die Artillerie begann den Feuerschlag, Flugzeuge zogen zur Bucht, und die Bomben fielen aus den Rümpfen. Nach dem Feuerschlag traten wir an, gingen aufrecht nach vorn, die Gewehre an die Hüfte gepreßt, die Augen geradeaus. Wir liefen über die Höhe des Ölbergs, an den Trichtern unserer Granaten vorbei. Die Stellungen des Feindes waren eingestürzt, leer, sinnlos. Die Büsche standen ohne Blätter, dürre Reiser, vom Staub gepudert. An Toten vorbei, an jungen, eben gefallenen Toten mit klaffenden Wunden, aus denen Blut sickerte, Toten mit blutdurchnäßten Uniformen, abgerissenen Gliedern, Hände neben Armstümpfen, Füße, meterweit von gespaltenen Beinen. Die alten Toten waren halb verwest, Mumien mit gelber, lederner Haut. Ameisen krochen in die Haare, und Käfer schlüpften erschreckt in ihre Nasenlöcher, wenn unsere Schatten darauffielen. Ein Toter lag auf dem Rücken, die Hände vor den Bauch gestemmt, die Finger in die schleimige Wunde gekrallt. – Wie gräßlich, zu sterben, dachte ich damals.

Ich bin ein junger Toter. Zehn Stunden bin ich tot. Meine Augen stehen offen, ich erinnere mich, ich denke, ich sehe die Wände der

Schlucht und den Himmel in der Farbe des Abends. Wenn jemand vorbeikäme, könnte ich sein Gesicht sehen und seine Gedanken lesen, aber es kommt keiner vorbei. Sie sind jenseits der Höhe, und ich wünsche doch so sehr, daß einer kommt und nach mir sieht.

Am vorderen Rand des Ölbergs, der zur Schlucht abbricht, erhielten wir das erste Maschinengewehrfeuer. Jeder dritte in unserer ausgeschwärmten Reihe sackte zusammen, warf die Arme in die Luft und stürzte vornüber. Hektor geriet in die Wut des Kämpfers. Er schrie: »Auf! Marsch, marsch! Hurra!« Sein Zug fiel in dieses »Hurra«. Die Maschinengewehrschützen und Gewehrschützen feuerten. Sie liefen den Vorderhang zur Schlucht hinab, ein dichtgeballter Haufen, zu dicht, hinter Hektor her, der an der Spitze lief und die Maschinenpistole über dem Stahlhelm schwenkte. Er stieß Tierlaute aus, wild und langgezogen. Wir krochen in die Falten und Löcher der Erde. Eine Granate schlug ein. Eine Erdfontäne zerbarst. Hektor war tot, und viele andere waren tot und zerfetzt. Granaten haben den Zorn angegriffener Tiere. Wenn sie den Angreifer vernichtet haben, beruhigen sie sich; sie treffen nicht mehr, sie streuen zu weit und zu kurz, werden seltener und bleiben ganz aus. Ruhe folgt, in die die Verwundeten klagen, ihr Achzen und Stöhnen wimmern und schreien »Sanitäter«. Ein Melder kam gehoppelt. »Wo ist der Leutnant?« – »Hier!« – »Befehl! Sie sollen in die Schlucht vorstoßen! Befehl! Strikter Befehl!« – »Hat dein Chef da hinten gesehen, wie es Hektor und seinem Zug erging?« – »Er hat es durch sein Scherenfernrohr gesehen«, sagte der Melder. – »Uns kann er auch gleich sehen – durch sein Scherenfernrohr.« – »Befehl! Strikter Befehl«, sagte der Melder. – »Habt ihr gehört?« fragte ich meine Leute. Sie antworteten nicht. Sie drückten ihre Gesichter in die Erde, auch die Augen, die Stirn, den Mund. »Wir stoßen in die Schlucht vor. Habt ihr gehört?« – Einer gab Antwort, der Unteroffizier, der rechts von mir lag. »Wo ist der Feldwebel?« – »Hier!« Eine Hand hob sich aus der Erde, dann sein Gesicht im Schatten des Stahlhelms. Seine Augen blickten mich an. Augen, diese Widerstände. »Befehl! Strikter Befehl!« schrie ich. »Der Unteroffizier gibt Feuerschutz! Der Feldwebel und seine Leute – mir nach!« – Ich stand auf, und der Kleine stand auf. Der Feldwebel stand auf, und sein Maschinengewehrschütze stand auf, und der, der den Munitionsgurt über die Schulter trug, und der mit den schweren Munitionskästen stand auf. Robert stand auf, und die anderen hinter ihm standen auf. Ich schwenkte die Maschinenpistole und brüllte: »Auf! Marsch, marsch! Hurra!« Hinter mir schrien sie »Hurra!«, zuerst einer, dann zwei, drei, vier, alle, aber vielleicht doch nicht alle. Wir liefen den Hang hinab wie Kinder, die sich freuen, weil ihre Füße allein laufen. Vom Ölberg die Gewehrschüsse des Unteroffiziers und seiner Leute. Der Kleine und ich überwanden den Grund der Schlucht, stiegen schon bergan, als die Maschinengewehre des Feindes einsetzten. Der Feldwebel fiel. Seine Leute sahen ihn fallen. Sie liefen zurück, den Hang hinauf. Die Maschinengewehre hatten Ziele, senkrechte, breite, bepackte Rücken, Koppeln, mit Waffen und blinkenden Geschirren behängt. Die Geschosse rissen hinein. Robert rief »Leutnant« und stürzte auf sein Gesicht. Der Schweiß brach aus, die Füße brannten, und die Uniform klebte vor der Brust. Der Kleine und ich waren allein in der Sohle der Schlucht. Ich schnallte die Flasche vom Gurt und gab ihm zu trinken. Er trank zwei Schlucke und reichte die Flasche herüber. »Danke.« Ich trank und gab ihm wieder die Flasche. Er trank einen Schluck und gab die Flasche zurück. Blut tropfte aus seiner Braue. Ein Splitter saß zwischen den Härchen und spitzte heraus wie ein Dorn. Der Kleine hielt den Hals steif, und ich bekam den Splitter zu fassen, ein vielzackiger Splitter. »Das gibt eine schöne Narbe«, sagte ich. – »Ja«, sagte er. – »Die Mädchen haben Narben gern.« Er wurde rot. »Willst du noch trinken?« – »Nein«, sagte er. Ich schraubte die Flasche zu. In der Ferne streute die Artillerie. Explosionen schütterten, und Flakgeschütze belferten. »Wir warten, bis die Nacht kommt«, sagte ich. – »Ja, wir warten, bis die Nacht kommt«, sagte er. Es wäre gut gewesen, er hätte mehr gesprochen. Er lag neben mir und sah zur Erde, auf der es nichts zu sehen gab als dürre Halme und die Risse im Lehm. Auf dem Ölberg wurde es still, und die Toten am Hang waren noch stiller. Sie lagen, wie ich jetzt liege, langgestreckt und steif.

In der Nacht gingen wir zurück. Wir fanden die anderen. Sie freuten sich, als wir kamen, und wir freuten uns, bei ihnen zu sein. – In dieser Nacht lernten wir uns kennen. Die zwei Tage vorher zählten nicht. Sie sagten: »Ich bin achtzehn« – »Ich bin einunddreißig« – »Ich habe zwei Kinder« – »Mit meiner Frau verstand ich mich nicht« – »Ich habe ein Mädchen, es heißt Elisabeth« – »Maria ist schöner« – »Ich bin katholisch, ich bin froh, katholisch zu sein« – »Ich habe Angst« – »Ich war mal im Bordell« – »Nach dem Tod ist alles aus« – »Wir haben einen Garten zu Haus« – »Wein möchte ich trinken« – »Nichts ist schöner als ein Bett, ein weißes Bett« – »Hier sind die Sterne größer« – »Wer weiß einen schweinischen Witz?« – »Nur keinen Bauchschuß« – »Gleich ins Herz, das ist am besten.« Sie hatten Tränen in den Augen, sie lachten, sie legten einander die Hände auf die Schulter, teilten ihr Brot und ihre Zigaretten und rückten zusammen im Schlaf. Ich konnte nicht schlafen. Nach Mitternacht kam der Melder. »Feuerschlag X Uhr. – Angriff durch die Schlucht. – Angriffsziel: Höhe mit Bastion. – Sie haben die Verantwortung!« – Ich faltete das Blatt zusammen, steckte es in die Tasche und schwieg. Der Kleine sah, wie ich es las. Ihm legte ich die Hand auf die Schulter und sagte: »Schlaf.« – »Ja«, sagte er. – Bis zum Morgen war ich allein. Die Nacht war lang, und das waren meine Gedanken:

Ich gehe allein in die Schlucht. Ein Befehl, der so unsinnig und schwer ist, wird besser von einem allein ausgeführt als von dreißig oder fünfzig. Es ist besser, einer verliert sein Leben als viele. »Sie haben die Verantwortung.« Die Nacht war zu lang, deshalb kam ich auf solche Gedanken. – Ich stand auf und ging zu den Posten vorn in den Ständen hinter den aufgelegten Maschinengewehren. Ich stellte mich neben sie und sah in die Nacht. Wir hörten drüben die Fahrzeuge und die Kommandos in der fremden Sprache. Die Nähe der Posten war gut, ihre geflüsterten Fragen und Antworten, ihre ruhigen Bewegungen und der Hauch vor dem Mund. »Sie haben die Verantwortung.« Zwei Minuten vor dem Feuerschlag sagte ich zu dem Kleinen: »Ich springe allein. Ihr wartet oben, bis ich Grün schieße. Verstehst du?« – »Sie können doch nicht allein«, sagte er. – »Ich habe einen Plan. Paß auf, bis ich Grün schieße.« – »Nehmen Sie mich mit«, bettelte er. – »Nein, du wartest«, sagte ich. – »Jawohl«, sagte er. – Während des Feuerschlags sprang ich aus dem vordersten Stand. Ich lief hinab in die Schlucht, in der noch die Kälte der Nacht lag.

Drei Splitter rissen in meinen Körper, in die Stirn, in die Brust, in den rechten Oberschenkel. Feuer brannte in mich hinein, ich verlor mein Gewicht, ich fiel, ich ertrank, die Fäden, an denen meine Arme und Beine hingen, waren durchgeschnitten. Ich war tot, und die Verantwortung war weggenommen. Ich lag auf dem Rücken. Hinter mir stieg eine grüne Leuchtkugel hoch, eine Leuchtkugel des Feindes. Sie zischte über mich hinweg, erlosch und schwelte im Gras. Die auf dem Ölberg nahmen es als mein Zeichen. Sie liefen den Hang herab, der Kleine voraus. Er schwenkte die Maschinenpistole, wie sie Hektor und ich geschwungen hatten. Er schrie: »Hurra!«, und die anderen fielen in dieses »Hurra!«. Der Kleine kam zu mir, sah mir erschreckt in die Augen, betastete mich – und brach die Erkennungsmarke ab. Als er sich über mich beugte, hörte ich sein Herz klopfen. Die Toten hören das Herz der Lebenden klopfen, laut und eilig, wie eine Uhr, die auf Holz steht, deren Räder verrostet sind, die knarrt und kracht, die jede Sekunde stehenbleiben kann und dennoch weiterpocht der nächsten Stunde zu.

Stunden tobte oben der Kampf. Die Soldaten der Reserve stolperten vorbei, die Funker, die Melder, die Munitionsträger. Die Sanitäter trugen Verwundete zurück. Die Geschosse gurgelten in höheren Bogen, und die Bomben der Flugzeuge detonierten ferner. Gab es nicht Erzählungen, die sagten, die Toten griffen in den Kampf der Lebenden ein? Es ist nicht wahr. Sie können nicht eingreifen, sie wollen nicht eingreifen. Sie haben das Unbekannte, das die Lebenden in den Kampf zieht, durchbrochen. Die Toten liegen hinter den Lebenden, horchen und lächeln ein wenig über sie.

Sie schreien wieder »Hurra«, aber ihre Kehlen sind heiser. Die Nacht kommt. Ich bin zu müde, zu horchen, zu warten, teilzunehmen, was oben geschieht. – Wer hat jetzt die Verantwortung? – Ob der Kleine noch kämpft? – Sein Herz wieder hören. – Werden auch Tote müde? – Die Lider stehen offen, doch die Welt wird schwarz. – Dort waren die Umrisse des Ölbergs. – Eine schwarze Wand. – Der Himmel, ein rußiges Glas. – Die Sterne? – Wann kommt Gott? – Ich sehe nichts mehr, ich höre nichts mehr, ich falle, ich falle.

Iljas Tauben

Mein Leutnant hatte immer Hunger. Wenn er nicht schoß, hatte er ein Stück Brot zwischen den Zähnen, ein Wurstbrot, ein Schmalzbrot, Fleisch oder Speck.

Aber nichts aß er lieber als Tauben. Wenn wir durch die Dörfer marschierten, und auf einem Dach oder in der Luft zeigte sich eine Taube, schoß er sie ab. Das machte auch mir Spaß. Ich hatte ein Gewehr mit einem Zielfernrohr und traf immer. Das Geschoß des Infanteriegewehrs war eigentlich zu groß für den kleinen Körper. Die Federn flogen in Büscheln davon, und der Balg war meist völlig zerrissen.

Ich war der Bursche des Leutnants. Ich mußte die Tauben auch braten. Ich hatte da meine eigene Methode. Ich nahm sie aus, rupfte sie und legte sie in einen Topf, in dem ein Klacks Butter zerschmolz, dazu Salz, Pfeffer und, wenn ein Garten in der Nähe war, ein Bündel zerschnittener Petersilie. Nach zehn Minuten brotzelte die Taube. Ich drehte sie um. Nach zwanzig Minuten war sie auf beiden Seiten braun, und der Duft hob den Deckel. Ich legte sie auf einen Teller und brachte sie dem Leutnant. Ich strich mit einem Stück Brot die Topfwände und den Topfboden sauber.

In Sewastopol hatten wir, gleich in den ersten Tagen, hohe Ausfälle. Als wir noch zwölf waren, zog uns der Kommandant heraus und schickte uns an die entgegengesetzte Küste der Krim, wo wir eine Schutzstellung besetzen und uns erholen sollten. In dem Dorf Ossowiny stiegen wir von den Fahrzeugen. An der Straße stand eines dieser waschblau gekalkten russischen Häuser. Es hatte blanke Fensterscheiben. Immer, wenn ich Quartier suchte, sah ich nach den Fensterscheiben, denn wie die Scheiben waren ihre Bewohner und die Zimmer.

Auch der Leutnant sah wie hypnotisiert nach dem Haus. »Da schau«, sagte er und zeigte mit dem Stöckchen nach dem Dach. Auf den Schindeln saßen etwa zwei Dutzend gutgenährter Tauben mit geplustertem Schwanz.

»Hier bleiben wir«, sagte er zu mir. Und zu den anderen sagte er: »Sucht euch was in der Nähe!«

Wir ließen unser Fahrzeug, einen Panjewagen mit zwei Pferden, vor der Gattertür halten, zerrten das Gepäck herunter und gingen in den Hof. Links lag das Haus, rechts ein Garten mit Rosenbüschen,

Kartoffelbeeten und Zwiebelstauden. In der Mitte, geradeaus, stand ein gemauerter Herd, daneben aufgeschichtet getrocknete Kuhmistfladen. Ja, mit Mist feuern sie auf der Krim, weil es da keine Wälder gibt.

Die Frau fanden wir in der Küche. Als sie uns verstanden hatte, öffnete sie eine Tür im Flur, ging hinein und begann das Zimmer aufzuräumen, ein großes Zimmer mit einem Tisch, mit Stühlen und zwei Eisenbetten voller Kissen. An der Wand hing ein Spiegel, mit Papierblumen verziert, Heiligenbilder, eine Ampel und alte Fotografien. Wir zogen die Röcke und Hosen aus und warfen uns auf die Betten.

Der Leutnant rüttelte mich aus dem Schlaf. »Ich habe Hunger.« Ich stand auf und schnallte meine Töpfe vom Tornister.

»Du hast doch die Tauben gesehen?« fragte er.

»Klar –«

»Sagen wir vier Stück. Für mich drei und für dich eine.«

»Also vier Tauben.«

»Ja, vier Tauben«, sagte er.

Als ich in den Hof kam, kniete die Frau vor dem Herd und hielt einen eisernen Topf über das Feuer. Eine unkenntliche Masse verschiedener Gemüse schmorte darin. Ich sah ihr zu, sagte einige Worte, die sie zum Lachen bringen sollten, aber sie lachte nicht. Ein Mädchen kam aus dem Haus, ihre Tochter, mit dem schönen Namen Tarsia. Ein Junge kam mit ihr, Nikola, ihr Bruder. Sie begafften mich, wie das so war. Die Frau sagte, wir könnten etwas von ihr bekommen. »Danke«, sagte ich, »bei uns gibt es was Besseres!« Mein Leutnant und ich hätten heute abend Appetit auf Tauben. Fragende, erstaunte Gesichter. »Was ist das?« Ich sprach einigermaßen russisch, aber das Wort für Tauben wußte ich nicht. Da sie im Schlag waren, konnte ich nicht nach ihnen zeigen, also markierte ich Tauben. Ich hatte schon da und dort Erfolg gehabt mit meinen Tierimitationen, bei der Weihnachtsfeier der Kompanie, bei Offiziersabenden im Kasino. Allerdings waren andere Tiere leichter nachzuahmen als gerade Tauben. Trotzdem, ich versuchte es. Ich ging in die Hocke, hielt meine gestreckten Finger als radähnlichen Schwanz über den Hintern, hopste umher, blähte meinen Hals und gurrte.

Aber die drei lachten nicht. Und als sie nicht mehr daran zweifelten, was ich meinte, schrien sie durcheinander wie die Wilden. Ich fragte: »Was ist daran so schlimm? Haben andere

Soldaten, die vorher da waren, sich nicht auch geholt, nach was sie Lust hatten? Schließlich ist Krieg.«

Tarsia sagte: »Du darfst alles nehmen, was wir haben, nur nicht die Tauben. Die Tauben gehören nicht uns. Die Tauben gehören Ilja, meinem Bruder. Er kämpft in Sewastopol.«

Gewiß, ich war beeindruckt. Aber was sollte ich meinem Leutnant sagen? – Ich zeigte ihnen mein Verständnis. »Ja, ja, Iljas Tauben, ich nicht Iljas Tauben. Offizier! Versteht ihr? Offizier will Tauben essen!«

Ich ging zur Scheune, die offenstand, um über die Leiter ins Gebälk zu steigen und von da an den Schlag zu kommen. Die Frau durchschaute mich. Sie lief an mir vorbei, stellte sich vor die Leiter und hielt sich rückwärts an den Holmen fest. Ich versuchte sie wegzureißen. Es war nicht zu schaffen. Der größte Widerstand waren ihre Augen. Auch Nikola begriff. Er hob eine Sense vom Boden auf –

Ich gab nach.

Am nächsten Morgen kamen Befehle. Die Küste entlang mußten Stellungen ausgehoben werden. Der Leutnant war den Tag über unterwegs. Am Abend kam er müde zurück. Ich hatte zwei Tauben von einem anderen Dach geschossen und briet sie, während Iljas Tauben mich umflatterten.

Ich liebte und haßte diese Tauben. Sie gehörten einem, der eigentlich in der gleichen Lage war wie ich. Er war Soldat, er war weit weg von daheim. Seine Mutter hütete die Tauben für ihn. Nein, ich hätte keine schlachten können, und sie merkten das sogar. Sie waren frech, übermütig. Sie flogen auf den Hof herab und saßen vor meinen Füßen, bettelten, gurrten und rucksten. Sie flogen auf den Gartenzaun, pickten in den Beeten, flogen auf die Flugbretter vor dem Schlag, flogen zurück, setzten sich auf den Kuhmist und guckten in den Topf, in dem die Nachbartauben brotzelten. Zwei oder drei waren darunter, die sich beim Flug überschlagen konnten. Es waren schöne, junge Tauben, Pfauentauben, Kropftauben, Türkische Tauben.

Wir wohnten etwa zehn Tage im Haus, als Nikola eines Morgens nach Baksi fuhr. Er wollte dort Verwandte besuchen und einen Sack Gemüse hinbringen. Nach Baksi waren es vierzig Kilometer. Es war ein größerer Ort, in dem unsere Stäbe und Verpflegungsdepots lagen. Das Proviantauto nahm Nikola mit. Am Abend kam er zurück. Er lief durch den Hof in die Küche. Drinnen entstand großes

Geschrei. Bald darauf kam die Frau in unsere Stube, zum ersten Male, seit wir da wohnten. Sie erzählte mit vielen Worten und Gesten, Nikola habe in Baksi Ilja gesehen! »Er ist gefangen, von den Deutschen. – Jetzt ist er in einem Lager in Baksi. – In Baksi! So nahe von hier! Sicher kann der Herr Offizier Ilja von dort nach Hause holen. Ich will meinen Ilja sehen, umarmen und nicht mehr fortlassen. Ich gebe alles, was der Herr Offizier sich wünscht. – Ich gebe ihm die Hühner und die Ziegen, die Kartoffeln, das Mehl, das Rosenöl und aserbeidschanischen Tee. Auch die Ikonen, die ich versteckt habe und die von den Offizieren so begehrt sind, und ein seidenes Tuch, eine goldene Brosche und – die Tauben, ja, Iljas Tauben.«

Ich übersetzte, und der Leutnant sagte zu mir: »Was machen wir Gauner nicht alles für Tauben!« Und zu ihr sagte er: »Hör auf, Alte, du kriegst deinen Ilja. Morgen ist Sonntag. Wir fahren hin und bringen ihn dir. Hierher. Ja, hierher. Du wirst inzwischen hübsch deine Täubchen zubereiten, verstanden?«

Sie verstand die Worte, aber sie verstand nicht den Ton der Worte. Sie fiel vor dem Leutnant auf den Fußboden, heulte und küßte seine Stiefel ab.

Tarsia zeigte uns Iljas Fotografie. Er trug eine Marineuniform, ein weiß-blau gestreiftes Hemd und eine Mütze mit dem Band der Schwarzmeerflotte. Er hatte vorstehende Backenknochen und gekniffene, freche Matrosenaugen.

Ich redete dem Leutnant zu. Ich sagte, wir könnten Ilja vielleicht als Hilfskoch anfordern oder als Arbeitskraft für den Stellungsbau.

»Du Idealist«, sagte er.

Ja, ich war ein Idealist! Ich hatte verrückte Ideen in der Nacht, am Morgen und auf der Fahrt nach Baksi. Ich wollte Ilja durch einen Streich, durch eine Tat befreien, wenn der Leutnant wirklich so gemein wäre und die Affäre als einen Spaß betrachtete.

Es war ein prächtiger Krim-Morgen. Ein klarer Himmel; kalte Schatten und flammende Sonnenstrahlen. Im Westen immer das Jailagebirge, wie Backenzähne. Auch Nikola fuhr mit. Er hatte den Leutnant darum gebeten. Er war gewaschen und hatte den Kamm durch das nasse Haar gezogen.

In Baksi, erfuhren wir, waren viertausend Gefangene. Man hatte sie in der ehemaligen Schule untergebracht. Stacheldrahtrollen waren um den Zaun gelegt, Maschinengewehre aufgebaut. Wir hielten. Der Leutnant nahm mir die Zügel weg und sagte: »Steigt ab, ihr Befreier, und sucht den Kerl. In einer Stunde bin ich wieder zurück.«

»Sie gehen zum Kommandanten?«

»Du stellst dir alles so einfach vor«, sagte er und schlug auf die Pferde ein.

Er hatte Nikola und mich vor dem Eingang des Lagers abgesetzt. Das war ein vergittertes Tor, daneben eine Baracke, ein Posten, einer vom Wachbataillon, ein Dicker in schmuddeliger Uniform, in Schnürschuhen und Gamaschenhosen. »Was willst du?« fragte er.

»Ich muß ins Lager, einen Gefangenen suchen.«

»Verboten.«

»Es ist ein Sonderfall. Der Bruder des Kleinen da ist im Lager. Er will ihn nur sehen.«

Der Posten tippte mit dem Zeigefinger an die Stirn. »Bei dir piept's wohl?«

»Mein Chef ist beim Kommandanten. Er wird ihn anfordern, als Arbeitskraft.«

Aber auch das machte keinen Eindruck. Ich beschimpfte ihn, und er holte seinen Feldwebel aus der Baracke. Der vertrieb uns. Wir schlenderten den Stacheldraht entlang, und Nikola entdeckte seinen Bruder. Er saß im Schneidersitz auf der Erde. Als er Nikola erkannte, stand er auf und kam zu uns her. Nikola rief die aufregenden Neuigkeiten über den Zaun. Ilja sprach wenig. Manchmal lächelte er.

»Wie geht es meinen Tauben?« fragte er.

»Gut, sehr gut«, sagte Nikola. »Sie leben alle noch. Der Offizier wollte sie essen, aber Mamuschka hat es nicht zugelassen.«

»Füttere sie gut«, sagte Ilja, »und wenn ich nicht wiederkomme, gehören sie dir.«

Nach einer Stunde kam der Leutnant zurück. Er hatte getrunken. Immer, wenn er vom Verpflegungsdepot kam, hatte er getrunken.

»Marsch, ihr beiden«, empfing er uns, »wir fahren!«

»Was wird mit ihm?«

»Mit wem?«

»Ilja! Wir müssen ihn mitbringen. Wir dürfen nicht ohne Ilja –«

»Ilja! Ilja! Laß mich endlich in Ruhe damit.«

»Sie haben es seiner Mutter versprochen.«

»Versprochen, ja. Aber Gefangene lassen sich nicht auslösen. Zudem werden sie heute nacht abtransportiert. Weg. Heim ins Reich. Dort haben sie's besser. Verstehen, Nikola, dein Bruder Ilja nach Deutschland. Nix domoi. Germania domoi.«

»Ich verstehe, Offizier«, sagte Nikola.

Auch Ilja hinter dem Stacheldraht begriff. Er drehte sich um und ging langsam in das Schulgebäude.

Iljas Mutter und Tarsia standen vor der Tür, als wir anfuhren. Sie trugen ihre Sonntagskleider. Nikola erzählte ihnen, was vorgefallen war.

Ich spannte aus, fütterte, tränkte, putzte die Stiefel, wusch mich, ließ mir viel Zeit. Dann erst ging ich in die Stube. Der Leutnant saß am Tisch und aß Tauben. Iljas Tauben. Über ein Dutzend lagen noch auf der Platte. Seine Mutter hatte sie getötet, gerupft und gebraten. Auf der Kommode lagen die anderen versprochenen Dinge.

Der Leutnant sagte: »Wenn du die Tauben machst, sind sie entschieden schmackhafter.«

Ich gab ihm keine Antwort.

»Appetit hast du auch keinen?«

»Wie?«

»Wie? Wie? Du willst wohl, daß ich eklig werde, ja? Ich frage dich, ob du keinen Appetit hast, weil ich's nicht allein schaffe.«

Nein, ich hatte keinen Appetit auf diese Tauben. Ob ich überhaupt mal wieder Tauben esse?

Am nächsten Morgen mußte ich dem Leutnant vier der übriggebliebenen Tauben in Zeitungspapier packen und in die Kartentasche stecken. Er wollte sie zu Mittag draußen auf der Stellung verzehren. Doch auf dem Weg dorthin, an einer unübersichtlichen Stelle, wurde er erschossen.

Von Partisanen, hieß es.

Der Brotholer

»Du bist Brotholer«, sagte einer zu Norbert, der vor der Pritsche die Jacke auszog.

»Ja, ich weiß.«

»Du bist Brotholer«, sagte ein anderer.

»Du bist Brotholer«, sagte einer und stieß Norbert in den Rücken.

»Ich weiß, aber laßt mich vorher die Hände waschen.«

»Ich nehm das Brot auch so!« rief einer von oben.

Norbert trocknete die Hände, nahm das Tablett vom Pfosten und ging zum vorderen Ende der Baracke. Vor der Tür der Kopfstube standen die Brotholer Schlange. Drinnen zählte der Propagandist: »Eins, zwei, drei, vier, fünf, sechs...«

»Ich möchte einmal zwei Brote essen«, sagte der Vordermann Norberts.

»Zwei? Ich könnte zehn Brote essen!« sagte ein anderer.

»...zwölf, dreizehn, vierzehn, fünfzehn...«, zählte der Propagandist. Norbert rückte zur Tür. Dann war nur noch einer vor ihm, und Norbert kam auf die Schwelle und sah die Stube.

Rechts und links an der Wand standen Betten, weiße, flauschige Decken lagen auf den Betten und Kissen mit weißen Bezügen. Über den Betten hingen gerahmte Fotografien. Über dem rechten Bett war ein Bord, auf dem Bücher standen. In der Ecke, unter dem Fenster – das groß war und geteilte Scheiben hatte – war ein Ofen, aus Ziegelsteinen gemauert. Davor stand eine Bank. Der junge Propagandist saß darauf, hatte die Beine angezogen und ein Brett, auf dem er die Brotportionen abstrich, gegen die Knie gestützt. Wärme füllte die Stube, die trockene Wärme der Birkenscheite. Der junge Propagandist hatte die Hemdsärmel hochgekrempelt, das Hemd hatte einen Kragen und war gebügelt.

»Wieviel Brote bekommst du?« fragte der ältere Propagandist.

»Vierundzwanzig«, sagte Norbert.

»Stimmt's?« fragte der ältere Propagandist den jungen.

»Stimmt«, sagte der.

»Eins, zwei, drei, vier, fünf...« Der ältere Propagandist nahm die Brotstücke vom Regal und legte eines nach dem anderen auf das Tablett. Das Brot, dunkelbraun und feucht, war in viereckige Würfel geschnitten. Einen Tisch hatten sie vor dem Ofen, mit einer

Decke, einer Blumenvase, in die Papierblumen gesteckt waren, und einem Aschenbecher aus Porzellan, in den der junge Propagandist seine qualmende Papyrosi legte.

»... zweiundzwanzig, dreiundzwanzig, vierundzwanzig. – Hast du auch mitgezählt?« fragte der ältere Propagandist.

»Wie?«

»Ich meine, ob du mitgezählt hast? Vielleicht beschummle ich dich, dann kannst du hungern bis morgen.«

»Nein, ich habe nicht mitgezählt«, sagte Norbert.

»Siehst du – aber ich beschummle dich nicht.«

Norbert hatte die Brote verteilt. Ein Brot blieb übrig. Er zählte die Leute, und alle waren da. Vierundzwanzig. Jeder hatte sein Brot.

»Ich habe ein Brot zuviel«, sagte Norbert zu Wansdorf, seinem Nachbarn. Der neben Wansdorf sagte: »Bring's schon dem Propagandisten. Der hat immer Hunger.«

Wansdorf sagte ruhig: »Ja, bring's ihm. Sicher fehlt es bei einer anderen Brigade.«

»Der Dummkopf«, sagte einer.

»Ein Brot zuviel? Der will wohl Spießruten laufen!« rief oben einer und beugte sich herab. Norbert nahm das Tablett und trug das Brot durch den Gang. Er klopfte an die Tür der Kopfstube. Der junge Propagandist öffnete und schrie: »Was ist los?«

»Ich habe ein Brot zuviel«, sagte Norbert.

»Gib her«, sagte der Propagandist. Er nahm das Brot, schlug die Tür zu und drehte den Schlüssel im Schloß.

Die Gefangenen saßen eng nebeneinander auf den Pritschen. Sie hielten die Kochgeschirre zwischen den Knien, und das Brot lag auf ihren Schenkeln. Sie schlurften und kauten. Schnee klebte vor den Scheiben, und die Birnen streuten gelbes Licht.

Wansdorf war vor zwei Tagen aus einem anderen Lager gekommen, im Einzeltransport. Er trug die schwarze Uniform der Panzerleute. Die Schulterstücke waren abgetrennt, und auf den Ellbogen waren die Flecke einer Zeltbahn mit großen Stichen aufgenäht. Wansdorf hatte eine gute Figur und ein gutes Gesicht. Er war sauber, und es machte Norbert nichts aus, neben ihm zu liegen.

Norbert sagte: »Man müßte in einer Kopfstube wohnen. Sie haben einen Tisch, einen Ofen, ein Bett, und wenn sie sich schlafen legen, können sie ihre Jacken und Hosen ausziehen.«

Wansdorf sagte: »Ich bleibe lieber hier.«

Norbert sagte: »Nicht so viele Gesichter sehen. Licht haben und einen Ofen, in den man Scheite legen und zusehen kann, wie sie verbrennen.«

»Ja, ins Feuer sehe ich auch gern«, sagte Wansdorf. »Bei Petsamo hatten wir einmal ein Feuer –«

»Du warst in Petsamo?«

»Mit drei Freunden, die älter waren als ich.«

»Petsamo ist weit.«

»Hört auf mit eurem Petsamo! Ich will schlafen«, sagte der Nebenmann von Wansdorf.

»Du siehst, nicht einmal unterhalten kann man sich in dieser verfluchten Baracke«, sagte Norbert. »Eine Kopfstube müßte man haben.«

Am Abend ging der Propagandist durch die Baracke. Die Gefangenen, die gegessen hatten und sich unterhielten, verstummten, als er vorbeikam. Er war dick, trug eine Jacke aus einer Wolldecke, vom Lagerschneider angefertigt, er ging schnell, und seine Augen konnten keinen ansehen. Er blieb vor Norbert stehen und sagte: »Komm mit, ich habe mit dir zu sprechen.«

Norbert schoß das Blut in die Stirn. Der Propagandist sprach mit ihm, und die anderen sahen es. Wansdorf kramte in seinem Tornister. Der Propagandist ging voraus und schloß die Tür, als Norbert eingetreten war.

»Ist es der?« fragte der ältere Propagandist den jungen Propagandisten, der Werner hieß.

»Ja, das ist der, der das Brot zurückgebracht hat«, sagte Werner.

»Das war doch selbstverständlich«, sagte Norbert.

»Nein, das war nicht selbstverständlich«, sagte der Propagandist. »Jeder andere hätte es selber verdrückt. Aber du sollst es auch verdrücken. Hier, nimm's!« Er nahm ein Stück Brot aus dem Regal und gab es Norbert.

»Danke«, sagte Norbert. »Hunger hab ich immer.«

»Setz dich zu uns«, sagte der Propagandist. »Oder bist du müde?«

»Ich habe vom Einrücken bis jetzt geschlafen«, sagte Norbert.

»Wohin willst du dich setzen? Auf das Bett? Auf den Stuhl? Auf die Bank?«

»Auf die Bank am liebsten.«

Er setzte sich auf die Bank vor dem Ofen. Auf dem Ofen lag eine eiserne Platte, die glühte.

»Du könntest Tee aufbrühen«, sagte der Propagandist zu

Werner, und Norbert fragte er: »Weißt du noch, wie Butter schmeckt?«

»Butter?«

»Er weiß es nicht. Gib ihm Butter.«

Werner streckte sich zum Fenster und holte eine Butterdose vom Sims, eine dieser runden, schwarzen Bakelitdosen, wie sie bei den Marketenderwaren im Krieg verkauft wurden. Werner schraubte den Deckel ab und schob Norbert die Dose hin.

»Und ein Messer.«

»Hier, ein Messer.«

»Danke.«

»Schmier dir tüchtig drauf.«

»Weißt du«, sagte der Propagandist, »wir haben vorgesehen, daß du in die Kopfstube ziehst. – Der russische Lagerführer will haben, daß wir in die Kopfstube im Wachgebäude ziehen. Hier soll ein Gefangener einziehen, der das Brot verteilt und Aufsicht hält. Während wir überlegten, brachtest du das Brot zurück – aber du ißt ja gar nicht.«

»Er geniert sich«, sagte Werner.

Er nahm Norbert das Brot und das Messer aus den Händen und strich Butter auf den Anschnitt. Er goß Tee in den Becher, der vor Norbert stand, und der Tee dampfte neben dem Brot mit der Butter.

Der Propagandist sagte: »Du könntest noch jemanden in die Stube mitnehmen. Die Betten bleiben sowieso hier. Willst du nicht diesen Wansdorf mitnehmen, der neben dir liegt?«

Werner sagte: »Ja, das könnte man machen. Wansdorf ist zwar erst zwei Tage hier, doch er macht einen guten Eindruck.«

»Wenn es dir Spaß macht«, sagte der ältere Propagandist, »nimm Wansdorf mit in die Stube. Ich glaube, die Dolmetscherin hat nichts dagegen.«

Diese Propagandisten können die Wünsche von der Stirn ablesen, dachte Norbert.

Die Propagandisten zogen aus. Norbert half, ihre Koffer, eine Kiste, die Bücher und Töpfe in die Kopfstube im Wachgebäude zu tragen.

Norbert und Wansdorf zogen ein. Die Birne blendete, und neben dem Ofen lagen Birkenscheite. Wansdorf zerspellte ein Scheit, hielt ein Streichholz daran und schob es in den Ofen. Er schichtete Scheiter darüber, die Feuer fingen. Norbert stopfte den Abfall in einen Eimer, kehrte die Stube aus und spannte die Decken über die Strohsäcke.

»Bilder müßten wir haben«, sagte Wansdorf.

»Ich habe Fotografien«, sagte Norbert.

»Ich habe keine«, sagte Wansdorf. »Sie haben sie mir abgenommen, als ich in Borowitschi ins Gefängnis eingeliefert wurde.«

»Du warst im Gefängnis?«

»Ja, aber davon erzähle ich dir später.«

Wansdorf brachte Wasser zum Kochen und brühte Tee auf. Sie rauchten Machorkazigaretten und saßen auf der Bank vor dem Ofen. Gegen Mitternacht nahmen sie die Trage, um das Brot für den anderen Tag in der Küchenbaracke zu holen. Schnee fiel in großen, nassen Flocken. Die Brotausgeber standen mit weißen Jacken hinter dem Schalter und setzten die Brotstücke auf die Trage.

»Es sind zwei mehr«, sagte der, der die Brotausgeber beaufsichtigte. »Jeder, der in der Kopfstube wohnt, bekommt ein Stück mehr. Erzähl's nicht weiter.«

Eine Stunde später gingen sie schlafen. Wansdorf zog sich aus, Norbert zog sich aus. In der Baracke konnte man sich nicht ausziehen. Dort lag man auf Brettern. Jeder hatte nur eine Decke oder einen Mantel, und in der Nacht wurde es kalt.

»Wie fühlst du dich?« fragte Norbert.

»Gut«, sagte Wansdorf.

»Du wolltest mir von Petsamo erzählen.«

»Ich bin müde, Norbert. Morgen erzähle ich dir, und nicht nur von Petsamo.«

Die Birne schwebte über Norberts Augen. Solange sie brannte, konnte er nicht schlafen. Es war schön, noch eine Weile wach zu bleiben. Es war still. Das Brot duftete. Er legte die Hand an die Ofenwand. Sie wärmte noch lange.

Die Brigaden waren ausgerückt, bis auf zwei Gefangene, die sich am Tag vorher die Zehen erfroren hatten. Norbert ordnete das Brot, stellte Pappschilder mit der Zahl und der Stärke der Brigaden vor die Stapel, rasierte sich und ging zur Wäscherei, sein schmutziges Hemd zu tauschen.

»Am Samstag ist Tausch«, sagte der Gefangene, der die Wäsche verwaltete.

»Ich wohne in der Kopfstube!« sagte Norbert.

»Das ist was anderes«, sagte der Gefangene hinter dem Schalter.

Er suchte in seinen Wäschestapeln und sagte: »Ich gebe dir ein Hemd mit Kragen, ein gebügeltes Hemd.«

Alles war anders, wenn man in der Kopfstube wohnte.

Er zog das frische Hemd an und legte sich auf das Bett. Werner kam herein und sagte: »Du sollst zur Dolmetscherin kommen.«

»Zur Dolmetscherin?«

»Weiß der Teufel, was sie will.«

Norbert hatte nie mit der Dolmetscherin zu tun gehabt. Er wußte, sie zensierte die Post; sie saß in einer Stube im Wachgebäude. Manchmal ging sie mit einem der Offiziere durchs Lager. Sie trug Stiefel, einen Uniformmantel, und ihr Haar hatte sie als Flechten um den Kopf gelegt.

»Beeil dich«, sagte Werner.

Schlafbenommen taumelte Norbert hinter Werner ins Wachgebäude. Die Dolmetscherin öffnete. Ein Offizier saß neben ihr am Tisch. Er sagte: »Guten Tag, wie geht es Ihnen?« Er lachte, weil es ihm Mühe machte, die eingelernten Worte richtig zu betonen. Er hielt eine Zigarettenschachtel über den Tisch, in der Zigaretten lagen, die ein Goldmundstück hatten.

Die Dolmetscherin nahm eine Zigarette, und der Offizier nahm eine Zigarette.

Die Dolmetscherin sagte: »Sie wohnen in der Kopfstube. Baracke sieben.«

»Ja«, sagte Norbert.

»Es ist besser als bei den vielen, nicht wahr?«

»Ja«, sagte Norbert. »Es ist besser.«

»Und wer wohnt bei Ihnen?«

»Wansdorf heißt er«, sagte Norbert. »Vor drei Tagen ist er ins Lager gekommen.«

»Und Sie verstehen sich gut mit Wansdorf?« fragte die Dolmetscherin.

»Ja, sehr gut«, sagte Norbert.

Der Offizier und die Dolmetscherin redeten miteinander, dann fragte sie:

»Russisch können Sie nicht?«

»Nein«, sagte Norbert. »Nur fluchen.«

»Fluchen ist schlecht«, sagte die Dolmetscherin. »Die Russen fluchen schlecht.«

Der Offizier schob ein Blatt über den Tisch, vor Norbert hin, und sagte: »Unterschreiben!«

Die Dolmetscherin sagte: »Unterschreiben Sie hier. Eine Formalität.«

»Unterschreiben?« fragte Norbert. »Warum unterschreiben?«

»Damit Sie schweigen, nur dazu verpflichtet es, damit Sie schweigen über alles, was wir jetzt sprechen. Ja?«

Sie tauchte einen Federhalter in das Tintenfaß und reichte ihn Norbert herüber. »Es verpflichtet zu nichts. Nur schweigen müssen Sie.«

Norbert nahm den Federhalter und schrieb seinen Namen unter mehrere Zeilen russischer Wörter. Er dachte: Ich habe keinen schönen Namen, ich habe eine charakterlose Schrift. Nun werde ich mich immer schämen, wenn ich meinen Namen schreibe.

»Wenn Sie doch darüber sprechen, werden Sie nach unseren Gesetzen bestraft«, sagte die Dolmetscherin.

Warum habe ich unterschrieben? dachte Norbert. Das Blatt lag vor ihm. Warum zerriß er es nicht?

Da nahm die Dolmetscherin das Blatt fort. Der Offizier sprach, und die Dolmetscherin sagte: »Sie wollen doch nicht, daß es wieder Krieg gibt, daß Sie wieder verwundet werden und in Gefangenschaft kommen?«

»Nein«, sagte Norbert, »ich will nicht wieder in Gefangenschaft kommen.«

»Aber es gibt Gefangene, die wollen, daß es wieder Krieg gibt. Wansdorf ist einer von denen, die wollen, daß es wieder Krieg gibt.«

»Ich glaube es nicht«, sagte Norbert.

»Wir haben Beweise, daß er es will, aber noch nicht alle Beweise. Zu verhindern, daß Leute wie Wansdorf wieder einen Krieg anfangen, müssen Sie uns helfen«, sagte die Dolmetscherin.

»Helfen, ich kann nicht helfen«, sagte Norbert.

Die Dolmetscherin sagte: »Wansdorf wird Ihnen erzählen, was er früher machte. Wenn er Ihnen nicht erzählt, versuchen Sie, es zu erfahren. Er hat im Jahre 1938 in der Tschechoslowakei einen Menschen ermordet.«

»Wansdorf –«

»Wir wissen es aus den Dokumenten. Wenn er es Ihnen sagt, kommen Sie zu uns. So können Sie uns helfen.«

Der Offizier redete weiter. Die Dolmetscherin hörte ihm zu, dann sagte sie zu Norbert: »Sie werden es gut haben. Sie wohnen in der Kopfstube und gehen nicht mehr zu Arbeit. Leutnant Michailow hat es befohlen.«

Der Offizier hielt noch einmal die Zigarettenschachtel hin. Dann ging Norbert.

Die Baracke lag auf einem Hügel. Der Weg stieg bergan und war glatt. Neun Stufen hatte die Holzstiege zur Baracke. Die beiden, die die Zehen erfroren hatten, lagen auf der Pritsche und schliefen. Norbert ging in die Stube, setzte sich auf das Bett. Als er die Schritte und Stimmen der Brigaden hörte, erschrak er.

Norbert verteilte das Brot. Wansdorf half ihm dabei. Die Brotholer quollen über die Schwelle und hielten das Tablett vor dem Bauch. Gegen Mitternacht gingen Norbert und Wansdorf mit der Trage zur Küche, und als sie in den Betten lagen, sagte Wansdorf: »Heute erzähle ich dir.«

»Von Petsamo?« fragte Norbert.

»Ja, warum nicht – und keiner brüllt Ruhe, und keinen stört der Machorkaqualm. – Darf ich dir eine drehen? – Ob ich dir eine Zigarette drehen soll?«

»Ja, bitte«, sagte Norbert.

Wansdorf erzählte von seinen ersten Fahrten, von nahen und weiten Fahrten und der Fahrt nach Petsamo. Er schilderte die Seen, die Wälder, die Tundra, die Mitternachtssonne und die Fahrt mit der finnischen Eisenbahn. Er nannte die Namen der finnischen Städte: Kuopio, Kojana, Sortavala und Savukoski. Wansdorf konnte gut erzählen, Norbert sah alles, was er gesehen hatte.

»Damals war ich vierzehn«, sagte Wansdorf. »Es war im Sommer 1931. In den folgenden Jahren war ich in Italien, in Jugoslawien, und die letzte Fahrt machten wir nach Schottland. Später war es nicht mehr so leicht, wegzukommen. 1938, im Frühjahr, wurde ich in die tschechische Armee eingezogen, und im Sommer kam es zu den ersten Unruhen.«

Erzähl nicht weiter! wollte Norbert sagen, aber er sagte es nicht.

»Die Tschechoslowakei ist ein schönes Land«, sagte Wansdorf. »Ihr im Westen wißt es nicht. Wir wohnten nicht weit von der Grenze. Mein Vater war Bürgermeister im Ort. Im Sommer 1938 fingen die tschechischen Behörden an, meinem Vater Schwierigkeiten zu machen. – Hörst du auch zu, Norbert?«

Norbert gab keine Antwort. Er hatte die Augen geschlossen, er hörte jedes Wort. Er wußte, wenn Wansdorf weitersprach, verriet er sich. Hatte er einen Menschen getötet? Nein, er wollte es nicht wissen! Er wollte es nicht wissen!

Wansdorf fragte wieder: »Schläfst du schon?«

Norbert atmete tief, Schlaf vorzutäuschen. Er hörte, wie Wansdorf nach langer Zeit aufstand, auf nackten Sohlen herüberkam, sich über ihn beugte und die Birne im Gewinde drehte, bis sie erlosch.

Einer der beiden, die die Zehen erfroren hatten, kam herein und fragte, ob er sein Brot rösten dürfe. Norbert freute sich, daß er kam.

»Wenn du es lieber geröstet ißt, warum nicht?«

Der Gefangene kniete sich mit seinem Holzteller vor den Ofen, legte die Scheiben auf die Platte und wendete sie um, bis beide Seiten gebräunt waren. Er sah auf und sagte: »Zwölf Scheiben mache ich aus einem Stück Brot. So habe ich jede Stunde am Tag ein Brot.«

Norbert gab ihm eines der übriggebliebenen Stücke. Der Brotröster sagte: »Nun habe ich vierundzwanzig Scheiben Brot und kann alle halbe Stunde eine essen.«

Norbert dachte: Wenn ich ihm noch eines schenke, kann er alle zwanzig Minuten ein Brot essen, und wenn ich ihm noch eins schenke, alle fünfzehn Minuten, und wenn ich ihm noch eins schenke, alle zwölf Minuten, und wenn ich ihm noch eins schenke und noch eins, und noch eins – er konnte es nicht mehr errechnen. Nein, er war nie ein guter Rechner gewesen.

Die Brigaden kamen später als sonst. Einer von den Begleitmannschaften hatte einen Gefangenen mit dem Seitengewehr in den Arm gestochen. Es hatte Verhandlungen gegeben. Der Gefangene war auf dem Transport ins Lazarett gestorben. Die Gefangenen schliefen nicht nach dem Essen. Sie saßen in brodelnden Gruppen auf den Pritschen.

Am Abend, als Norbert und Wansdorf in den Betten lagen, sagte Wansdorf: »Was würdest du tun, Norbert, wenn einer deinen Vater erschlägt, deine Mutter auf die gemeinste Weise umbringt, dein Elternhaus anzünden läßt, und du siehst den Schuft nach einigen Wochen wieder? Er will sich gerade davonmachen, er ist verkleidet, aber du erkennst ihn, und er erkennt dich. Er winselt vor dir, und du kannst mit ihm machen, was du willst. Du stehst ihm allein gegenüber, du hast eine Pistole in der Hand, und niemand sieht, was du machst?«

»Das ist selbstverständlich«, sagte Norbert.

Wansdorf drehte sich zur Wand. Seine Schultern ragten aus der

Decke. Seine Haare, wenige Zentimeter lang, sträubten sich über dem Wirbel.

Ob ich ihm alles sage? dachte Norbert. Er stand auf, zog die Hose an, fuhr mit den Füßen in die Holzsandalen und ging in die Baracke. In der Ecke, unter dem Licht, stand eine Gruppe Gefangener. Einer sah Norbert kommen, er sagte es den anderen, sie gingen auseinander und krochen auf die Pritschen.

Eine Ratte plumpste in den Lichtfleck. Sie hielt ein Stück Brot zwischen den Zähnen.

Am nächsten Tag war die Baracke leer. Auch die beiden, die die Zehen erfroren hatten, waren ausgerückt. Schnee klebte vor den Scheiben. Der Boden war feucht. Die Luft roch verbraucht.

Heute werden sie mich holen, dachte Norbert.

Gegen Abend, eine Stunde bevor die Brigaden einrückten, kam Werner und sagte: »Die Dolmetscherin erwartet dich.«

Norbert ging in das Wachgebäude. Die Tür stand offen, und die Dolmetscherin saß am Tisch.

»Was gibt es Neues?« fragte sie.

»Nichts«, sagte Norbert.

»Sie sind jeden Abend zusammen«, sagte die Dolmetscherin. »Sie unterhalten sich, Sie erzählen sich, und Sie behaupten, nichts zu wissen.«

»Ich weiß nichts«, sagte Norbert.

»Er hat vielleicht Andeutungen gemacht. Auch Andeutungen genügen.«

»Nein!«

Der Offizier kam in die Stube. Er sagte: »Guten Tag, wie geht es Ihnen?« Er nahm die Brieftasche aus seinem Mantel und legte vier Geldscheine vor Norbert auf den Tisch.

Die Dolmetscherin sagte: »Behalten Sie es. Kaufen Sie damit, was Ihnen Freude macht. Vielleicht essen Sie gern Butter?«

»Ich esse nicht gern Butter«, sagte Norbert.

»Dann was anderes«, sagte die Dolmetscherin.

»Ich nehme kein Geld«, sagte Norbert.

Sie übersetzte es dem Offizier. Er gestikulierte. Die Dolmetscherin sagte: »Wir können Sie zwingen, uns zu sagen, was Sie von Wansdorf wissen.«

»Ich weiß nichts von ihm«, sagte Norbert.

»Er hat es Ihnen gesagt. Einer aus der Baracke hat es gehört.«

»Keiner hat es gehört, weil wir nie darüber gesprochen haben.«

Die Dolmetscherin sagte: »Warum wollen Sie ihn in Schutz nehmen? Er verdient nicht Ihren Schutz.«

Nun gab Norbert keine Antwort mehr. Die Dolmetscherin stand auf, der Offizier stand auf. Sie flüsterten miteinander. Draußen am Tor brüllte der Wachoffizier. Die Brigaden rückten ein. Ihre Holzsohlen klopften auf den gefrorenen Weg.

Die Dolmetscherin fragte: »Sie wollen es uns also nicht sagen?«

»Nein«, sagte Norbert, »ich weiß es nicht, und wenn ich es wüßte, würde ich es nicht sagen. Wansdorf ist mein Freund.«

Die Dolmetscherin übersetzte. Norbert wußte nicht, was »Freund« auf Russisch hieß. »Drug« mußte es heißen oder so ähnlich, denn immer wieder sagte die Dolmetscherin »drug«, und der Offizier sagte immer wieder »drug«, und wie sie es sagten, war es ein dunkles und gefährliches Wort. Die Worte dazwischen wurden immer weniger, und der Offizier sagte nur noch »drug«, immer lauter und wütender. Er schrie »drug«, kam hinter dem Tisch hervor, stellte sich neben Norbert, der mit gesenktem Kopf dasaß, und stieß ihm die Faust zwischen die Augen.

Am Abend zogen Norbert und Wansdorf in die Baracke. Werner, der junge Propagandist, zog in die Kopfstube und übernahm das Kommando.

Norbert ging zur Arbeit. Er gehörte zur Brigade, die den Bahndamm baute. Es war eine schwere Arbeit, aber es war besser so.

Als die Brigade einrückte, war Norbert Brotholer.

»Du bist Brotholer!« riefen sie von allen Seiten.

»Er hat keinen Hunger«, sagte einer.

»Er hat sich in der Kopfstube sattgefressen«, sagte ein anderer. Norbert nahm das Tablett vom Pfosten und ging zur Kopfstube. Er sah auf das Tablett, und der Propagandist zählte die Brote darauf. Norbert verteilte die Brote, eines blieb übrig. Er zählte nicht nach, er legte es an seinen Platz, neben das Brot, das ihm zustand, und deckte den Mantel darüber.

Die Gefangenen löffelten die Suppe aus dem Kochgeschirr. Sie rauchten Machorkazigaretten und legten sich schlafen.

Norbert schlief nicht. Der Mantel lag neben ihm, und die zwei Brote waren darunter versteckt. Er fror, aber er deckte sich nicht zu.

Nach dem Essen ging der junge Propagandist durch die Baracke.

Er trug die Stiefel eines Offiziers, er stellte sich am Ende der Pritschen auf einen Hocker, schob zwei Finger zwischen die Jackenknöpfe und brüllte: »Herhören!«

Die Gefangenen rieben sich die Augen. Laut sagte Werner: »Kameraden! Wir wissen, was ein Stück Brot ist! Wir haben Brot schätzen gelernt! Wer einem Kameraden das Stück Brot wegnimmt, nimmt ihm das Leben! Einer von euch hat wissentlich ein Brot zuviel abgeholt. Er hat es auch nicht zurückgebracht, nach vier Stunden nicht zurückgebracht! Er hat es einem Kameraden weggenommen!«

Die Gefangenen erhitzten sich. Sie schrien: »Wo ist das Schwein?« – »Sag uns den Namen!« – »Wir wollen den Namen von dem Schwein wissen!«

Der Propagandist sagte: »Wir können ihn dem Russen melden.«

»Niemals!« schrien die Gefangenen.

Der Propagandist sagte: »Der Russe würde die Sache auch nicht tragisch nehmen. *Er* hat keinen Verlust. Er hat uns das uns zustehende Brot gegeben. Zudem würden wir uns bloßstellen, als Deutsche!«

»Wir bestrafen ihn!« knurrte ein Gefangener.

Der Propagandist sagte: »Ja, es gibt einen zweiten Weg: wir bestrafen ihn selbst.«

Die Gefangenen schrien: »Sag uns den Namen« – »Sag uns endlich den Namen von dem Schwein!«

Der Propagandist stieg vom Stuhl, er ging durch den Flur und blieb vor Norbert stehen.

Norbert saß da, und es war ihm gleichgültig, was nun geschehen würde.

Der Propagandist riß den Mantel weg, und die Gefangenen sahen die zwei Brote da liegen.

Wie Tiere schrien sie, und der Propagandist schrie in den Tumult: »Ihr wißt, was ihr zu tun habt!«

Sie zerrten Norbert von der Pritsche, sie boxten ihn zur Tür, wo der freie Platz war. Einer zog ihm die Jacke aus, und einer riß ihm das Hemd vom Körper. Sie zerrten ihn in den zweiten Flur, damit er weiterginge, an allen Pritschen vorbei. Einer schlug ihn mit einem Stock, einer schlug ihn mit dem Koppel, das er an beiden Enden festhielt, und einer, der im Verdacht stand, ein Spitzel zu sein, stieß ihm die Faust ins Gesicht. Einer hob vor ihm den rechten Arm, ließ ihn wieder sinken und schrie: »Du bist mir viel zu dreckig! Ich will meine Hände nicht beschmutzen. Viel zu dreckig bist du mir!« Einer warf seine Holzschuhe nach ihm, und einer spritzte ihm das Spülwasser aus dem Kochgeschirr in die Augen. Einer trat ihn in den Unterleib. Dann spürte Norbert nicht mehr, wohin sie ihn schlugen und womit sie ihn schlugen.

Noch einige Schritte kam er vorwärts, bis zur Pritsche, wo Wansdorf saß. Sich am Balken neben ihm festzuhalten, streckte Norbert die Hand aus, und Wansdorf ergriff sie.

Die Mädchendarsteller

Als Gefangene machten wir manches, was wir später nicht mehr machten: wir arbeiteten als Maurer oder Holzfäller, als Straßen- oder Schienenarbeiter, als Bergleute sogar. Wir sangen und musizierten, und wir spielten mit Leidenschaft Theater.

Die Baracke neben dem rotbesternten Tor war als Club eingerichtet. Da war eine Bühne, etwa so groß wie zwei leere Zimmer. Drehbare Scheinwerfer waren an beiden Seiten angeschraubt. Der Vorhang war aus vier Zeltplanen zusammengenäht, deren grünbraune Tarnflecke schon ziemlich verblaßt waren. Vor der Bühne war ein Orchestergraben, und in den langen Holzbänken hatten, wenn sie gedrängt saßen, etwa hundert Zuschauer Platz.

Ein Orchester hatte sich zusammengefunden: drei Geiger, ein Trompeter, ein Klarinettist, ein Ziehharmonikaspieler und ein Schlagzeuger, der seine Trommeln, Becken und Zimbeln selber gebastelt hatte. Alois Vogel, der das Orchester dirigierte, hatte ein so gutes Gedächtnis, daß er Musik, die er früher gehört hatte, aufschreiben konnte. Aber auch neue Schlager, die der Drahtfunk zwischen viel zu langen Wortsendungen brachte, konnte er notieren. Einige Vor- und Zwischenspiele waren eigenständige Kompositionen.

Andere Gefangene traten als Sänger auf. Auch sie wiederholten. Sie sangen Arien aus Lehár- oder Künnecke-Operetten; die älteren solche von Emmerich Kálmán; aber auch jene berühmten Heimatlieder, die schon im Krieg die Bunten Abende aufgemöbelt hatten. Dazwischen spielten andere Gefangene, die schauspielerisches Talent besaßen, kurze Szenen, Sketche, von der albernsten Sorte, zum Beispiel jener Sketch, in dem der seinen Angestellten mahnende, auf korrekte Kleidung erpichte Generaldirektor am Ende selber ohne Hose hinter dem Schreibtisch hervorkommt. Wären diese Sketche nicht so dumm gewesen, vielleicht hätte ich es nie versucht, neue zu schreiben. Sie sollten richtigen Kabarettszenen gleichen, mit ihrer Doppeldeutigkeit die Mißstände des Lagers, so weit es erlaubt war, treffen. Mit keinem Sketch hatte ich mehr Erfolg als gleich mit dem ersten. Er spielte im alten Rom, und sein Titel – auch das eine Erinnerung an den Titel eines anderen – lautete »Kirschen für Rom«.

Zwei Römern, in Toga, mit Stirnband, wurden eben von ihren

Sklaven zwei Pellkartoffeln auf goldenem Tablett serviert. Sie verzehrten sie mit Genuß und redeten dabei wie zwei Schlemmer beim Gastmahl des Trimalchio. Sie beteuerten vor allem die Süße der kostbaren Frucht, was die Zuschauer vor Lachen schüttelte, weil sie den Tatbestand nur zu gut aus eigener Erfahrung kannten: eine Woche lang waren erfrorene Kartoffeln als Verpflegung ausgegeben worden, die nur derjenige, der vor Hunger fast zugrunde ging, durch die Kehle quetschen konnte.

Selbst die russischen Zuschauer verstanden diese Ironie. Auf der ersten Bank saßen der Lagerkommandant Iwanow, die Dolmetscherin Sacharowa, die Ärztin Kalinina, die Schwestern Marina und Tanja. Mehr der Musik und der Lieder als meiner Szenen wegen waren sie gekommen, aber die Sacharowa mußte sich oft zum Lagerkommandanten hinüberbeugen, um ihm die Gründe der Heiterkeit zu übersetzen. Manchmal verzog sich dann auch Iwanows mürrisches Gesicht zu einem Lächeln, denn Anspielungen auf das miserable Essen waren immer noch besser, als wenn die Politik, die Partei oder gar die Rote Armee verspottet worden wären.

Die ungarischen Gefangenen in unserem Lager machten viel aufregenderes Theater. Während wir noch in den Niederungen unserer bunten Abende steckten, brachten sie bereits Theaterstücke und Operetten zur Aufführung, die auch zu Hause in einem Stadttheater sich hätten sehen lassen können. Sie hatten nicht nur ein größeres Orchester, bessere Sänger und Spieler, aufwendigere Bühnenbilder und Kostüme, sie hatten sich auch das Textbuch und die originale Partitur einer ihrer Nationaloperetten beschaffen können.

Ich war zur Premiere eingeladen worden, und schon bei den ersten Takten der Ouvertüre schrumpfte ich vor Scham, wenn ich dabei an unsere deutschen Einleitungsklänge dachte. Und dann die Aufführung! Die Sänger hatten nicht nur ein selbstverständlicheres Auftreten, sondern auch schönere Stimmen; Tenöre, Baritone, Bässe. Zu den tiefen Tönen legten sie die rechte Hand aufs Herz, zu den hohen streckten sie beide Arme nach oben. Sie traten an die Rampe und ließen sich zu Da Capos anfeuern wie die Stars an der Scala oder Met. Sie trugen ihre ungarischen Nationalkostüme, gespornte Reiterstiefel, die sich an die Waden preßten, Pluderhosen, weiße, gestickte Hemden mit gebauschten Ärmeln, rote oder schwarze Westen, die goldene Schnüre über ihre engen Taillen und kräftigen Brustkörbe zusammenzogen. Sie tanzten sogar, ja, eine eigene Tanzgruppe gab im zweiten Aufzug eine Einlage, die, so eng die Bühne war, einen solchen Wirbel verursachte, daß er die Zuschauer auf die Bänke riß, den Rhythmus mitzuklatschen.

Noch eindrucksvoller war die Frauengestalt jener Operette dargestellt. Ein Bauernmädchen, das am Ende die Frau des Helden Janos wird; eine sympathische Naive, die von einem Jungen gespielt wurde, der Ferenc hieß und etwa so alt war wie die jüngsten Gefangenen in den deutschen Baracken, achtzehn oder neunzehn. Ferenc trug einen halblangen Rock, unter dem seine kurzen, stämmigen Beine und etwas zu große Füße hervorkamen. Gesicht und Lippen waren geschminkt, und das Haar hing auf die Schultern, braunes, im Scheinwerferlicht rötlich schimmerndes Haar. Eine weiße, gefältelte Bluse umspannte zwei Wattebrüste. Ferenc hatte zu sprechen, zu singen, zu tanzen, die Hände zu falten. Er wurde umarmt und ließ sich umarmen. Er legte den Kopf an die Brust des Partners und lächelte verliebt zu ihm hinauf. Ferenc strengte sich nicht an, das alles wie ein Mädchen nachzuäffen; gerade deshalb wirkte er so echt, und die anderen Zuschauer bestaunten ihn sicher ebenso wie ich.

Wir alle hatten früher schon mal Männer in Frauenkleidern gesehen, in Schwänken, auf Liebhaberbühnen, in lustigen Filmen; exaltierte Frauen, die auf Effekte der Travestie aus waren, die Kußhände herumschmissen, die Röcke hochnahmen, um ihre behaarten Beine vorzuzeigen. Auch eine komische Frauenrolle kam in der ungarischen Nationaloperette vor, eine ältere Salondame, die ausschließlich zu sprechen hatte. Ihr Darsteller hieß gleichfalls Ferenc; in der Lagerschneiderei war er der Vorgesetzte des kleinen Ferenc. Dieser zweite Ferenc rauschte in aufgedonnerter Toilette, im schwarzseidenen, städtischen Kleid, wie die Frauen um die Jahrhundertwende in Budapest es getragen hatten, auf die Bühne. Der breitrandige, violette Hut war mit gelben Stoffrosen besetzt, aber auch sonst fehlte nichts an den weiblichen Zutaten, die Ferenc sich wohl selber angefertigt hatte: Ohr- und Fingerringe, Perlenkette, Lorgnette, Handschuhe, Spitzentaschentuch, Netzstrümpfe, hochhackige Damenschuhe. So zurückhaltend der kleine Ferenc auftrat, so selbstsicher der ältere, dickliche Ferenc. Wie er sich im Sessel niederließ, die Beine übereinanderschlug, die Handtasche öffnete und schloß, im Handspiegel sein Make up überprüfte, die Teetasse zum Mund hob mit gespreiztem kleinen Finger – eine routinierte Salondame hätte ihn nicht übertreffen können. Aber weil die Zuschauer wußten, die Dame war ein Mann, es war der Ferenc aus der Schneiderei und er machte es nicht nur ebenso gut wie eine Dame, nein, noch besser als eine Dame, wurde jede Bewegung, jeder Satz von ihrem Gelächter begleitet.

Daß der kleine Ferenc jedoch die größere Leistung vollbrachte, daß man ihn, der keinen Grund zum Lachen gab, mehr bestaunte, und daß er in den Gefangenen, die schon lange kein richtiges ungarisches Mädchen mehr gesehen hatten, wahrscheinlich auch Gefühle weckte, daran war kein Zweifel.

Ich nahm die Gewißheit mit: Man konnte also auch seriöse Mädchen von jungen Gefangenen spielen lassen. Unsere theatralischen Möglichkeiten weiteten sich. An Aufführungen unserer Klassiker konnte ich denken, wenn ein Gretchen oder Klärchen, eine Amalia oder eine Agnes zur Verfügung standen. Und wenn Operetten eine solche Begeisterung auslösten, warum sollte ich nicht versuchen, ein Libretto zu schreiben, das mit dieser ungarischen Nationaloperette wetteiferte? Zunächst mußte sich Alois Vogel die Wiederholung der ungarischen Aufführung ansehen, damit auch er angestachelt würde zu einer temperamentvolleren Musik.

Vor dem Krieg hatte ich in unserem Stadttheater drei Operetten gesehen. Ich hatte in Erinnerung behalten: Sprech- und Gesangszenen wechselten sich ab; sogenannte Melodramen kamen vor, von leiser Musik unterlegte, etwas schwülstige Dialoge; ernste und alberne Figuren traten auf, und jeder Aufzug, vor allem der letzte, endete mit einem zündenden Finale, zu dem alle Spieler und Sänger in einer Reihe auf der Bühe versammelt standen. Aber die Mädchenrollen allein – an zwei dachte ich von vornherein – würden unserer Operette sowieso eine Überraschung hinzugeben, deren Wirkung unsere deutschen Zuschauer überwältigen mußte.

Das Libretto, das ich zu schreiben begann, erinnerte an jene drei Operetten; und an österreichische Musikfilme erinnerte es. Der erste Aufzug spielte in einem Wiener Kaffeegarten, der zweite im luxuriösen Büro eines Intendanten; der dritte spielte auf Hawaii, der »Liebesinsel«. – »Die Liebesinsel« setzte ich schließlich als Titel über das Ganze. Während ich am zweiten Aufzug schrieb, begann Vogel schon mit der Komposition des ersten Aufzugs. Auch er hatte früher Operetten gesehen, gehört und einige Melodien behalten. Daß unser gemeinsames Werk dann später einen rauschenden

Erfolg errang, hing sicher damit zusammen: auch unsere gar nicht verwöhnten Zuschauer wurden immerzu erinnert.

Der erste Aufzug war komponiert, der zweite geschrieben, der dritte angefangen, aber die beiden Darsteller der Mädchenrollen waren noch nicht gefunden. Ich hielt Ausschau nach ihnen, in den Baracken, auf den Lagerwegen, in der Banja, wo sich die Gefangenen einmal in der Woche mit einem Kübel heißen Wassers von Kopf bis Fuß wuschen, während ihre Wattejacken und -hosen im Entlausungsofen schmorten. Die Gefangenen waren nach dem ersten Winter abgemagert. Hunger und Wind hatten ihnen die letzten Fettpolster weggeblasen. Unter den deutschen Schneidern war kein Junge, der dem kleinen Ferenc glich; und ihn auszuleihen, wäre nicht nur einfallslos gewesen, sondern hätte schon an den Sprachschwierigkeiten scheitern müssen.

Durch das Küchenfenster, in das wir bei der Essenausgabe unsere Eimer reichten, entdeckte ich Fred, einen der Köche, der schwungvoll die Suppe aus dem Kessel schöpfte. Er war blond, und um den Hals hatte er – wie kein Gefangener sonst – einen roten Schal geschlungen. Fred war Unteroffizier in einer Jagdstaffel gewesen; er wurde jedoch gleich, als er das erste russische Flugzeug abschießen wollte, selber abgeschossen. Seine Maschine brannte, er konnte aussteigen, und der Fallschirm wehte ihn in ein Birkengehölz hinter dem Wolchow, wo ihn die Russen in Empfang nahmen. Sie verprügelten ihn nicht, empfingen ihn fast freundlich, weil Fred die richtigen Worte stammelte, sein gewinnendes Lächeln aufsetzte, weil er überhaupt ein Sonntagskind war, weil er – wie er gern beteuerte – den roten Schal um den Hals geknotet hatte, sein Maskottchen.

Ich wartete mit meinem Essenseimer am Ende der Schlange, und Fred, dem ich durchs Küchenfenster von meinem Vorhaben erzählte, sagte begeistert zu, eine Frauenrolle zu übernehmen. Er hatte, weil er als Koch sich sattessen konnte, runde Formen. Sein Gesicht war etwas zu fleischig, und unter dem Kinn bildeten sich, wenn er es senkte, zwei Falten, doch blond wie sein Typ war sein Wesen, und waren nicht auch die Soubretten in unseren Theatern zu Hause meist weniger schlank, als man sie sich gewünscht hätte? Nein, den kleinen Ferenc würde er nicht ausstechen, doch als jugendliche Naive, wie sie in meinem Libretto angelegt war, konnte Fred wahrscheinlich bestehen.

Fred half mir dann auch, den zweiten Mädchendarsteller zu

finden. Jeden Abend nach dem Einrücken der Arbeitsbrigaden wurde der Reihe nach ein Dutzend Kartoffelschäler – wie es auch sonst in Männergemeinschaft üblich war – in die Küche kommandiert. Neben dem Kessel standen sie zusammen und schnitten mehr oder weniger geschickt mit groben Messern die Schalen ab. Fred holte mich aufgeregt aus der Baracke, um mir einen der Kartoffelschäler zu zeigen. Egon hieß er, ein schlanker, knochiger, schwarzhaariger Junge mit ernsten Augen. Er trug die schwarze Jacke einer Panzereinheit, was ihn noch dunkler machte. Neunzehn war er, zwei Jahre jünger als Fred. Sicher kam schon seine Schlankheit einem glaubwürdigen Mädchenbild näher als der rundliche Fred, doch als er auf unser beiderseitiges Zureden endlich reagierte, errötete und verschämt etwas sagte, war ich doch erschrocken über den Dialekt, ein hinterpfälzischer, der in seiner knappen Antwort hörbar wurde. Fred redete ungehemmter auf ihn ein, und ich wußte nicht, ob ich zufrieden sein sollte, als Egon, immer wieder errötend und zu seiner halbgeschälten Kartoffel hinabblickend, schließlich doch zusagte.

Alle drei Aufzüge waren inzwischen geschrieben und komponiert, auch die Ouvertüre. Die Musiker probten. Die Spieler schrieben ihre Rollen ab. Die Sprechproben begannen, die Gesangsproben. Alle, die sich bei den Bunten Abenden bewährt hatten, wirkten mit. Von ihnen wußte ich, was man erwarten konnte. Es waren natürliche mimische Talente, keine Berufsschauspieler, die eine gewisse Bewährung hinter sich hatten. Schon beim Erfinden der Rollen hatte ich daran gedacht, wie Hans Burte oder Willi Thomas, Max Dannheimer oder Heinz Sonnenberg in sie hineinschlüpfen würden. Freds und Egons Fähigkeiten waren dagegen nicht vorauszusehen. Sie mußten nicht nur sprechen und singen, sondern auch tanzen. Sie sollten heitere, sympathische, aufgedrehte Mädchen spielen, die ihre täppischen Liebhaber an der Nase herumführten. Aber gerade dieses Ideal – bei Fred noch eher als bei Egon – schien sich nicht, wie schon die Sprechproben zeigten, erzielen zu lassen. Sie bewegten sich steif, plump, eckig wie Matrosen, wie Soldaten, wie Fuhrleute, nur nicht wie Mädchen. Freilich, gelehrig zeigten sie sich. Sie redeten den Tonfall, den ich vorsprach, mit allen Schwingungen nach. Sie sprachen eher zu zart, zu sentimental, zu mädchenhaft, was aus ihren Mündern ganz unnatürlich klang. Heinz Sonnenberg, unser schöner Tenor und Liebhaber, bemühte sich ebenso um Fred und Egon wie ich. Wenn die anderen Spieler entlassen waren, gegen zehn Uhr in der Nacht, probten wir mit unseren Mädchendarstellern weiter. Wir machten ihnen Gänge, Gesten, Tanzschritte vor. Seltsamerweise ermüdeten auch sie nicht. Während die routinierten Spieler noch immer ihre Texte ablasen, konnten Fred und Egon sie längst auswendig. Auch die Melodien hatten sie sich rasch eingeprägt, wohl weil sie sie während der Arbeit – Fred in der Küche, Egon im Bergwerk – für sich allein übten.

Überhaupt gingen im Laufe der Proben Veränderungen an den beiden vor. Fred wurde schlanker, Egon etwas fülliger. Unter einem Tuch verborgen, brachte Fred für Egon jeden Abend ein Kochgeschirr voll zuckerbestreutem Kascha mit. Von ihrem nächsten Monatslohn kauften sie sich am Kiosk statt Wodka Haarwasser, Hautcreme, ja sogar Parfüm, wie es die russischen Offiziere liebten, mit Flieder- oder Maiglöckchenduft. Sie rasierten sich sorgfältiger, und eines Abends kamen sie in schneeweißen Hemden, denen breite Kragen aufgenäht waren. Wie Fred seinen roten Schal, hatte Egon einen blauen Schal in den Hemdausschnitt geschlungen, und weil das auch den anderen Spielern auffiel, wurden sie mit Heiterkeit, bald auch mit Umarmungen, sogar mit Küssen begrüßt, was die beiden zu amüsieren schien.

Ich hatte die beiden Ferenc gewinnen können, die Mädchenkostüme und alles andere, was für sie nötig war, anzufertigen. Vor der Hauptprobe kamen sie mit Bündeln von Kleidern, mit Perükken, Wattebusen, Strümpfen, Schuhen, Schmuck, und halfen Fred und Egon beim Ankleiden. Sie halfen die Wattebusen schnüren, die Strümpfe befestigen, halfen ihnen, durch die engen Oberteile der Kleider zu schlüpfen. Besonders Ferenc, der dicke, bemühte sich, unsere Frauendarsteller so schön und mädchenhaft zu machen wie möglich. Er kämmte sie, puderte sie, schminkte sie, ja, streichelte sie, und weil Fred und Egon seine entzückten ungarischen Ausrufe nicht verstehen konnte, küßten sie ihn zum Dank auf die Wangen, was wiederum Ferenc glücklich machte. Er verdrehte die Augen, kniff den beiden in den Hintern, strich seine runden Hände über Busen und Hüften. Er wurde mehr und mehr zu jener exaltierten Salondame, die er auf der Bühne so glaubhaft gespielt hatte. Schon bei der Generalprobe wurden Fred und Egon als Mädchen bestaunt. Die Musiker brachen die Ouvertüre ab. Ich, als Librettist und Regisseur, mußte ernst werden, damit die Generalprobe überhaupt stattfinden konnte. Es lief noch nicht so reibungslos, wie es sollte. Der Vorhang wurde nicht rasch genug gezogen, die Scheinwerfer strahlten das Pappschiff, das die ganze Gesellschaft nach Hawaii brachte, zu grell an. Hans Burte beherrschte die Liedertexte noch nicht, und die Tänze im dritten Aufzug gerieten völlig durcheinander. Die Aufführung am nächsten Abend wurde trotzdem ein Erfolg; ein ebenso großer wie die Nationaloperette der Ungarn, obwohl unsere Musik und unser Orchester ganz bestimmt dürftiger waren. Die Zuschauer hatten jedoch eine so beschwingte Handlung, eine so aufwendige Ausstattung und einen so langen Theaterabend nicht erwartet; und sie hatten keine Mädchen erwartet, die so echt aussahen. Die Zuschauer klatschten nach jedem Aufzug mindestens fünf Minuten lang, und der Beifall am Schluß wollte nicht aufhören. Fred und Egon warfen Handküsse umher, und auch Alois Vogel und ich wurden zur Verbeugung auf die Bühne gezogen. Aus der ersten Reihe klatschten die russischen Besucher herauf, der Kommandant Iwanow, die Dolmetscherin Sacharowa, die Ärztin Kalinina, die Schwestern Marina und Tanja.

Wir mußten »Die Liebesinsel« zehnmal spielen, und nie reichten die Plätze für die Zuschauer, die sie ein zweites, ein drittes Mal sehen wollten. Die Lieder der Operette wurden nachgesungen, meine Texte, Vogels Melodien. Was große Texter und Komponisten in ihren Ländern oder in der ganzen Welt erreichten, Ruhm und Popularität, wir erreichten es wenigstens in unserem Lager. Fred und Egon wurden nach jeder Vorstellung noch freier. Des kleinen Ferenc Ruhm wurde darüber fast vergessen. Er war nach unserer Premiere gleich weggegangen, während der andere Ferenc sich die Hände rotklatschte und Freds und Egons Handküsse erwiderte.

Fred wurde bald nach der Vorstellung von einem Sanitäter eingeladen, der die Ambulanz beaufsichtigte und die besondere Gunst der Kalinina und der Schwestern genoß, denen er sogar die Wäsche wusch und bügelte. An Sonntagen, wenn die Ärztin und die Schwestern keinen Dienst hatten, verwandelte der Sanitäter Erich das Ambulanzzimmer in eine Wohnstube, in welcher er einen Nachmittagstee gab. Bald nach Fred wurde auch ich eingeladen. So gemütlich hatte ich die Ambulanz, wo ich schon einige Male zu Untersuchungen und Impfungen hatte antreten müssen, noch nie gesehen. Erich bediente uns. Er hatte den Tisch mit einem weißen, gestärkten Leintuch gedeckt und darauf Porzellangeschirr gestellt. Er hatte Marmorkuchen gebacken und Schlagrahm zustande gebracht. Er schenkte uns ein, gab Zucker in die Tassen, dreimal so viel, wie wir für einen Tag zugeteilt bekamen. Er ging mit schnellen Schritten umher, machte uns Komplimente: Fred als Darsteller, mir als Librettist und Regisseur. Egon habe ihm nicht so sehr gefallen, meinte er; er habe zu wenig Temperament für eine Frauenrolle. Fred und ich verteidigten Egon, vor allem, weil wir wußten, wie er sich entwickelt hatte von der ersten Sprechprobe bis zur Aufführung. Wie meine zukünftigen Pläne aussähen? fragte Erich. Ich meinte: wir könnten versuchen, den »Urfaust« zu spielen wie die Gefangenen im Lager von Nowgorod, wovon man gehört hatte. Oder ich könnte selber ein ernstes Schauspiel schreiben. Nein, widersprach Erich, ich müsse nun – dieser Erfolg verpflichte mich geradezu – eine zweite, noch schmissigere Operette schreiben, vor allem müsse darin eine Dame von Format auftreten, eine Csárdásfürstin, eine Frau Luna, eine Frasquita, eine Gräfin Mariza; und er wünschte sich nichts sehnlicher, als eine solche Rolle zu spielen. Er sei in seiner Jugend, im Knabenchor, ein strahlender Sopran gewesen; noch heute würde er mit Kopfstimme mühelos das hohe C herausbringen, und selbstverständlich werde er – die Ärztin und die Schwestern würden ihn dabei unterstützen – seine Garderobe selber schneidern; eine elegantere als die doch etwas altmodische des Ungarn Ferenc. Eine große Sängerin ziehe sich zu jedem Auftritt um: Kostüm, Hauskleid, Abendkleid. Er werde sich eine Perücke knüpfen, keine blonde oder schwarze, sondern eine tizianrote, und zur Schlußszene werde er sich einen spanischen Kamm in den Knoten stecken! Ich, als Librettist, habe dafür zu sorgen, daß seine Rolle alle diese Möglichkeiten enthielte. Während Erich redete, schwärmte, befahl, goß er Fred und mir nach, legte ein drittes Stück Kuchen auf den Teller; und weil ich ihm so ganz bestimmt das gewünschte Libretto nicht versprach, lud er uns auch zum kommenden Sonntagnachmittag zum Tee ein.

Egon blieb nach jeder Vorstellung, wenn alle gegangen waren, wenn ich die Kostüme in den Schrank räumte und mit einem Weidenbesen die Bühne fegte, noch eine Zeitlang auf einem der Hocker vor dem Schminktisch sitzen. Er saß da im Kostüm des dritten Aufzugs, in einem Baströckchen, in einem Oberteil aus gelber Seide, das lediglich seine Wattebrüste bedeckte. Er zog seine Augenbrauen und seine Lippen nach. Er machte mehr schöne Gesichter als Grimassen ins Spiegelglas. Er rauchte Papyrossi und summte die Lieder, die er vorher mit voller Stimme gesungen hatte, vor sich hin. Nach unserer letzten Aufführung – wir waren alle etwas melancholisch auseinandergegangen – sagte ich zu ihm: Ich hätte schon die nächste Operette im Kopf, und sie sollte – ich wiederholte Erichs Ausdruck – noch schmissiger werden als diese, und selbstverständlich müßten er und Fred wieder mitwirken, und vielleicht käme noch eine dritte Frauenrolle hinzu, eine komische. Die neue Operette müsse mehr moderne Elemente enthalten, so wie eine Künnecke-Operette, die ich früher gesehen hatte. Egan sah mich im Spiegel an und sagte: »Schreib mir eine größere Rolle als Fred!« Auch seine Stimme hatte sich verändert. Er sprach, wie er auf der Bühne zu sprechen hatte, etwas höher als gewöhnlich, und – was ihm am Anfang doch so schwergefallen war – völlig frei von seinem Heimatdialekt. »Ich will sehen –«, sagte ich zögernd. Und: »Du könntest es bestimmt schaffen, eine schwierigere Rolle zu spielen, sogar eine seriöse, wie der kleine Ferenc.« Egon sagte gedehnt: »Bestimmt – ich hätte wahrlich Lust dazu.«

Nun wurde es Zeit, energisch zu werden. Ich sagte: »Los, zieh dich an! Ich will keinen Ärger mit dem Deschurnyi. Gleich ist es zwölf!« Egon sagte: »Mach das Licht aus und bleib hier!« Ich verstand nicht sofort und sah wohl etwas hilflos aus. Egon kam auf mich zu, umarmte mich, und, wie um zu erklären, was mir so schwer verständlich war, sagte er – wie kurz vor dem Finale zu seinem Liebhaber Henry –, sagte den banalsten aller Schauspiel-, Opern- oder Operettensätze, der, melodramatisch unterlegt, selbst bei einem anspruchsvolleren Publikum dann doch immer wieder eine Wirkung ausübt, sagte: »Ich liebe dich« und versuchte mich zu küssen.

Die Wölfe kommen zurück

Krasno Scheri hieß das Dorf seit der Revolution. Es lag fünfzig Werst von der nächsten Stadt in großen Wäldern, die eine Straße von Westen nach Osten durchschnitt.

Der Starost von Krasno Scheri holte sieben Gefangene aus dem Lager der Stadt. Er fuhr in seinem zweirädrigen Karren, ein schweißfleckiges Pferd an der Deichsel. Zwischen den Knien hielt er ein Gewehr mit langem Lauf und rostigem Korn. Im Kasten hinter dem Sitz lag der Proviantsack der Gefangenen voll Brot, Salz, Maisschrot, Zwiebeln und Dörrfisch.

Die Gefangenen gingen rechts und links auf dem Streifen zwischen den Rädern und dem Rand der Felder. Als die Straße in den ersten Wald mündete, stieg der Starost ab. Er band die Zügel an die Rückenlehne und ging hinter den Gefangenen her.

Sie hielten sich an die Gangart des Pferdes. Alle Gefangenen gehen langsam. Sie senkten die Köpfe, nur einer trug ihn aufrecht, drehte ihn hierhin und dorthin, neugierig, verdächtig.

»Ich habe ein Gewehr«, dachte der Starost. »Sie haben kein Gewehr. Mein Gewehr ist zwar nicht –«

Der Gefangene blieb stehen. Er ließ drei, die hinter ihm kamen, vorübergehen, bis der Starost auf seiner Höhe war.

»Guten Tag«, sagte der Gefangene.

Seit dem ersten Krieg hatte der Starost keine Deutschen mehr gesehen. Diese Deutschen waren andere Deutsche als damals. Er sah, der Gefangene war jung. Er hatte Augen in der Farbe hellblauen Wassers.

»Gibt es Wölfe im Wald?« fragte der Gefangene.

»Wölfe?« Der Starost überdachte die Frage. »Ja, es hat Wölfe gegeben. Jetzt gibt es bei uns keine Wölfe mehr. Ihr habt sie vertrieben mit eurem Krieg. Die Wölfe sind nach Sibirien ausgerissen. Früher knackte der Wald von Wölfen, und niemand hätte gewagt, im Winter allein diesen Weg zu gehen. Die letzten Wölfe sah ich im ersten Winter des Krieges, als die Geschütze von Wyschni Wolotschek herüberdonnerten.«

»Fünf Monate ist der Krieg vorbei«, sagte der Gefangene. »Die Wölfe könnten längst zurück sein.«

»Sie sollen bleiben, wo sie sind«, sagte der Starost. »In Sibirien. Sibirien, da gehören sie hin.«

Bis zum Abend gingen die Gefangenen und der Starost durch die Wälder. Manchmal brachen die Wälder ab, eine Wiese lag dazwischen, ein Streifen unbebautes Land mit dürren Sträuchern, dann begann wieder Wald, ein wirrer, unordentlicher Wald mit niedrigen, verkrüppelten Bäumen und wucherndem Unterholz.

In Krasno Scheri traten die Leute aus den Häusern und standen dunkel vor den Türen. Der Starost verteilte die Gefangenen. In jedes Haus gab er einen, und den jungen, der nach den Wölfen gefragt hatte und russisch sprechen konnte, nahm er mit in sein Haus.

Eine Öllampe stand auf dem Tisch. In ihrem Licht saßen ein Junge und ein Mädchen, die mit runden Pupillen zur Tür sahen, wo der Gefangene auf der Schwelle wartete.

Eine Frau kam aus der Tür des Nebenraums.

»Er heißt Maxim«, sagte der Starost, während er seinen Pelzmantel auszog. Der Gefangene ging zu den Kindern am Tisch. Aufgeschlagene Bücher lagen vor ihnen mit handgeschriebenen Buchstaben und Tiefdruckbildern.

»Und wie heißt ihr zwei?« fragte der Gefangene.

Der Junge stand rasch auf und wischte mit der Hand sein Buch über den Tisch, daß es zu Boden fiel. Er ging in die Ecke der Stube und drehte dem Gefangenen den Rücken zu. Das Mädchen sah auf und lächelte.

»Wie heißt du?«

»Julia«, sagte das Mädchen.

»Julia, ein schöner Name«, sagte der Gefangene.

»Er heißt Nikolaj«, sagte das Mädchen.

Die Frau legte das Brot auf den Tisch und stellte zwei Schüsseln voll Suppe daneben. Der Starost setzte sich, der Gefangene setzte sich. Sie bliesen in die Löffel und aßen. Die Frau blieb vor dem Herd stehen und sagte ab und zu etwas von der Arbeit, vom Essen, von den Nachbarn, vom Wetter.

Der Junge hob das Buch auf, setzte sich an die Tischecke und begann halblaut vor sich hin zu lesen: »Heil dem Väterchen aller Kinder, Wladimir Iljitsch Lenin! – Heil dem Väterchen der kleinen Pioniere, Josef Wissarionowitsch Stalin!«

Über dem Kopf des Jungen leuchtete Papiergold, das die Engel der Dreifaltigkeit umrahmte.

Am Morgen gingen die Gefangenen, die Kolchosbauern und die Mädchen auf die Felder. Der Starost riß mit Pferd und Pflug die glasharten Schollen auf. Das Wasser in den Schrunden war gefroren. Die Eishaut zersplitterte. Die Kartoffeln waren kalt. Die Mädchen und die Gefangenen klopften die Hände in den Achselhöhlen, und der Atem rauchte vor den Mündern.

Die Sonne stieg über den Wäldern hoch, schob sich in den grünblauen, seidenreinen Himmel, der sich weit über die Horizonte spannte. Krähen schrieben darauf ihre zerfledderte kyrillische Schrift.

Das Dorf lag in der Mitte offener Felder, rundum von Wäldern umstellt. Der Weg nach Osten zog eine dünne Spur hindurch. Kinder gingen auf dem Weg, fern und klein, doch ihre Stimmen klangen nah wie Tassen, die auf ein Tablett gestellt werden.

»Sie gehen zur Schule«, sagte eine Frau zu dem jungen Gefangenen. »Hinter dem Wald liegt Rossono. Rossono ist größer als Krasno Scheri.«

»Sind auch Julia und Nikolaj dabei?« fragte der Gefangene.

»Ja, sie sind auch dabei«, sagte die Frau.

Der Gefangene winkte. Die Kinder winkten. Sie schwangen ihre Bücherbündel. Die Kinder trugen Pelzmützen und Wattejacken, unter denen nicht zu erkennen war, wer Julia und wer Nikolaj war. Alle winkten.

Als die Kinder auf dem Weg drüben zurückkamen, fiel die Sonne in die Wälder des Westens. Ein großes Feld war geerntet, die Säcke und Körbe waren abgefahren, und alle, die gearbeitet hatten, gingen zurück, müde, mit schmerzenden Rücken und kalten Gesichtern, in Erwartung der Stube, des Feuers und der heißen Suppe.

Wieder saßen die Kinder am Tisch hinter den aufgeschlagenen Büchern.

Julia sagte: »Maxim, wir haben eine Wolfsspur gesehen!«

»Was habt ihr?« fragte der Starost.

»Wir haben eine Wolfsspur gesehen«, sagte Julia.

»Wer hat sie gesehen?«

»Zuerst hat sie Spiridion gesehen, dann Katarina, dann ich, dann Nikolaj.«

»Ich hab sie vor dir gesehen«, sagte Nikolaj.

»Eine Kaninchenspur habt ihr gesehen«, sagte der Starost.

»Nein, sie war größer«, sagte Julia. »Lauter tiefe Löcher, groß wie Äpfel, und vorn waren Krallen in die Erde gedrückt.«

»Wie war die Spur, Nikolaj?«

»Wie Julia sagt. Wie Äpfel. Und Krallen auch.«

»Unsinn«, sagte der Starost. »Die Wölfe sind in Sibirien. – Wir wollen jetzt essen.«

Bevor das letzte Feld geerntet war, fiel Schnee. Der Pflug blieb in der gefrorenen Erde stecken, und die Gefangenen saßen bei ihren Quartiersleuten und brüteten vor sich hin. Die Kinder waren in der Schule. Der Starost und seine Frau saßen am Tisch. Der Gefangene stand am Fenster und sah auf das Feld.

Der Starost sagte: »Wenn es so kalt bleibt, destillieren wir morgen Sarmagonka. – Was hältst du davon, Maxim?«

»Warum nicht?«

»Gut, wir machen morgen Sarmagonka«, sagte der Starost.

»Ich mag keinen«, sagte die Frau.

»Du sollst auch keinen trinken«, sagte der Starost. »Maxim und ich trinken ihn um so lieber.«

Vor dem Fenster, auf dem Hügel, stand auf einmal ein Tier, ein schmales, hochbeiniges Tier mit dickem Kopf und schrägen Augen, einem Hund ähnlich, und doch kein Hund.

»Da!«

Im Ausruf des Gefangenen waren so viel Schreck und Angst, daß der Starost und seine Frau schnell zum Fenster kamen und gerade noch sahen, wie das Tier sich wandte und im wirbelnden Schnee verschwand.

»Ja, es ist ein Wolf. So sieht er aus. Die Kinder hatten recht«, sagte der Starost.

»Und die Kinder sind unterwegs!« rief die Frau.

»Der Wolf ist hier, und die Kinder sind dort«, sagte der Starost.

Aber es überzeugte nicht.

»Ihr habt doch ein Gewehr! Warum gehen wir nicht hinaus?« sagte der Gefangene.

»Mein Gewehr –«

»Es ist nicht geladen«, sagte die Frau.

Der Starost stieß einen gemeinen Fluch aus.

»Ich habe keine Patronen, Maxim«, sagte der Starost. »In der Stadt haben sie mir keine gegeben, im Magazin nicht und im Lager nicht. Ich wollte nicht, daß ihr Gefangenen es wißt.«

»Dann nehmen wir eine Axt, ein Beil, eine Sense oder Stöcke.«

»Du kennst nicht die Wölfe, Maxim. Aber wenn du mitkommen willst –«

Sie gingen auf dem Weg nach Osten, und als sie auf die Höhe kamen, merkten sie, daß sie keine Mäntel angezogen hatten.

Der Starost atmete schwer. Die Flocken hingen in seinen Brauen, in seinem Bart. Ein alter Mann.

»Die Kinder müßten längst hier sein«, sagte er.

Sie gingen weiter. Es war still, nur der Schnee rauschte. Fern hörten sie die Stimmen der Kinder.

Der Starost rief: »Julia! – Nikolaj!«

Der Gefangene rief: »Julia! – Nikolaj!«

Dann riefen auch die Kinder.

Der Starost und der Gefangene gingen schneller, die Kinder gingen schneller. Wie Hühner, in die der Hund bellt, flatterten sie in die Mitte der Männer, Julia, Nikolaj, Katarina, Ludmilla, Sina, Stepan, Alexander, Ivan, Nikita und Spiridion, zehn Kinder in Pelzmützen und Wattejacken, die Bücherbündel in den steifen Fingern.

Sie redeten durcheinander von Wölfen im Wald, von brechendem Holz, Geheul und einem Netz der Spuren im frisch gefallenen Schnee.

Während sie auf dem Weg standen und redeten, kamen die Wölfe. Ihre Augen sahen sie zuerst, gefährliche, trübe Lichter im Vorhang des Schnees. Ihre Köpfe schoben sich heraus, die steifen Ohren, der Kranz gesträubter Haare um den Hals, die struppigen, zementgrauen Leiber mit den buschigen Schwänzen. Wie ein Keil stießen sie aus dem Unterholz über die Felder nördlich der Straße.

Die Kinder verschluckten das letzte Wort und klammerten sich in die Rücken der Männer. Der Starost hielt die Axt hoch, der Gefangene hielt die Sense hoch. Die Kopfhaut spannte sich, und die Gedanken verschwammen.

Die Wölfe liefen entlang der Straße, vorbei, eine stumme, wogende Meute. Reihe hinter Reihe, Rücken neben Rücken, lautlos, auf hohen Beinen. Sicher waren hinter dem Rudel andere, unsichtbare Rudel im Wirbel des Schnees, hundert Rudel. Manche Tiere kamen so nahe vorbei, daß die Rippen zu sehen waren, Knochen, Muskeln, Sehnen unter dem räudigen Fell und ihre Zungen, die lang aus den Mäulern hingen. Hunger trieb sie, Hunger machte sie blind für die Beute neben der Fährte.

So zogen Heere in die Städte der Feinde ein, durch die Mauer des Schweigens, der Verachtung, des Hasses. Die Menschen verkrochen sich vor ihnen, löschten das Licht, hielten den Atem an, schlossen die Augen und glaubten, ihr Herz klopfe gegen die Wand und die draußen könnten es hören, durch die Tür brechen und wahllose Schüsse ins Zimmer feuern.

Die Dunkelheit wuchs, und noch immer nahm das Heer der Wölfe kein Ende. Wie lange zogen sie vorbei? Wie viele waren es? Stunden. Alle Wölfe Sibiriens.

Nacht umschloß den Starost, den Gefangenen, die Kinder. Lange wagten sie nicht, sich zu lösen, zu bewegen, zu sprechen.

Der Starost sprach als erster. Er sagte: »Die Wölfe kommen zurück. Sie wittern den Frieden.«

Forgive me

Herr Studienrat Runge sagte mit einschläfernder Stimme: »Forgive me« ist ein starker Ausdruck. Der Engländer gebraucht ihn eigentlich nur Gott gegenüber, im Gebet, in der höchsten Gefühlsaufwallung. Ihr werdet ihn selten hören, selten gebrauchen. Häufiger kommen vor »excuse me« und »sorry«, ja, vor allem »sorry«. »Sorry« könnt ihr bei jeder Entschuldigung anwenden. Wenn ihr an jemandem vorbeigehen wollt, wenn ihr jemandem auf den Fuß getreten seid, sagt »I'm sorry«...

Ich war vierzehn Jahre alt. Ich saß in der letzten Bank und war nicht besonders aufmerksam. Vor mir auf der polierten Platte lag ein blaues Oktavheftchen, in das ich die neuen Wörter eintragen sollte. Doch ich malte rechts und links von meinem Namen eine Blume. Unter dem Oktavheftchen lag ein Spiegel, in den ich ab und zu sah. Ich sah gern in den Spiegel, zupfte an meinen Haaren vor der Stirne und schnitt Gesichter. Ich wollte nämlich Schauspielerin werden. Auf dem Heimweg überholten mich drei Jungen der Parallelklasse: Walter, Horst und Siegbert. Siegbert sagte: »Da geht die Brigitte Horney!« Die anderen lachten. – Was hatte nur dieser Siegbert gegen mich? Er reizte, neckte mich, blies die Backen auf, ich aber freute mich, wenn ich ihn sah...

Es war Anfang April. Der Krieg ging dem Ende zu. Von Vater kamen keine Briefe mehr. Mutter saß am Abend ohne Worte an meinem Bett.

Einige Tage später wurden wir aus der Schule nach Hause geschickt. Um die Mittagszeit surrten amerikanische Tiefflieger über die Dächer. In der Nacht fuhren Lastwagen mit SS-Leuten der Rheinbrücke zu, und die Fenster schütterten vom Gedröhn der Front. Dann drängten sich Autos, Pferdewagen und Panzer durch die Straßen, über die Trottoirs. Infanteristen zogen zurück, in Gruppen, vereinzelt, abgerissen, verwundet.

Unsere kleine Stadt wurde aufgewühlt von Angst, Unruhe, Ungewißheit und der Erwartung, daß alles zu Ende sei. Beck, ein fanatischer Anhänger Hitlers, bewaffnete junge und alte Leute. Er verteilte Gewehre und Panzerfäuste, er ließ Sperren errichten, Gräben ausheben. Die Alten machten nur widerwillig mit, aber die Jungen hatten keine Ahnung, und deshalb waren sie vielleicht sogar begeistert. Auch Siegbert. Siegbert lag unter dem Befehl eines ehemaligen Weltkriegsoffiziers auf einem Hügel vor der Stadt. Ich trug Wasser zum Hügel, Kaffee, Kuchen, Zigaretten, und die letzte Tafel Schokolade, die Vater zu Weihnachten geschickt hatte, brachte ich Siegbert. Ich saß im Graben neben ihm. Er sagte: »Du, ich habe mich getäuscht, du bist kein Flittchen – eher ein Junge.« Das machte mich stolz. Ich rauchte kurz danach, ohne zu husten, meine erste Zigarette. Aber ich war kein Junge! Nein, ich war kein Junge...

An einem frühen Vormittag ging ich wieder zum Hügel. Die Wege und Felder lagen wie ausgestorben, nur die Lerchen stiegen aus den Furchen. Seit diesem Morgen weiß ich, wie schön Gesang der Lerchen ist. Auf dem Hügel wurde ich nicht gerade freundlich empfangen. Einer sagte: »So'n Wahnsinn.« Und der Weltkriegsoffizier sagte: »Tolles Mädchen, du kannst nicht mehr zurück.«

»Warum?« fragte ich.

»Es geht los«, sagte er.

»Was? Was geht los?«

Niemand antwortete. Eine unheimliche Stille. Ich stolperte über den Hügel zu Siegbert. Er riß mich in den Graben, neben sich, preßte meinen Kopf in seine Arme und sagte: »Warum bist du nur gekommen! Warum bist du nur heute gekommen!«

Dann explodierte die Ruhe. Einschläge schüttelten den Hügel. Zornige Granaten durchwühlten die Erde, die wenigen Leben herauszuwerfen, herauszupflügen wie Kartoffeln auf dem Felde. Hatte ich Angst? Hatte ich keine Angst? Ich weiß es nicht.

Erdfontänen sprangen hoch. Splitter regneten, und der Rauch nahm den Atem.

Eine Stimme gellte: »Sie sind auf der Straße!«

Dann wurde es ruhig, doch in der Ruhe war ein dunkles Rollen.

Siegbert sagte: »Mal nachsehen.« Er richtete sich auf und schaute, den Kopf über dem Grabenrand, zur Straße hinüber. Ich sah zu ihm auf und fragte: »Siehst du etwas? Siehst du – – –?« Da schoß das Blut aus seinem Hals, ein roter Strahl, wie aus einer Röhre...

In der Kirche war ein Bild: Das Lamm Gottes über einem Kelch. Blut, ein roter Bogen, wölbte sich aus einer klaffenden Halswunde zum Kelchrand. So war es bei Siegbert. Ich hatte das Bild in der Kirche lange nicht gesehen. Jetzt sah ich es genau. Das Bild war mein einziger Gedanke, ein dummer, deplazierter Gedanke. Lähmend. Ich konnte nicht schreien, nichts tun. Ich sah das Blut aus seinem

Hals stoßen – und dachte an das Bild in der Kirche ... Dann brach sein Körper zusammen, nach vorn, zu mir, sackte in die Hocke, die Stirn schlug auf die Knie, und die Hände legten sich nach unten geöffnet neben die Füße auf die Erde.

In die Unheimlichkeit meiner Angst fiel ein Schatten. Oben, am Grabenrand, stand ein Soldat, ein fremder Soldat, in fremder Uniform, mit einem fremden Stahlhelm und einer fremden Waffe, die noch nach Siegbert zielte.

Sein Mörder!

Aber der senkte die Waffe, warf sie zur Erde und sagte: »Forgive me.« Er beugte sich herab, riß meine Hände an seine Brust und sagte: »Forgive me.«

Die Hostie

Warum hat sie kein anderer gefunden? Warum gerade ich, der ihren Wert weiß, der sich von diesen Dingen so weit entfernt hat?

Ich konnte nicht ahnen, was die Kapsel enthielt. Ich tippte auf ein Geldstück, eine Dose, die einem der Dämchen, die die Straße bevölkern, aus der Handtasche gefallen war. Ich dachte an ihren Preis, blieb stehen, sah mich um, ob man mich beobachtete, bückte mich rasch, hob sie auf und steckte sie in die Tasche.

Ich fand sie etwa hundert Meter vor dem Blumengeschäft. Das Schaufenster war erleuchtet. Orchideen standen hinter der Scheibe, Kamelien und fremde Gewächse, deren Namen ich nicht weiß. Vor dem hellen Fenster nahm ich sie aus der Tasche, gelangweilt, selbstverständlich, wie man Zigaretten aus der Tasche holt. Es war eine goldene Kapsel. Ein Kreuz war eingraviert, ein schlankes, hohes Kreuz, dessen Längsbalken einen gravierten Fisch durchschnitt. Ich öffnete die Dose und sah die Hostie. Wer einmal glaubte, daß Christus darin – – ich erschrak, schloß die Kapsel, behielt sie in der Hand, weil ich nicht wagte, sie in die Tasche zurückzustecken. Sie sollte nicht zwischen dem Feuerzeug, dem Schlüssel und dem schmutzigen Taschentuch liegen. Die Pfarrer, wußte ich, trugen sie auf der Brust, in einem seidenen Futteral, an einer violetten Kordel. Ich hatte eine Tasche auf der linken Seite meiner dünnen Jacke – über dem Herzen, dachte ich –, dorthin wollte ich sie nehmen.

Aus den Blumen und Gewächsen hinter der Scheibe tauchte das Gesicht eines Herrn auf. Es trug eine Brille, in deren Gläsern sich das Licht brach zu scharfen, halben Monden. Sein Arm griff durch die Blätter, die Hand hielt eine Schere, schnitt eine Kamelie vom Stock. Ihre Blüte fiel nach vorn, fiel zur Scheibe, zu mir. Seine Hand griff danach. Ich lief davon.

Eigentlich wollte ich nach rechts weitergehen, wo die Straße zum Bahnhof führt. Ich ging, ohne nachzudenken, nach links, weil ich immer links ging, weil ich in dieser Straße so etwas wie zu Hause war. Eine Straße, traurig wie die Welt. Auf der rechten Seite standen vier oder fünf Häuser mit Ladengeschäften, einer Obstweingaststätte und einer Bar im zweiten Stock. Dann folgten Trümmer, bis zum Ende der Straße. Die Trümmer wurden nur belebt von einem Kiosk, der in die Steinhaufen geschoben war. Elisa, die Besitzerin, blieb die Nacht über drinnen, und wenn man dreimal klopfte, öffnete sie.

Nun durfte ich nicht hineingehen. Ich hatte die Hostie. Ich mußte eine Kirche suchen, mit einem Pfarrhaus daneben, und die Kapsel mit der Hostie einem Priester zurückgeben.

Aber wo war eine Kirche? Ich wußte keine. Vier Jahre wohnte ich in der Stadt, aber ich wußte keine Kirche. Als ich aus der Gefangenschaft kam, fand ich keine Angehörigen mehr. Es war gleichgültig, wo ich blieb. Eine Stadt war besser als ein Dorf. Eine Million Einwohner ergeben eine Million Möglichkeiten, kalkulierte ich. Und wenn man vor nichts zurückschreckte und jung war, gab es viele, viele Möglichkeiten, an Geld zu kommen. Es war nur schwer, in der Stadt ein Zimmer zu finden. Drei Monate suchte ich. Eine Schlafstelle war mir angeboten worden, in einem Wohnzimmer, wo noch einer schlief. Da wollte ich vorübergehend wohnen. Nun wohne ich noch heute da. Vielleicht ist diese Schlafstelle schuld, daß ich vier Jahre in einer Stadt wohne und nicht weiß, wo eine Kirche ist, daß ich Nacht für Nacht durch die Lokale streune. Schlafen kann man dort, aber nicht in Ruhe sitzen, kein Buch lesen oder eine Sprache lernen. Wasinski, der andere, der da schlief, auf dem Sofa, während ich einen Federrost mit drei dünngewälzten Matratzen zum Bett hatte, war in der Nacht nie da. Er kam am Morgen, rauchte eine Zigarette, drehte sich zur Wand und schnarchte. Als ich keine Unterstützung mehr bekam, half er mir. Er gab mir Zigaretten, Geld, und eines Abends nahm er mich mit. Seitdem gingen wir zur gleichen Stunde schlafen.

Ich dachte gerade an ihn, nun stand er da, stand vor Elisas Kiosk und grinste.

»Ich hab gewartet«, sagte er.

»Warum?«

»Das wirst du schon sehn. Aber vorerst hab ich Hunger. Gehst du mit rein?«

»Warum nicht«, sagte ich.

Ich durfte mir nichts anmerken lassen. Wasinski klopfte dreimal an den Bretterladen, gleich darauf hörten wir Elisas Stimme, die resolut sagte: »Es ist bereits geschlossen!«

»Mach keinen Quatsch«, sagte Wasinski.

»Ach du!« rief Elisa. Sie drehte den Schlüssel, öffnete die Tür und lachte.

In der dunklen Ecke standen die beiden Rumänen oder Ungarn.

Man wußte es nicht genau. Sie kannten Wasinski und mich, aber sie beachteten uns heute nicht, sondern redeten aufeinander ein in ihrem gräßlichen Kauderwelsch. Elisa schrie dazwischen und kniff Janos, den Jüngeren der beiden, in die Hüfte.

»Die Polizei kommt, wenn ihr so blöde schreit!«

»Zwomal«, sagte Wasinski. Und zu mir: »Du doch auch?«

Ich sagte: »Eigentlich hab ich keinen Hunger. Ich hab auch nicht soviel Geld bei mir.«

»Nicht soviel Geld! Nicht soviel Geld! Du spinnst wohl! Du hast doch gestern den ganzen Rahm abgeschöpft!«

Ja, ich hatte kein Geld mehr. Ich hatte den Gewinn der vergangenen Nacht Frau Röser gegeben und die Wäsche bezahlt, weil ich nicht gern Schulden hatte, weil ich ihr vorwurfsvolles Gesicht nicht mehr sehen konnte, weil ich endlich wieder einmal ein frisches Hemd auf dem Leib haben wollte. Ich hatte vier Zehnpfennigstücke in der Tasche und hatte – die Kapsel. Wenn ich wollte, konnte sich sie verkaufen. Die beiden Gauner neben mir handelten mit so was. Aus ihren Taschen quollen die Uhren, die Ringe, die Schmucksachen. Ihre Brieftaschen platzten vor Geldscheinen. Wenn etwas blinkte, fielen sie darüber her wie die Elstern.

Elisa schob die Würstchen auf die Theke. Sie lagen heiß auf Kartontellerchen mit einer Scheibe Brot und einem Klacks Senf.

»Hier, ihr Brüder«, sagte sie.

Wasinski steckte gleich beide Würstchen ins Maul. Er widerte mich an.

»Na, keinen Appetit?« fragte er.

»Doch.«

»Wenn es wegen des Geldes ist, kannst du gleich mitkommen!« sagte er.

»Nein, es geht nicht.«

»Warum nicht?«

»Nein, nein, bestimmt nicht! Nicht jetzt. Nicht gleich!«

»Gut«, sagte Wasinski, »dann kommst du eben später. Sagen wir um elf. Hörst du, um elf bei den Taxis.«

»Ja, um elf bei den Taxis.«

Ich biß in meine zweite Wurst. Wasinski musterte mich von oben bis unten.

Ich faßte nach meiner Brusttasche. Da war die Kapsel und zeichnete sich ab im Stoff der Tasche.

»Also gut, um elf bei den Taxis.« Er zahlte und ging.

Die Rumänen oder Ungarn redeten noch immer aufeinander ein. Elisa zerknüllte die Kartons und warf sie unter die Theke.

Ich sagte: »Gib mir noch Zigaretten. Vier Stück. Zu mehr reicht es nicht.«

»Brüder seid ihr!« kreischte sie wieder und zählte vier Zigaretten aus der Packung. Ich wollte Zeit gewinnen, zwei, drei Minuten, bis Wasinski fort war.

Aus der Bar nebenan hörte man die Tanzmusik. Vor dem Eingang stand Brigitte, die kleine, schwächliche Brigitte, die mir immer leid tat, wenn ich sie mit einem Amerikaner sah. Gern wäre ich öfter mit ihr zusammen gewesen, doch sie nahm mich nicht ernst. Jetzt stand sie allein drüben. Ich ging vorbei. Ich tat, als sehe ich sie nicht. Sie rief: »Hallo! Hallo!« Zwei-, dreimal. Ich ging weiter, als höre ich sie nicht. Ihre klopfenden Absätze liefen über den Asphalt, kamen näher, holten mich ein. Sie packte mich am Arm und drehte mich auf der Stelle um.

»Hörst du nicht mehr?«

Ich tat erstaunt: »Brigitte, wie geht's?«

»Danke, ich warte mal wieder«, sagte sie.

»Und es lohnt sich?«

»Das stellt sich später heraus. Mein William ist nochmals nach oben, ich habe meine Puderdose liegen lassen, aber ich weiß nicht mehr genau, in welchem Lokal. Das ist das dritte, in dem wir suchen. Wenn sie da nicht ist, kann sie mir gestohlen bleiben.«

»Puderdose brauchst du nicht.«

»Soll das ein Kompliment sein?«

»Vielleicht.«

»Weißt du was«, sagte sie unvermittelt, »du gehst mit mir nach oben. Du tanzt mit mir, und bei der Gelegenheit kann ich sehen, ob William –«

»Nein, das geht nicht. Ich habe keine Zeit. Wasinski wartet.«

»Ach, der!«

Sie zog mich an der Hand unter den Eingang, die schmutzige Holzstiege hoch. Auf dem Parkett drängten sich die Tänzer, ganz eng. Die Kapelle spielte einen Boogie-Woogie.

»O Boogie!« stieß Brigitte hervor.

»Ja, Boogie!« Mir fuhr der Rhythmus in die Glieder. Ich verdiente mir manchmal das Essen mit Tanzen. Der Wirt gab mir an Abenden, wenn nicht viel los war, freie Zeche und nach Mitternacht in der Küche ein Rumpsteak, wenn ich nur dablieb, engagierte und tanzte. Ich habe ganze Nächte durchtanzt, mit Frauen, die mir gleichgültig waren. Nun tanzte ich mit Brigitte. Ich vergaß die Hostie. Alles vergißt man beim Tanz. Die Kreppsohlen treten die Widerstände nieder. Auch Brigitte tanzte gut. Ihr Gesicht glühte. Ich riß sie an mich.

»Was hast du da?«

»Wo? Was?«

Ihre Hand fuhr nach meiner Brusttasche: »Hier!«

»Nichts!«

»Gib sie her, du Schuft!«

»Was denn, Brigitte, ich weiß ja gar nicht –«

»Das ist meine Puderdose, du gemeiner, dreckiger Schuft!«

Sie wollte die Tasche aufreißen. Der Knopf sprang ab. Ich stieß sie weg und drängte zur Tür.

Brigitte schrie: »Haltet ihn! Dieb! Dieb!«

Sie fielen über mich her. Wie roh sie sein konnten, die Kavaliere, die Leisetreter mit den seidenen Hemden, den bunten Socken und den Gabardinehosen. Sie traten mir in die Hüfte, schlugen mir ins Gesicht. Ich wehrte mich, so gut es ging, ohne meine linke Hand von der Brusttasche zu lassen. Zwei Burschen waren da, die zu mir hielten. Auch Wasinski kam dazu. Wir boxten uns zum Ausgang.

Auf der Straße fragte Wasinski: »Was machst du für Geschichten?«

»Eifersucht«, sagte ich, »pure Eifersucht.«

»Du bist schön dumm.«

»Saudumm.«

»Weißt du übrigens, wie spät es ist?«

»Keine Ahnung.«

»Elf Uhr. Ich hatte dich bestellt, nicht wahr?«

»Ich sagte dir doch –«

»Du mußt dich entscheiden: entweder so'n Mensch oder einen Job.«

»Ich geh ja mit.«

Wir gingen das rechte Trottoir hinunter bis zur Kneipe der Taxichauffeure. Ihre Autos standen vor dem Eingang. Sie selber standen drinnen in ihren Lederjacken und Trenchcoats. Hinter dem Büfett das speckige Gesicht von Blaschke. An einem der Tische vor den geschlossenen Vorhängen saßen Pschorrn, Kremer und Richard.

Pschorrn sagte: »Ihr bequemt euch auch, zu kommen.«

Kremer sagte: »Die Herren!«

Richard sagte: »Du blutest ja.«

Ich sagte: »Kleinen Zwischenfall gehabt – wegen Weibern.« Das war plausibel für sie. Wir setzten uns, Richard schob mir seine Packung Lucky Strike über den Tisch, Pschorrn beugte sich zu Wasinski und tuschelte ihm ins Ohr.

Die Chauffeure waren sehr vergnügt. Auch der, den sie »Lohengrin« nannten, ein versackter Opernsänger, war da. Wenn er betrunken war, erinnerte er sich seiner früheren Erfolge. Er hob das Glas und sang mit schmelzender Kopfstimme: »In fernem Land, unnahbar euren Schritten, liegt eine Burg, die Monsalvat genannt –« Er sang nicht schlecht. Man wurde gepackt davon, ob man wollte oder nicht. Es wurde ruhiger in der Kneipe. Seine Kollegen stellten den Daumen und sagten zu fremden Gästen: »Lohengrin!« Er sang immer nur den einen Satz, brach ab und schüttete einen Schnaps nach. Manchmal kam es vor, daß einer rief: »Sing was Gescheites! Einen Schlager!« Dann blies er die Backen auf, stieß die Luft aus und sagte: »Bäh, einen ordinären Schlager. Lo-hen-grin! Wissen Sie, was das ist? Ich sang den Lo-hen-grin in Zürich, in Elberfeld, in Meiningen, in Kiel!«, und seine Worte gingen über in Gesang: »In fernem Land –«

»Mensch, hör hierher!« Wasinski stieß mir in die Seite. Pschorrn sagte: »Ihr beide übernehmt die Ware und bringt sie in die Albrechtstraße, weiter nichts. Ihr macht ein Dutzend kleine Packen daraus, dann habt ihr sechsmal zu gehen. Klappt die Geschichte, wiederholen wir morgen. Kapiert?«

»Ja«, sagte Wasinski.

»Du auch?« fragte er mich.

»Ja«, sagte ich, obwohl ich nicht wußte, um was es ging und was in den Paketen transportiert werden sollte. Wasinski hatte zwei Bier bestellt. Wir tranken aus und gingen aus der Kneipe. Als wir unter der Tür im Freien standen, kamen vier oder fünf Autos die Straße vom Bahnhof herunter. Es waren diese klotzigen, milchweißen Wagen der Militärpolizei. Wasinski hielt mich am Ärmel, stutzte und sagte: »Hau ab.« Da lief er auch schon. Auch ich lief, in entgegengesetzter Richtung, so schnell ich konnte. Wasinski lief zu den Trümmern, ich lief die Straße hinunter, um nicht den gleichen Weg zu haben. Ich sah mich nicht um, ich lief, ich lief. Ich griff nach der Brusttasche und fühlte die Kapsel. Ich lief um meine Freiheit, ich lief, die Hostie zu retten.

Sie waren hinter mir her. Die Sirene heulte. Die Straße teilte sich in zwei Straßen, die ein Rondell umschlossen. Auf dem Rondell stand eine Kirche, hohe, graue Mauern, mit dem schwarzen Loch eines Portals. Ich sprang über die Straße. Der Kühler streifte mich fast, doch ich entkam ins Portal.

Die Kirche war zerstört. Vier Mauern, darüber der Nachthimmel. Ich stolperte über Steine, stieß an Blöcke und Säulen, stürzte in eine Grube. Die Strahlen ihrer Taschenlampen kreuzten sich über mir. Ihre Stimmen riefen: »Stehenbleiben! Stehenbleiben!« Es widerhallte. Mein Kinn war aufgerissen. Blut tropfte in den Halsausschnitt. Schnell nahm ich die Kapsel aus der Tasche und schob sie unter einen Stein. Dann gab ich auf.

Sie zerrten mich herauf und setzten mich in eines ihrer Autos. Wir fuhren zur Taxikneipe. Sie war umstellt. Ein Menschenknäuel. Bekannte waren darunter, Pschorrn, Kremer, Richard. Wasinski nicht. Sie lieferten uns im Revier XIV ab, und das Verhör begann, ein langweiliges, uninteressantes Verhör. Die Polizisten tranken Kaffee aus dicken Porzellantassen. Sie packten Brötchen aus und strichen Leberwurst darauf.

Wenn ich freikomme, dachte ich, dann mache ich Schluß und beginne von vorn. Aber ich wußte auch, wie lange solche Vorsätze anhielten.

Ich kam frei. Warum, weiß ich nicht. Ihre Fragen und meine Antworten waren so gewesen, daß ich nicht erwartete, freigelassen zu werden.

»Sie können gehen«, sagte der Polizeirat.

»Wohin?« wollte ich fragen, aber ich fragte nicht und ging rasch zur Tür. Die andern schwiegen, nur Richard rief nach: »Mach's gut!«

»Du auch.«

Ich ging aus dem Gebäude, die Treppe hinab, auf die Straße. Es war ein Sonntagmorgen. Wenige Autos fuhren. Die Straßenbahnen waren fast leer. Der Himmel war blau, klar, kühl. Ich hätte mich gern gewaschen, rasiert, die Schuhe geputzt, aber ich wollte nicht zur Schlafstelle zurück. Zuerst mußte ich die Kirche wiederfinden. Ich ging zur Florinstraße, von dort wußte ich den Weg.

Ich ging an der Taxikneipe vorbei. Das Rondell kam, die Kirche. Bei Tag war es gleich zu erkennen, daß sie zerstört war. Ich holte die Kapsel aus der Grube, stieg heraus, und hinter der Kirche ging ich weiter in ein Viertel, in dem ich noch nie gewesen war. Eine schwarzgekleidete Frau mit einem Stock und einem Pekineserhündchen kam daher. Ich fragte nach einer Kirche, nach einer, die nicht zerstört sei.

»Oh, Sie wußten nicht, daß St. Johannis zerstört ist?«

»Nein, ich wußte es nicht.«

»Ach, Sie sind fremd.«

»Ja, ich bin fremd.«

»Und eben erst angekommen?«

»Ja, eben.«

Sie musterte mich von Kopf bis Fuß und sagte: »Passen Sie auf: Sie gehen diese Straße einfach weiter, bis zur vierten Querstraße nach rechts, und dann – was machst du, Fifi? – dann gehen Sie noch etwa zweihundert Meter geradeaus, und Sie stehen direkt – kommst du her, Fifi! –«

Ich sagte »danke«, um ihre Erklärungen abzubrechen. Sie faßte mich am Ärmel und sagte: »Sie können es nicht übersehen. Man sieht die Kirche schon von weitem. Es ist die Kirche vom Heiligsten Herzen Jesu.«

Sie formte den Mund zu einer Röhre, wenn sie sprach. Rasch ging ich weg. Rechts und links lagen Wohnhäuser mit Gärten davor. Lackierte Gattertüren mit Emaille- und Messingschildern. Die Namen von Direktoren und amerikanischen Offizieren. »Achtung vor dem Hund« und »Beware of the dog«.

Die vierte Querstraße rechts kam. Ich bog um die Ecke und sah die Kirche. Ihre Fassade riegelte die Straße ab.

Als ich die Stufen hochstieg, öffneten sich oben die Türen. Die Orgel dröhnte einen Choral, und es war, als drücke er die Menschen, die in der Kirche waren, heraus. Eine Prozession. Voraus gingen Mädchen in weißen Kleidern, die Haare offen. Ihre Händchen griffen in kleine Körbe und streuten Rosenblätter und die Blütenköpfe von Margueriten und Kornblumen. Jungen folgten den Mädchen, in blauen Anzügen, mit Auslegekragen, einen Scheitel durch das wassernasse Haar gezogen. Eine Schar Nonnen, die Köpfe geneigt. Eine Gruppe Mönche. Der Chor kam, Männer und Frauen, die die Melodie der Orgel in voller Harmonie mitsangen. Die Meßbuben, in roten Röcken und spitzendurchbrochenen Hemden, schwangen – wie ich einmal – die goldenen Fässer, aus denen Weihrauch stieg. Ein Baldachin füllte das Portal. Die Seide war bestickt mit Edelsteinen. Der Wind bauschte die Seide. Darunter gingen drei Priester, der in der Mitte trug die Monstranz.

In einem Bündel goldener Strahlen, in einen silbernen Halbmond gesetzt, die Hostie.

Ich kniete nieder, obgleich ich nicht wollte. Die Prozession zog an mir vorbei. Sie sangen, beteten, murmelten. Schuhe traten mich. Ellenbogen stießen. Mäntel und Gehröcke voller Mottengeruch streiften mich.

Ich haßte diese Prozession. Die da vorbeigingen, hatten nichts mit mir zu tun. Sie waren so ruhig, ich so unruhig. Sie waren mir fremd mit ihrem Singsang, ihren verdrehten Augen, ihrer eingelernten Frömmigkeit. Wie aus dem Polizeirevier ging ich auch hier weg, um allein zu sein. War ich allein? Ich hatte die Hostie. Ich nahm sie mit in mein unruhiges Leben.

Der Automat

An einem der gedeckten Tische vor den Fenstern saß ein amerikanischer Sergeant mit seiner deutschen Freundin, die sich Mary nannte. Beide hatten müde Augen. Sie gähnte. Er streckte sich. Das Trikothemd rutschte aus seinem Gürtel. Mary griff an seine Haut und streichelte sie. Er schloß die Augen, faßte nach ihren Knien und lehnte den Kopf zu ihrem Haar. Sie nahm die Handtasche, holte Spiegel und Lippenstift heraus und zog ihre Lippen nach.

Der Lippenstift machte die Frau am Nebentisch aufmerksam. Eine junge Frau, im blauen Kleid, mit einem weißen, runden Kragen. Sie war hübsch, hatte ein blasses, schmales Gesicht und einen kleinen, etwas zu braven Mund. Sie stieß mit dem Ellenbogen an ihren Mann, der eine Illustrierte besah. »Schau mal, hast du so was gern?«

Er sah hinüber. Um seinen Mund grub sich ein Lächeln. »Warum nicht...«

»Du –«

»Doch, ich habe das ganz gern. Warum machst du's nicht auch?«

Er nahm sein Glas, trank, und schaute über den oberen Rand zu Mary hinüber. Er dachte: Sie hat in der Nacht bei ihm geschlafen. Sie ist müde. Sie gähnt. Am Hals hat sie rote Flecke. Das Kleid ist von ihm. Amerikanisch. Im PX gekauft. Ein buntes, seidenes Fähnchen. Aber sie ist gut. Die Brust gerade richtig...

Mary spürte den Blick. Sie hielt den Lippenstift ruhig und beobachtete ihn über den Spiegelrand. Er sieht gut aus, dachte sie. Männlich. Rauher Teint. Und eine eckige, dumme, hübsche Stirne. Seine Augen sind traurig und zornig zugleich. Die Augen eines eingesperrten Bussards. Aha, die nebendran ist seine Frau. Kein Wunder. Sie läßt ihn nicht, wie er will.

Die hat nichts erlebt. Er hat viel erlebt. Ich sehe das. Er wirkt älter als er aussieht. Ich schätze ihn auf fünfunddreißig. Er kann auch erst achtundzwanzig sein. Ich mag diesen Typ. Doch, man kann sich täuschen. Was für sehnige Hände er hat! Er arbeitet schwer, aber das liegt ihm nicht...

Seine Frau sagte: »Gehn wir, Kurt?«

Er sagte: »Ich trink noch ein Bier.«

»Trink doch keins mehr!«

»Warum soll ich keins mehr trinken?«

Er lachte gutgelaunt und trank leer. Er hob das Glas hoch und stieß einen Laut aus, den nur Mary und der geldgierige Wirt hörten, und sein dummes Gänschen natürlich.

»Trink meins zu Ende. Ich mag nicht mehr. Es ist bitter.«

»Du und bitter!«

Sie redete weiter. Er hörte nicht hin. Er sah zu Mary und überlegte: Warum hatte sie nur diesen Ami bei sich? Diesen schwachen, sommersprossigen Ami? Das einzige, was an ihm dran ist, die Uniform, der gestickte Kram, das Goldblech. Hatten wir schließlich auch mal. Aber vielleicht sind es doch mehr die Dollars, der Kaffee, die Zigaretten – oder die enge Hose mit dem herausgedrückten, strammen Arsch...

»Warum lachst du?«

»Ich dachte an etwas.«

»Woran dachtest du?«

»Wie?«

»Du hast doch gelacht!«

»Ja, habe ich gelacht?«

Der Wirt ließ Bier ins schräge Glas laufen. Die Tochter Jossi lehnte sich über die Theke. An der Wand zwischen den schwarzen Vereinstafeln und den Zigarettenreklamen hing ein Automat. Junge Burschen spielten. Sie schoben Zehnpfennigstücke in den Spalt und schleuderten sie mit einem Hebel hinter die Scheibe, um in ein Oval aus Messingschienen zu treffen. Trafen sie, drehte sich das Messingrad in der Mitte und ließ aus seinen Krallen zwei, drei oder fünf Zehnpfennigstücke fallen.

Der Sergeant winkte Jossi. Sie ging an seinen Tisch. Er wollte zahlen. Mary half übersetzen. Jossi ging zur Theke, legte die Geldscheine in die Kasse, nahm Geldstücke heraus und ging zum Tisch zurück. Ein Zehnpfennigstück fiel daneben, fiel auf den Boden und rollte unter die Stühle. Jossi bückte sich. Mary fand das Zehnpfennigstück. Sie behielt es in der Hand.

»Ich verspiele es«, sagte sie. »Hast du etwas dagegen? Ich werde gewinnen, Frank. Bestimmt werde ich gewinnen!«

»Okay.«

Mary stand auf und ging am Tisch der beiden vorbei. Sie schaute zu Kurt und sagte, – halb zu ihm und halb zu sich –: »Vielleicht habe ich Glück.«

Kurt sagte: »Sicher hast du Glück.«

Seine Frau fragte: »Kennst du die?«
»Woher soll ich sie kennen?«
»Du sagtest doch du.«
»Nun, die kennt man so.«
Frank folgte Mary. Unter der Jacke schaute sein Trikot hervor. Die Burschen um den Automaten machten Platz und grinsten. Die Frau dachte: Verlieren soll sie! Verlieren soll sie!
Mary warf den Zehner ein und schleuderte. Sie traf in das Oval. Der Kasten schüttelte sich. Federn, Räder, Gelenke wurden ausgelöst, die Krallen drehten sich und gaben fünf Zehnpfennigstücke frei, die in den Messingbecher rasselten. Mary strich sie in die Hand. Dann warf sie wieder ein, schleuderte, verlor. Sie warf wieder ein –
»Sie verliert! Siehst du, alle, die spielen, verlieren. – Mit Geld spielt man nicht, selbst wenn man es geschenkt bekommt.«
»Wer bekommt Geld geschenkt?«
Sie antwortete nicht.
»Meinst du die?«
»Nimm sie nur in Schutz!«
»Nehm ich sie in Schutz?«
Mary gewann. Dann wollte Frank spielen.
»Okay.«
Mary steckte ihm das Trikot in den Gürtel. Die Burschen zupften sich an ihren Hemden. Frank warf ein Zehnpfennigstück ein und gewann beim ersten Mal. Er wollte aufhören, aber Mary nahm ihm das gewonnene Geld ab und warf wieder ein, immer wieder. Ihre Augen leuchteten. Ihr Gesicht glühte. Die Absätze klopften auf die Dielen. Die Hüften waren in ständiger Bewegung.
Kurt bestellte das dritte Glas. Und einen Kognak. Ich muß die Gedanken durcheinanderbringen, dachte er. Sonst halte ich es nicht aus. Sie macht mich verrückt...
»Nun trinkst du noch eins?«
»Ja! – Und den Rest werf ich in den Kasten, kapiert?«
»Bitte, Kurt, spiel nicht! Bitte – bitte – bitte!«
»Nun fehlt nur noch, daß du heulst, ja?«
Mary hatte wieder gewonnen. Frank stand hinter ihr und legte den Ellbogen auf ihre Schulter. Der Automat schüttelte sich. Mary dachte: Recht so! Ich will gewinnen! Ich muß gewinnen! Die drüben soll sehen, daß ich gewinne! Und er soll sehen – sie schob Frank die gewonnenen Geldstücke in die Tasche und ließ eine Weile die Hand darin.

Dann stand Kurt auf und ging zum Automaten.

»Darf man auch mal?«

Mary drehte den Kopf und sagte gedehnt: »Alle dürfen.«

Sie ging zur Seite, ihm Platz zu machen. Sie kam ihm dabei nahe, streifte ihn nicht, und doch war es eine Berührung.

Kurt warf ein. Die andern wurden aufmerksam.

Die Jungen sagten: »Paß auf, wie der spielt.«

Der Wirt sagte: »Dort drüben spielt einer.«

Ein Alter am Stammtisch sagte: »Er spielt mal wieder.«

Und ein anderer sagte: »Das gefällt mir gar nicht, daß der dort spielt.«

Kurt schleuderte, traf. Er warf ein, schleuderte, gewann. Er warf ein, schleuderte, verlor. Gewann, verlor, gewann, verlor, gewann, verlor, gewann, gewann, gewann... Seine Frau saß am Tisch und starrte in das halb ausgetrunkene Glas. Der Kasten wirbelte. Und Mary lachte!

Schafsblut

Er hatte die Herde in die Scheune getrieben. Die Torflügel standen offen. Hinten im Dunkel, Rücken an Rücken, drängten sich die Schafe, weißgraue, wollige, stumme Hügel. Ihre Gesichter sahen nach vorn, die Nasen, die Tränengruben.

Der Schäfer schlug das Beil in die Kante und zerrte den Klotz zur Mitte. Er wischte den Schweiß an die Rockärmel und ging auf die Schafe zu. Nach drei Schritten blieb er stehen, drehte sich um und ging, schneller als sonst, über den Hof auf die Straße.

Eine tote Straße. Von den Häusern waren nur wenige bewohnt, viele ausgebrannt, zerspellt von den Granaten, die sich vom Truppenübungsplatz ins Dorf verirrten. Schilder standen vor den Höfen: »Betreten verboten! – Blindgänger – Off Limits« – und kalkweiße Tafeln mit schwarzen Totenschädeln und gekreuzten Knochen. Lehm floß in die Kettenspuren der Tanks. Die Straße wies hinaus in die Ebene des Truppenübungsplatzes.

Rechts, im letzten Haus, wohnte Alex, der Fahrer bei der Armee war. Sein olivgrüner Lastwagen stand vor dem Haus. Ohne anzuklopfen ging der Schäfer hinein. Alex erhob sich von der Couch hinter dem Tisch. Er drückte eine Zigarette in den Aschenbecher und schob die Hände in die Gesäßtaschen seiner Jeans.

»Es handelt sich wieder um den Befehl«, sagte der Schäfer.

»Was ist jetzt?« fragte Alex, setzte sich auf die Tischkante und schlenkerte die Beine hin und her.

»Ich bring es nicht fertig, die Tiere anzurühren«, sagte der Schäfer.

»Ich könnt's auch nicht«, sagte Alex. »Ich tu so 'nem Tier auch nicht gern was an; lieber tu ich jemand anderm was an als so 'nem Tier.«

»Wenn du noch einmal mit zum Kommandanten gehst –«

»Wir kriegen keinen anderen Bescheid als gestern«, sagte Alex. Er sah auf die Armbanduhr und sagte: »Zehn Minuten vor zwei! Ich muß in zehn Minuten wegfahren. Ich hab eine dringende Fuhre.«

Der Schäfer hatte den Befehl aus der Tasche geholt und aufgeblättert.

»Ich weiß, was drinsteht«, sagte Alex. »Der Kommandant sagt, er kann's nicht ändern. Nicht *er* hat den Befehl gemacht. Der Kommandant über ihm hat den Befehl gemacht.«

»Wenn du noch einmal mit ihm sprichst –«

»Er schmeißt mich raus«, sagte Alex.

Er nahm die Zigarettenschachtel vom Tisch, schlug mit dem Knöchel gegen den Boden, daß sich die Zigaretten aus dem Stanniol hoben. Während er an seinem Feuerzeug knipste, das nicht brennen wollte, sagte der Schäfer: »Wenn du noch mal mit dem Kommandanten sprichst – vielleicht erlaubt er die Weide wenigstens zwei, drei Monate, bis die Manöver beginnen.«

»Du mußt's ihm selber sagen«, sagte Alex, schlüpfte in seine Jacke, zerrte den Reißverschluß zu und nahm die Lederhandschuhe vom Stuhl.

»Ich kann doch nicht mit ihm sprechen«, sagte der Schäfer. »Du bist der einzige im Dorf, der sich mit ihm verständigen kann.«

»Verständigen schon«, sagte Alex, »aber der ist stur.«

Er ging zur Tür. Der Schäfer wich einen Schritt zurück. Er hielt noch immer den Befehl in den Händen. Alex sah ihm in die Augen, und gleich darauf sagte er: »Versuch's allein, Schäfer. Ja, vielleicht ist es ganz gut, wenn du allein zu ihm kommst. Du hältst ihm den Befehl unter die Nase und sagst: ›Ich kann meine Schafe nicht schlachten!‹ Verstehst du, du sagst: ›Ich kann meine Schafe nicht schlachten.‹ Die Schafe heißen sheep. Schlachten heißt kill und nicht heißt not. I not kill my sheep. Merk dir's: I not kill my sheep.«

Der Schäfer ging hinaus, stieg die Stufen der Steintreppe hinab und stand unten vor dem Lastwagen. Alex klopfte ihm auf die Schulter, schwang sich auf das Trittbrett und rief nochmals herunter: »I not kill my sheep. Kannst du's behalten?«

Der Schäfer schwieg.

»Sheep: die Schafe, schlachten: kill, nicht: not.«

»Schon gut«, sagte der Schäfer.

Der Motor sprang an. Die Räder drehten sich im Schlamm, dann faßten sie, und der breite, leere Kasten fuhr dem Truppenübungsplatz zu.

Die Wiesen rechts und links des Weges waren von Wasser überschwemmt, das aus rußigen Schneewächten sickerte. Wo das Wasser zurückgegangen war, schimmerte das erste Grün unter verdorrten Halmen.

Vom Truppenübungsplatz herüber kamen Soldaten, ein Dutzend etwa, und ein Sergeant war bei ihnen. Sie kannten den Schäfer, der in ihrer Nähe die Schafe gehütet hatte. Sie blieben stehen und redeten auf ihn ein in ihrer ihm unverständlichen Sprache. Sie lachten, daß man ihre weißen Zähne sah, sie holten Zigarettenschachteln aus den Taschen und hielten sie vor seine Brust.

Er hatte die Worte von Alex noch im Ohr und stieß heraus: »I not kill my sheep.«

Sie sahen ihn an und schüttelten die Köpfe. Er nahm den Befehl aus der Tasche und fuhr mit dem Zeigefinger über die Zeilen.

Die Soldaten nahmen ihm den Befehl aus der Hand. Sie sprachen untereinander, sie sagten »sheep« und »not« und »kill«, und weil sie immer lebhafter wurden und lachten und ihm auf die Schulter klopften, dachte er, nun werde alles gut, sie sagten es dem Kommandanten, und er dürfe die Schafe auf dem Truppenübungsplatz weiden wie die Jahre vorher. Und wenn sie Futter hätten, wäre er nicht gezwungen, sie zu schlachten.

Die Soldaten zerrten ihn mit hinein in die »Postschenke«. Julius mußte ihm ein Glas Bier und einen Schnaps bringen. Sie selber tranken Glas um Glas, sie lachten, ulkten, runksten sich mit den Ellbogen, stellten sich das Bein und zogen einander die Stühle vom Hintern weg. Sie warfen Münzen in den Automaten, und wenn eine Handvoll in den Becher unten rasselte, johlten sie.

Die Soldaten – sie hatten Bierflaschen unter die Arme geklemmt – gingen hinter dem Schäfer her. Nur der Sergeant blieb am runden Tisch zurück.

Asta fuhr kläffend aus dem Haus. Sie sprang an den Soldaten hoch, aber der Schäfer rief sie zurück. Wedelnd kroch sie zu seinen Schuhen.

Dann sahen auch die Soldaten die Schafe im Dunkel, Rücken an Rücken, weißgraue, wollige, stumme Hügel. Ihre Gesichter sahen nach vorn, die Nasen, die Augen, die Tränengruben.

Die Soldaten nahmen einen Schluck aus der Flasche. Sie zogen die Röcke aus und warfen sie auf den Klotz über das Beil. Unter den Jacken trugen sie schneeweiße Trikots. Silberne Kettchen und goldene Uhren fielen über ihr Handgelenk, aber jeder hatte auch ein Messer im Gürtel, scharfe, schmale, gerillte Messer.

Der Ed hieß, zerrte ein Schaf aus dem Dunkel, und vorn, wo es hell war, stieß er ihm das Messer hinter dem Ohr ins Fell. Stumm sank es um, legte sich auf die Seite. Blut tropfte auf die Erde, und die Hufe zuckten.

Auch die anderen Soldaten gingen, einer nach dem anderen, zu den Schafen und zerrten sie hervor.

Der Schäfer schrie seine auswendig gelernten Worte: »I not kill my sheep!«

»Ja, gutt – we kill your sheep«, sagten die Soldaten, und sie machten es wie Ed, James und John, Bill und Warren, Donald und Burt, Francis und Bruce. Jeder stieß seinem Schaf das Messer hinter dem Ohr ins Fell.

Ein zweites Schaf fiel neben das erste, ein drittes, ein viertes, ein fünftes, ein sechstes, ein Berg von Schafen. Stumm sanken sie um, legten sich auf die Seite. Blut tropfte auf die Erde, und die Hufe zuckten.

Asta drückte den Kopf an seine Knie.

Dann schrie der Sergeant von der Straße her.

Nacheinander kamen die Soldaten aus der Scheune. Sie steckten die Messer in die Gürtel und sahen an sich herab. Den schreienden Sergeanten zu beschwichtigen, sagten sie: »Blood of sheep.« – Nur Schafsblut.

Sie wischten die blutigen Hände an die Trikots, und einige gingen zum Trog, wuschen die Hände im Wasser und rieben sie an der Hose trocken. Sie zogen die Röcke über und knöpften sie von unten nach oben zu.

Die Soldaten gingen zum Schäfer hin und gaben ihm die Hand. »Okay?« fragten sie.

»Ja, es ist gut«, sagte der Schäfer.

»Gutt?«

»Ja, schon gut!«

Der Sergeant kommandierte. Die Soldaten stellten sich in Reih und Glied und marschierten zum Truppenübungsplatz hinaus.

Der Schäfer sah ihnen nach, bis sie anfingen zu singen.

Mary Long

Eigentlich war's ein Gartenhaus, für sie aber war es ein fester Wohnsitz. Sie hatte es sich gemütlich eingerichtet, mit Vorhängen zwischen dem Toilettentisch, der Heizplatte, dem Ausguß. Und sie hatte – was kein Komfort hätte aufwiegen können – ihre Freiheit, ihre völlige Freiheit.

Am Giebel zum Fluß hin war ein Emailschild an die Lattenwand geschraubt. *Raucht Mary Long!* stand schwarz auf gelbem Grund, und auf das schwungvolle M stützte sich – in einem tiefausgeschnittenen Kleid, mit rotem, in der Mitte gescheiteltem Haar, wie's längst nicht mehr Mode war – ein Mädchen, das der Aufforderung prompt nachkam: In ihren herzförmigen Lippen steckte eine Zigarette, aus deren Spitze eine blaue Rauchwolke qualmte. Das Email war schon ziemlich lädiert. Die Farben waren verblaßt, und das linke Auge des Mädchens hatte ein Stein getroffen, der hatte die Pupille weggekratzt und ein Spinngewebe von Sprüngen verursacht, die das Gesicht, das eigentlich lachte, verzerrten. Nein, die Reklame – die Schiffer sollten sie von ihren Schleppkähnen aus sehen – hatte bestimmt ihre Wirkung verloren. Wahrscheinlich zahlte die Zigarettenfirma auch keine Pacht mehr an Mrs. Stieglitz, die Besitzerin des Hauses und des Gartens, während sie zu jedem Monatsanfang auf der Vorstadtpost eine Überweisung an Mrs. Stieglitz in den USA ausfüllte – eine schwierige Adresse.

Sie ließ die Bäume wachsen, wie sie wollten, die Blumen und Gemüse auch; sie kamen jedes Jahr wieder an der gleichen Stelle, mehr oder weniger üppig, rote, gelbe und blaue Blumen, Rhabarber, Bärenklau, Kerbel, die in der wassergetränkten Erde, so nahe am Fluß, zu riesigen Schirmen hochwucherten.

Nur das Gartenstück auf der Südseite hatte im Frühling und Sommer Bedeutung für sie. Sie konnte dort ihren Liegestuhl aufstellen und in der Sonne sich bräunen lassen, den ganzen Tag. Am späten Nachmittag, bevor die Sonne unterging, kurvten die Düsenjäger vor dem Himmel und schrieben mit ihrem Kondensrauch persilweiße Spiralen auf den blauen Grund, Fragezeichen, Buchstaben, und Rick, den sie so gut kannte, hatte es vor zwei Jahren sogar mit ihrem Namen versucht, was Rick, dem tollen Burschen, auch beinahe gelang.

Mary Long – dort, vor dem Südgiebel, unter der Reklame, als sie sich sonnte, hatte sie ihren Spitznamen zum erstenmal gehört. Zwei Jungen, die hinter dem Zaun vorbeigingen und annahmen, sie schliefe, sprachen über sie. »Mary Long läßt sich von der Sonne küssen«, sagte der eine; und der andere sagte darauf eine Gemeinheit, die sie lieber nicht gehört hätte. Gut, daß sie weggelaufen waren, sie hätte ihnen Steine oder sonstwas nachgeworfen.

Der Verkehr auf dem Weg vor dem Gartenhaus hatte überhaupt von Jahr zu Jahr zugenommen. Die Stadt hatte das Tierasyl in das Waldstück unten am Fluß verlegt. Zwischen den Baumstämmen waren Käfige aufgestellt, in denen alle die streunenden Viecher, die von der Polizei oder sonstwem in der Stadt aufgelesen wurden, ihr Dasein fristeten, bis sie von ihrem Besitzer zurückgeholt oder vom Wärter erschossen wurden oder bis sie von selbst eingingen.

Auf dem kalten, kotigen Zementboden kugelten sich die Katzen; schläfrige, heimwehkranke Tiere, die sich nach geheizten Zimmern sehnten. Im Käfig nebenan liefen Hunde hin und her, herrenlose Promenadenmischungen mit blutverkrustetem, ungepflegtem Fell; sie kratzten mit ihren Pfoten am Draht und schoben wimmernd ihre Schnauzen durch die Maschen. Meist waren zwei, drei Schäferhunde dabei – Hunde feiner Leute, die nur solange da waren, wie ihre Herrschaften Ferien machten –, rassige Schäferhunde, mit denen Mary gut Freund war. Sie brachte ihnen Knochen oder Fleischstükke mit, und die Hunde zeigten sich dankbar.

Wenn niemand in der Nähe war, sprach sie mit den Hunden: »Wie die Männer seid ihr! Genauso wie die Männer, genauso anhänglich und verrückt seid ihr. Hauptsache, ihr kriegt was zu fressen! Nein, können nie genug kriegen ... nie genug! Ja, ich kenne euch, oh, ich kenne euch gut, ihr Gauner, ihr liebebedürftigen Gauner!« – Das machte auch Hunde verrückt. Sie leckten ihr das Handgelenk hinauf, daß die Städtewappen an ihrem Armkettchen aneinanderklirrten.

Nein, so dumm war das gar nicht, daß das Tierasyl in ihrer Nähe war. Auch kamen alle möglichen Leute nun vorbei, alte Damen und alte Herren, Jungen und Mädchen, Amerikaner mit ihren Wagen, Soldaten, weiße und schwarze, die manchen Hund auslösten und mitnahmen in ihre Wohnungen oder in die Kasernen.

Vor dem Hundekäfig lernte sie Karl kennen. Er hatte eine Fuhre Kies mit dem Lastwagen hingebracht, Kies, mit dem die Wege zwischen den Käfigen aufgeschüttet werden sollten. Karl sagte: »Passen Sie auf, Fräulein, daß er Ihnen nicht die Hand abbeißt!«

Schon daß er sie siezte, unterschied ihn von den anderen Männern. Nun ja, er war ein einfacher Kerl, bestimmt nicht aus der Stadt; ein unkomplizierter, nicht mehr ganz junger Mann, der wenig Erfahrung zu haben schien.

»Das sind alles meine Freunde«, sagte sie. Er sagte: »Ich bin auch Tierliebhaber; hab zu Hause einen Schäferhund, aber der ist weitaus gepflegter als dieser hier, hat einen Stammbaum. Marko heißt er.« – »Ja, ein Hund muß einen Herrn haben«, sagte sie.

Als es schon recht schwierig wurde und das Gespräch zu versanden drohte, sagte er: »Wenn Sie zurückwollen, ich nehme Sie gern mit. Ich fahre sowieso durch die Stadt. Es ist zwar nur ein Laster...« Sonst hatte sie auf ähnliche Angebote gesagt: »Merci, mein Käfig ist gleich vis-à-vis«, aber wahrscheinlich hätte sie das schlichte Gemüt mit so viel Bildung erschreckt. Sie antwortete verständlicher: »Das ist äußerst liebenswürdig von Ihnen, danke, aber ich wohne nur ein paar Schritte von hier.« – »Schade«, sagte er, »schade.«

Er stand in Flammen. Das war für sie nichts Neues; neu war lediglich, daß er in Flammen stand, ohne zu wissen, wie bereit sie sonst war, die Flammen zu löschen. Aber das wollte sie diesmal wiederum auch nicht. Wenn sie jedoch gar nichts unternahm, schritt er gleich auf Nimmerwiedersehen davon, und die Begegnung war zu Ende. Sie sagte: »Wenn Sie Durst haben – wir könnten gleich hier im Asyl etwas trinken. Seit neuestem ist eine Gartenwirtschaft angeschlossen, den ganzen Sommer über geöffnet.«

An einem runden Blechtisch vor der Baracke des Wärters setzten sie sich einander gegenüber. Der Wärter stellte eine Flasche Bier, eine Flasche Coca-Cola und zwei Gläser auf den Tisch; Karl trank aus der Flasche, wischte den Schaum mit dem nackten Unterarm von den Lippen und begann offenherzig von sich zu erzählen.

Er war der einzige Sohn eines Kiesgrubenbesitzers aus einem Dorf in der Ebene. Er sagte, eigentlich fahre er gar nicht selber, er vertrete nur den Fahrer, der krank sei. Aber er bereue es keineswegs, daß er diese Fuhre gemacht habe. Drei Fahrer beschäftige sein Vater! Sein Vater sei schon zu alt für das Geschäft, sobald er, Karl, heirate, werde das Geschäft ihm überschrieben, er brauche nur – er zeigte dabei auf das graugrüne Lastauto, das auf dem Weg zwischen den Käfigen stand – hinter den Firmennamen Karl Rheinberger ein Junior malen zu lassen. Sein einziges Problem sei lediglich, die richtige Frau zu finden. Seine Frau könne sich – er meinte es gewiß ohne jeden Hintergedanken – ins gemachte Bett legen. Sie sagte: »Es gibt sicher nette Mädchen in dem Dorf, aus dem Sie kommen ...« – »Schon, aber ich habe mich bisher einfach noch nicht entschließen können, weil es anscheinend doch nicht die richtigen sind ...« Sie sagte: »Das glaube ich nicht!«

Sie kam sich fast heroisch vor bei diesem Gespräch. Sie wunderte sich über sich selber, und als er wegfuhr, sagte sie nicht mal, er solle wiederkommen. Er hatte auch am nächsten Tag eine Fuhre zu machen, und sie war wieder am Käfig bei den Schäferhunden; er war diesmal so mutig zu fragen, ob er am Sonntag, ohne Kies, kommen dürfe. Sie sagte: »Gern – und Sie werden mich ganz leicht finden; wenn Sie den Kopf nach rechts drehen, können Sie mein Domizil, das Gartenhaus, drüben am Weg, nicht übersehen.« Nun war er anscheinend doch etwas schockiert, denn er stieg aufs Trittbrett, ohne ihr Adieu zu sagen. Erst als er die Tür zugeschlagen hatte und der Motor schon lief, drehte er nochmals die Scheibe herunter, sagte: »Bis Sonntag« und fuhr dann weg.

Dieser Karl – so wenig hinreißend er war – war gar nicht übel. Und daß er mager und knochig und der halbe Kopf schon kahl war – er hatte anhängliche Augen. Jenes seltsame Gefühl, das sie immer ein wenig sentimental stimmte, wenn im Fleischerladen, hinter der Theke, die Tür zur Wohnküche offenstand und sie das gebeizte Büfett, den gedeckten Tisch, die Sessel, die Uhr, die Gemälde vor der geblümten Tapete sah – genau das konnte ihr dieser Karl wahrscheinlich bieten. Und ein Schlafzimmer mit nebeneinandergestellten Betten, mit Paradekissen, flauschigen Brücken, mit einem Toilettentisch und einem Schrank voll frischgewaschener, nach Kölnisch Wasser duftender Wäsche – Dinge, über die sie sich bei Ilses Hochzeit mokiert hatte –, sie tauchten wie eine Fata Morgana auf. Und sicher noch mehr Wünsche konnte ihr dieser Karl mit seiner rentablen Kiesgrube erfüllen!

Niemand sonst durfte am Sonntag kommen, weder Sigbert noch Jimmy. Und sie wollte alles gut vorbereiten. Sie scheuerte den Boden. Sie zog sich an und aus, und sie bedauerte, daß sie keinen größeren Spiegel hatte. Sie massierte den Hals, sie wusch ihr Haar, färbte es einen Ton dunkler und kämmte es mal nach rechts, mal nach links, mal nach vorn, mal zurück. Sie sah wohl zum zehnten Mal in den Spiegel und kniff das rechte Auge zu, doch gleich darauf bereute sie es schon und schwor, sie wolle es sich von jetzt an endgültig abgewöhnen. Sie riß die Starfotos von der Wand über der

Couch, dann kroch sie unter die Decke; doch sie lag mit offenen Augen da, ohne etwas Vernünftiges dabei denken zu können. Mein Gott, sie wartete schon am Vorabend auf diesen Karl, und die Ungeduld, die sie empfand, war nicht einmal so furchtbar.

Auch Karl übersah die Zigarettenreklame nicht. Geschäftstüchtig wie er war, folgerte er: »Hoffentlich schickt Ihnen die Firma zu jedem Weihnachtsfest eine Stange Mary Long.« Sie sagte: »Es ist ein Überbleibsel der Besitzerin, einer Mrs. Stieglitz, die vor dem Krieg in die USA gezogen ist und mich zum Aufpassen in das Gartenhaus gesetzt hat –.« Karl sagte: »Es gibt schlechtere Wohnungen heute.« Den Tisch und die Klappsessel hatte sie schon aufgestellt, bevor Karl kam. Er sollte mit dem Rücken zum Giebel sitzen, damit ihn die Reklame nicht länger beschäftigte. Er kam ins Zimmer und sah zu, wie sie den Kaffee filterte. Damit er sich nicht zu intensiv umsah, schickte sie ihn mit den Tassen, dem Zucker und der Büchsenmilch hinaus.

Die Sonne schien, und Karl kam bald wieder zu sich selber. Ein Kiesgeschäft, meinte er, sei nach dem Krieg genau das Richtige, denn die zerbombten Häuser müßten schließlich alle aufgebaut werden und viele neue dazu. Nein, es sei noch lange nicht zu Ende mit der Konjunktur; wenn die Kiesgrube ihm überschrieben sei, müsse er sich sowieso nicht mehr die Finger schmutzig machen, dann bliebe er selbstverständlich den ganzen Tag auf dem Büro sitzen; es gäbe Schreibarbeiten zu machen, Rechnungen, Quittungen, Steuererklärungen und so, und etwas Ehrenrühriges sei eine Kiesgrube gewiß nicht; andere würden heute mit weniger sauberen Transaktionen zu steinreichen Leuten. Wie schon gesagt, es fehle jetzt nur noch eins: Er sei bereits dreißig, es würde höchste Zeit ... »Sie vergessen ganz, daß die Kaffeetasse vor Ihnen steht«, sagte sie, und sie fand, die Unterbrechung, genau an der richtigen Stelle, sei ihr großartig gelungen. Er sagte: »Ich habe Sie hoffentlich nicht gelangweilt.« – »Nein, nein, ich bin ganz Ohr, wenn Sie erzählen.«

Wären zwei Amerikaner gekommen, sie hätten sich leichter abschütteln lassen; aber Horst und Wolfgang kamen, diese Idioten! Sie hupten den ganzen Weg entlang, sie schwangen sich mit Hallo über den Zaun und brachten eine Stimmung mit, als habe ihr Club die Weltmeisterschaft gewonnen. Sie zogen gleich die Röcke aus, um zu zeigen, wie bekannt sie waren. Sie brachten zwei Flaschen Wein mit, und Horst ging selber ins Haus, den Korkenzieher zu suchen. »So piekfein habe ich deine Höhle noch nie gesehen«, rief er von drinnen. Er drehte das Radio auf, ließ zunächst ein Dutzend Stationen durcheinanderquietschen, bis er endlich an einem Sender mit irgend so einem Schmalzsänger hängenblieb.

Sie wollten Karten spielen, und das war, in dieser Situation, nicht mal das Schlechteste. Sie wurde dabei zur Nebensache. Sie trug den Kaffeetisch ab, sie zog die Decke weg, und den Männern fehlte zu ihrem Glück nur noch eine Bierflasche, für die sie wohlweislich gesorgt hatte. Sie hielt sich im Hintergrund auf, doch nahe genug, um die Wortbrocken, die sich die kartenspielenden Männer zuwarfen, zu hören, um im Notfall eingreifen zu können.

Karl verlor die drei Runden. Er sagte: »Sicher spielt ihr öfter als ich – ich mache mir eigentlich gar nichts aus Karten.« – »Das merkt man«, sagte Horst. »Aber aus Mädchen machst du dir hoffentlich was!« Wolfgang sagte: »Sonst wär er nicht bei Mary.« – »Ich heiße nicht so!« Es war wie ein Hilferuf, und die beiden hätten es hören müssen, wären sie nicht so dumm und so roh gewesen. »Für uns bist du Mary«, sagte Horst. »Mary Long. Ein anderer Name steht dir nicht zu Gesicht. Oder kannst du dir vorstellen, du heißt Maria oder Elisabeth?« Horst und Wolfgang lachten, als hätte jemand einen zotigen Witz serviert; sogar Karl lachte mit, aus Höflichkeit oder Verlegenheit. Sie fauchte dazwischen: »Ja, ich habe einen höchst anständigen Namen, aber ich werde mich hüten, ihn euch zu nennen, damit ihr ihn in den Dreck ziehen könnt, wie ihr alles in den Dreck ziehen müßt!« – »Schon gut«, sagte Wolfgang, »kein Grund, daß du dich aufregst, Mädchen. – Machen wir noch 'ne Runde?«

Am Himmel war jetzt ein Düsenjäger erschienen, ein einsamer Sonntagsflieger, der mit seinem Kondensrauch eine weit hingezogene Schleife über die Wälder auf der anderen Flußseite setzte. Auch die Kartenspieler sahen einen Augenblick hinauf. Wolfgang sagte: »Der Ami schreibt Mary einen Liebesbrief an den Himmel. Hat nicht einmal einer sogar deinen Namen zustande gebracht?« Karl, in seiner Einfalt, fragte: »Wieso?« Nicht zu ihm, zu Wolfgang hinüber – um Karl zu zeigen, wie nebensächlich er war – sagte Horst: »Der Neuling weiß anscheinend nicht, daß Mary mit dem ganzen Amigeschwader per du ist!«

Sie sah nicht mehr, wie Karl die Gemeinheit aufnahm. Sie lief weg, einfach weg. Sie lief zum Tierasyl hinab, aber weil so viele Leute dort umherspazierten, lief sie hinter den Käfigen zum Damm hinauf, bis sie – weil ihre Absätze zwischen den Grasbüscheln einsanken – hinfiel. Sie tat sich nicht weh, aber sie blieb liegen, als habe sie sich weh getan. Sie weinte und dachte dabei: wie gut tut es zu weinen. Sie überlegte, wann sie eigentlich zum letztenmal geweint hatte. Es mußte furchtbar lange her sein. Als ihre Mutter starb, hatte sie nicht mal weinen können, und dann passierte lange nichts mehr, worum sie hätte weinen sollen. Aber es tat gut, sehr gut, daß sie jetzt weinen konnte. Sie drückte ihr nasses Gesicht in das zertrampelte Gras und dachte: es riecht so gut, wie frischgebackenes, feuchtes Brot, so ähnlich, aber ich sehe jetzt bestimmt gräßlich aus, ganz gräßlich; aber es ist ja so egal, wie ich aussehe; und nicht mal ein Taschentuch habe ich bei mir.

Der Düsenjäger war noch immer oben. Er hatte Schleife neben Schleife gezogen, stieg hinauf, fiel hinab, stieg wieder hinauf. Das Flugzeug – die Sonne leuchtete es von unten an – glitzerte wie ein Diamant, der, so klein er war, den ganzen Himmel überziehen konnte mit seiner unschuldig weißen und bösen Ausdünstung. So weit weg war er, und doch hatte er ihr alles kaputtgemacht.

Abstürzen soll er!

Hilversum gibt es nicht

Wenn Sie auf der Skala Ihres Radiogeräts bitte nachsehen wollen: Bei den Stationen der Mittelwelle, zwischen Toulouse und Paris, finden Sie den Namen Hilversum. Ich bin kein passionierter Radiohörer; mehr zufällig drücke ich auf die Taste; ärgert mich dann das Gerede oder die allzu seichte Musik der Landessender, drehe ich auf Hilversum. Die Trennung von den danebenliegenden Stationen ist nie ganz rein, der Ton schwillt an und ab, und dennoch werde ich nie enttäuscht: Hilversum sendet Chopin. Immer. Klaviermusik, denn Chopin, selber ein gefeierter Pianist seiner Epoche, hat vornehmlich für Klavier geschrieben: Impromptus, Polonaisen, Mazurken, Walzer, Sonaten, Etüden.

Erschrecken Sie nicht vor den für Sie vielleicht ungewohnten Kompositionsformen. Gerade bei Chopin ist es so wichtig nicht zu wissen, durch welches Gefüge oder welchen Charakter die Stücke exakt sich unterscheiden; sie klingen für den, der keine eingehende Musikschulung hat, auch ich rechne mich dazu, vergleichsweise ähnlich. Melancholisch klingen sie, romantisch, gläsern und so, als drängen die Töne aus dem offenen, erhellten Fenster einer Villa, die hinter alten Bäumen steht, in einem nach Laub und Regen duftenden Park; ein Park, zu dem uns der Zutritt verboten ist. Doch wir dürfen draußen vor dem Gitter eine Weile stehenbleiben und zuhören. Es ist an einem Oktoberabend, die Luft ist rauh vom Nebel, und bevor es dunkel wurde, haben wir, wenn wir solche ländlichen Eindrücke noch kennen, einen Pfeil Wildgänse nach Süden fliegen sehen. Wir frösteln, wir sind elegisch; Stimmungen, Gefühle, die ihre Reize haben. Uns wird bewußt: der Sommer ist vorbei, vorbei wie der Sommer des Lebens – ja, in *dem* Alter hat man für Chopin eine um so wärmere Sympathie.

Vom Sender Hilversum habe ich nie eine andere Musik, weder Wagner noch Verdi, auch nie eine Stimme, ein Hörspiel oder die Ansage von Nachrichten gehört. Chopin und Hilversum sind für mich, so sagt man wohl, eine Assoziation, und es gehört zu meinen ältesten, bisher noch nicht eingelösten Wünschen, obgleich ich nicht gerade reiseunlustig bin, einmal nach Hilversum zu fahren, um die Stadt, aus der immer Chopin klingt, mit eigenen Augen zu sehen.

Im Lexikon aus dem Jahre 1934 stand unter dem Stichwort

Hilversum: Gemeinde in den Niederlanden, 66600 Einwohner, nördlich von Utrecht, Rundfunksender. – Das war wenig; der Rundfunksender allein gab der Stadt ihren Akzent, aber eine winzige Stadt war es wiederum auch nicht. Wo Utrecht lag, war im Diercke-Schulatlas, ja, ich besitze ihn noch und schätze ihn, schnell gefunden: eine Bleistiftbreite südlich von Amsterdam, westlich von Arnheim; grob gesagt: im Norden der beiden Flußarme, in die der Rhein hinter der Grenze sich teilt, und die dann, ohne daß sich ihnen ein Hindernis in den Weg stellt, ein Idsteiner Klotz oder eine Loreley, durch eine froschgrüne Tiefebene zur blaßblauen Nordsee sich hinkrümmen.

Hilversum selber war auf der Karte im Diercke-Schulatlas vergessen worden; auf der neuen Autokarte jedoch war die Stadt groß und deutlich eingezeichnet: auf halber Strecke zwischen Utrecht und dem Ijsselmeer. Zwei gelbe Straßen, Hauptstraßen also, führten von Utrecht, dem Anhaltspunkt, hinauf; die eine glitt am westlichen Stadtrand vorbei, die andere zielte genau in die Mitte des gestrichelten Quadrats.

Ich überredete zwei Bekannte, die sowieso meist über das Wochenende mit ihrem Wagen unterwegs waren, eine Fahrt nach Hilversum zu unternehmen. Warum gerade dahin, wollten sie wissen. Ich fragte dagegen: »Kennt ihr es überhaupt?« Ich fragte nicht ohne Absicht; ich wollte hören, ob auch sie schon Zweifel an Hilversum hatten. Der eine antwortete, er habe den Namen noch nie gehört – wo es denn läge? Mein zweiter Bekannter, vor seiner Heirat hatte er einem Radiobastlerverein angehört, meinte: Sicher, er kenne den Namen von der Radioskala her, doch er habe immer geglaubt, es läge in Finnland, denn er habe die Sprache nicht verstanden.

Er hätte auch die niederländische Sprache nicht verstanden; trotzdem, er hatte eine vielsagende Antwort gegeben. Einmal: Er hatte Hilversum mit Helsinki verwechselt – das passierte auch gescheiteren Leuten; zum anderen: Er hatte, und war mir darin voraus, einen Sprecher oder eine Sprecherin gehört, sonst hätte er, wenn auch auf einem Irrtum beruhend, die Sprache wohl gar nicht erwähnt. »Du bist ganz sicher, eine Stimme gehört zu haben?« – »Ja, ganz sicher; eine feierliche Stimme war's, etwas komisch auch; vielleicht eine Predigt.« – »Und auf die Predigt folgte keine Klaviermusik?« fragte ich hartnäckig. Nein, sagte er, das bestimmt nicht, denn bei Klaviergeklimper oder wenn eine Sängerin eine hohe

Arie krähe, wechsle er schleunigst den Sender; er schätze Operettenmusik und Schlager.

Die Antwort verriet zudem: Meine Reisebegleiter nach den Niederlanden waren meiner nicht würdig. In einem anderen Land wäre der Unterschied vielleicht verhüllt geblieben. Spanien, die Schweiz, erst recht Italien und Frankreich können mit ihren Sehenswürdigkeiten, schon ihrer Ausmaße wegen, auch einfältigeren Gemütern imponieren. Der Eiffelturm oder die Peterskirche beeindrucken auch den, der nicht ahnt, welcher Geist sie inspiriert hat. Die Niederlande jedoch bestreiten ihre Reize vornehmlich mit ihrer Unauffälligkeit, mit ihrer – ich meine das Wort hier positiv – Monotonie. Eine Besonderheit, für die ich empfänglich bin.

Für meine Reisebegleiter war Monotonie gleich gähnender Langeweile. Außerdem brachten die Unglücklichen eine Plakatvorstellung mit: Windmühlen, Holzschuhe, Trachten, Käse, Tulpen. Die Tulpenfelder waren schon verblüht. Käse läßt sich – wie der Baedeker anführte – nur am Markttage, am Donnerstag, in Gouda besichtigen, oder, aber dazu hätten kultivierte Freunde gehört, nach einem sorgfältig aufeinander abgestimmten Mahl genießen. Trachten, Holzschuhe und Flügelhauben wurden auch in den Niederlanden wohl nur noch von Heimatchören oder Volkstanzgruppen getragen; und die erste Windmühle entpuppte sich beim Näherkommen als Snack Bar. Meine Begleiter wurden zu Recht enttäuscht. Ich konnte ihnen nicht helfen, ihnen beim besten Willen keinen Teil des Eindrucks vermitteln, der mich gleich nach dem Grenzübertritt gefangen nahm.

Ebenen, glaubt man, gleichen sich immer und überall. Die niederländischen Ebenen werfen diese Vorstellung um. Sie waren Ebenen schlechthin, zur Ferne sich hinstreckend wie ein endloser Flugplatz. Auch ihre Unterbrechungen – linealgerade Wege, Kanäle, Baum- oder Buschreihen – verstärkten nur den hingeduckten Zug zum fernsten Horizont.

Wer heute in einer verbauten Stadt zu leben gezwungen ist – ich bin es –, er müßte schon des niederländischen Himmels wegen überwältigt sein. Wir, richtiger, ich allein hatte das Glück: Es war an jenem Tage ein ungewöhnlich turbulenter Himmel. Vor der beständig blauen Himmelswand prunkten die Wolken mit allen ihnen möglichen Formen. Fern ragten Wolkengebirge, imaginäre Alpenketten, blendendweiße, vor denen dunklere, nähere Wolkenschiffe langsam vorbeizogen. Die Wetterkunde hat ihre pseudolateinischen Bezeichnungen für Haupt- und Nebenwolkenformen. Man behält sie nie, verwechselt sie doch. Am besten, man bildet sich eigene Wolkenvergleiche, wie der Volksmund es tut: Federwolken, Schleierwolken, Schäfchenwolken, Rosenwolken, Pilzwolken – sie alle waren da –, Feuerwerkskörperwolken, Blumenkohlkopfwolken.

Meine Begleiter, die hinter ihren niedrigen Stirnen wahrscheinlich nur den letzten Vergleich gefunden hatten, meldeten materielle Wünsche an: Sie wollten essen und trinken. Wir rasteten in einer kleinen, schmucken Stadt, die Helmond, Eindhoven oder s'Hertogenbosch hieß. Genau wußten wir es nicht. Unser Beifahrer hatte während der Fahrt die Karte auf den Knien liegen, aber die Autostraßen glichen einander so sehr, daß er seiner Orientierung, die er dem Chauffeur vermittelt hatte, nicht sicher war. Auf dem Weg vom Parkplatz zum Gasthof »De Lindeboom« kam das erste niederländische Mädchen auf dem blitzblanken Trottoir daher. Eine Gelegenheit, nach dem Namen der Stadt zu fragen. Helmond? Das Mädchen – dort sagte man Meisje? – zeigte nach Westen. Eindhoven? Es zeigte nach Süden. s'Hertogenbosch? Es zeigte nach Norden. Und hier, wo sind wir hier? Eine ungewohnte Frage. Das Mädchen oder Meisje verdächtigte uns, wir hätten etwas anderes fragen wollen; es wurde rot, ging weiter und ließ uns etwas beschämt auf dem Trottoir stehen.

Von jener Rast an begann die Verwirrung. Ich selber half jetzt aufpassen, wie die einzelnen Städte hießen und ob sie auch, so wie sie auf der Karte verzeichnet waren, aufeinander folgten von der uns unbekannten Stadt bis nach Utrecht hinauf. Es waren jedesmal andere Städte, als wir erwartet hatten; und die Städte waren so groß wie die Dörfer, und die Dörfer so groß wie die Städte, und alle glichen einander, und alle waren schmuck und hatten rotweißgefugte Backsteinhäuser mit ungewöhnlich großen und vor Sauberkeit blinkenden Fensterscheiben. Wenn wir überzeugt waren, die Straße strebe nach Norden, die nächste Stadt bewies: Wir waren nach Westen oder Osten abgewichen.

Wir trösteten uns: Das Land sei klein, es käme auf einen, zwei oder drei Umwege nicht an, doch bald merkten wir, wir hatten uns von Utrecht – der fixe Punkt, der nahe Hilversum lag – immer weiter entfernt. Und was zur Desorientierung wohl am meisten beitrug: Alle niederländischen Autostraßen führten nach Amsterdam. Wie war das möglich? Nach der Karte lag es oben in nordöstlicher

Richtung, aber die Straßen aller vier Himmelsrichtungen schienen, wie die Wegweiser zeigten, in Amsterdam zu enden. Fuhren alle anderen Autos, die uns so rasant überholten, nach Amsterdam? Waren sie deshalb ihrer Fahrtrichtung so sicher?

Auch meine Begleiter drängten schon in die allgemeine Bewegung: Am besten wäre es wohl, das ursprüngliche Fahrtziel fallen zu lassen und ohne Abstecher nach Amsterdam zu steuern. Ich kämpfte dagegen an, versuchte nochmals, soweit das möglich war, auch in ihnen den Drang nach Hilversum zu erneuern. An Hand der Karte entdeckte ich, es gab stets mehrere Möglichkeiten, Utrecht näher zu kommen. Irgendwann mußte aber auch ich mich wieder getäuscht haben, denn in eine Stadt namens Tilburg kamen wir zum dritten Mal. Vorher hatten wir nicht gewußt, daß es eine Stadt Tilburg gab; jetzt war Tilburg uns bereits so vertraut, daß die wenigen Sonntagsspaziergänger, die unterwegs waren, uns zuwinkten.

Nach Tilburg brach dann die Reisemißstimmung, die schon lange in der Luft gelegen hatte, aus. Ich will sie nicht im einzelnen schildern. Selbst Hochzeitsreisende mit ihrer frischen Liebe sind gegen die Reisemißstimmung nicht immun. Bei ungleichen Gefährten jedoch nimmt sie um so boshaftere Formen an; auf Kraftausdrücke folgen Schweigepausen, die unter der druckenden Blechkuppel eines Autos um so beklemmender schwelen.

Ich beschwöre Sie, reisen Sie nie mit Menschen, die sich grundsätzlich von Ihnen unterscheiden! Nie klaffen die unterschiedlichen Positionen so weit auseinander, wie wenn Sie außerhalb des Alltags der Strapaze einer Reise oder dem Nichtstun ausgesetzt sind. Zudem: Man zwingt Sie, auf schönste Eindrücke zu verzichten. Sie dürfen Ihrer Entzückung nicht Laut geben. Sie werden, wo Sie anhalten möchten, vorbeigerissen, und dort, wo Sie es ungemütlich finden, werden Sie gezwungen zu rasten, weil Ihre grob instrumentierten Reisebegleiter es bestimmen.

In Utrecht zum Beispiel – wir waren schließlich doch hingekommen – hätte ich mich gern eine Stunde aufgehalten; eine berühmte, alte, in der Römerzeit gegründete Stadt voller Sehenswürdigkeiten; meine Begleiter zogen es vor, in Bussum, nördlich von Utrecht, wo sonst niemand hält, einzukehren. Bussum lag schon zum Greifen nahe vor Hilversum, aber nach Bussum kam dann ein Verteilerkreis, von dem acht gleichberechtigte Straßen ausstrahlten. Ich glaube, alle acht Tafeln zeigten nach Amsterdam. Drei zeigten außerdem nach Haarlem, drei auch nach Den Haag und eine zeigte nach Rotterdam *und* Amsterdam. Nicht eine einzige Tafel zeigte nach Hilversum. »Versuch's mal«, flehte ich zum Rücken des Chauffeurs hin, »mit der Straße, die etwa nach Südwesten verläuft.« Schweigend, konzentriert, auf Karte und Straße starrend, näherten wir uns unaufhaltsam einem Häusermeer am Horizont, Türmen, vielleicht auch Sendemasten – Hilversum? Ich ahnte es wohl als erster, auch wir waren bereits dem Mittelpunkt des Spinnennetzes nahe: Wir fuhren in die Vorstadt von Amsterdam ein. Rührend, als ich meine Vermutung aussprach, begehrten meine Begleiter heftig auf: »Amsterdam liegt genau im Norden!« – »Ja, ja, es liegt im Norden.« – »Aber wir fahren doch direkt nach Südosten, halb in die Richtung, aus der wir gekommen sind. Es kann eher Utrecht sein als Amsterdam!« – »Wieso Utrecht?« – »Weil wir im Kreis fahren, immerzu im Kreis!« Im Kreis zu fahren, ist für einfältige Gemüter die Vorstellung des Schicksals schlechthin.

Selbst Amsterdam glich am Anfang den Städten, durch die wir bisher gekommen waren, aber schon nach der ersten Hälfte entwickelte es sich mehr und mehr zu Amsterdam. Wir gerieten zwischen die berühmten, gefährlichen Grachten. Es dunkelte schon, als wir einen Parkplatz gefunden hatten. Es war Zeit, uns nach einem Hotel umzusehen.

Ich hatte ein komfortables Zimmer mit einem Bad, mit einem Ledersofa und einem Radio über dem Kopfkissen. Man hatte nur eine Wählscheibe zu drehen, und alle niederländischen und die Hälfte der europäischen Sender standen dem Gast zu Diensten. Ich wählte Chopin-Musik und wußte: Hilversum! Diesmal, während ich schon stadtfein auf dem Ledersofa sitzend wartete, hörte ich zum erstenmal auch die Stimme der Ansagerin.

Es ist bedrückend, eine fremde Sprache, erst recht, wenn man sich mitten im Land dieser Sprache aufhält, nicht zu verstehen. Es hat manchmal aber auch seine eigenen Reize. Hinter den Worten, die man nicht versteht, läßt sich ein anderer und manchmal schönerer Sinn vermuten, läßt sich eine persönliche Ansprache denken. Ich hörte aus der melodischen Stimme der Ansagerin Willkommensgrüße für mich, liebenswürdige. Sie sagte vielleicht, man würde mir hier im Venedig des Nordens einen höchst individuellen Wunsch erfüllen, mir nicht nur ein nicht gewünschtes Wunschkonzert spielen, sondern mir auch meine vielleicht allzu gewaltsame Assoziation auf zuvorkommende Weise bestätigen. Schon die letzten Sätze der Ansage waren von Klaviermusik unterlegt. Es waren die ersten Takte einer Chopin-Polonaise oder Chopin-Mazurka, die danach ohne Wortbegleitung, in ihrer bald zärtlichen, bald wilden Melancholie aus dem Lautsprecher perlte.

»Seht ihr, nein, hört ihr!« konnte ich meine Reisebegleiter empfangen. »Sender Hilversum! Chopin, wie immer!« Der ehemalige Radiobastler erklärte wieder seine Liebe für populäre Musik, und sein Skatbruder, dessen Musikbegeisterung gleich Null war, schwieg und gähnte. »Wir fahren auf der Rückfahrt vorbei«, wagte ich zu wünschen. – »Gut, wenn du meinst.« – »Aber jetzt sind wir in Amsterdam, ich habe Hunger, und hinterher läßt sich sicher auch noch etwas finden.« Wir speisten chinesisch oder indochinesisch. Dann streiften wir durch die Stadt und schnupperten nach Neonlicht und Abenteuer; wir hatten jedoch nicht mehr den Mut und die Frische, ein Abenteuer zu suchen. Wir gingen früher ins Hotel zurück, als es Amsterdam wahrscheinlich verdiente. Ich hatte vergessen, das Radio abzustellen, und aus dem Lautsprecher quoll immer noch Chopin-Musik. War's eine Nocturne, so klang sie zum richtigen Zeitpunkt.

Wie erklärte ich zu Anfang Chopin-Musik? Melancholisch klingt sie, romantisch, gläsern und so, als drängen die Töne aus dem offenen, erhellten Fenster einer Villa, die hinter alten Bäumen steht, in einem nach Laub und Regen duftenden Park; ein Park, zu dem uns der Zutritt verboten ist, doch wir dürfen draußen vor dem Gitter eine Weile stehenbleiben und zuhören. Es ist an einem Oktoberabend, die Luft ist rauh vom Nebel – und so weiter. Ja, genau so. Auch dieses Hilversum war ein verschlossener Park, den Banausen nicht betreten durften. Vielleicht, wenn ich allein gekommen wäre...

Am Morgen, im Frühstückszimmer des Hotels, wollte mir ein deutschsprechender Niederländer meine Hilversum-Imagination ausreden. Er sagte: Nein, auf Hilversum könne man verzichten, erst recht, wenn man aus dem Ausland komme. Hilversum sei gewiß keine Stadt, die mein Gefallen erregen könne; wenn ich, was er unserem Gespräch zu entnehmen wage, das Historische liebe, müsse ich enttäuscht sein, denn genau das fände ich in Hilversum nicht. Ja, Krankenhäuser, Schulen, Verwaltungsbauten könne ich dort bestaunen und ein klotziges Funkhaus; Hilversum sei eine geometrisch gebaute, moderne Stadt. – Was hatte er sich in unsere Unterhaltung einzumischen, vom Nebentisch aus? Er hatte sich zwei Eier im Glas bestellt, aber er ließ die Hälfte im Glas zurück, um mich übereifrig aufzuklären mit seinem desillusionierenden Gerede über sein Land, das ich mit weitaus größeren Erwartungen besuchte als er, der selber Niederländer war, mir bieten wollte.

Auf der Rückfahrt hatte ich auf meine Begleiter einzureden, sie möchten diesmal nicht über Hilversum fahren. »Wir sind doch gar nicht dort gewesen.« Das kam verärgert, aber erstaunlich logisch vom Beifahrer vorne. Der Radiobastler sagte: »Gut, ich will niemand zu etwas zwingen, aber wenn ich mich recht erinnere, war das überhaupt der Grund, weshalb wir die mißglückte Herrenpartie unternommen haben.«

Als wir vor Bussum wieder in jenen labyrinthischen Verteilerkreis gerieten, nahm er – ich wagte nicht, obwohl die Karte auf meinen Knien lag, ihm irgendeine Straße anzuraten –, nahm er die dritte Abzweigung, die in südöstliche Richtung strebte. Ich schloß für viele Kilometer die Augen, weil ich fürchtete, wir könnten wider Willen nun doch noch in Hilversum landen und mit jenem Stadtbild konfrontiert werden, das mir jener Herr im Frühstückszimmer entworfen hatte; aber nein, wir gelangten nach Bussum und Utrecht. Wir legten die Autokarte beiseite, und geschwinder als hinein kamen wir aus den Niederlanden heraus.

Die Käuzchen auf dem Land

Am Nachmittag, als sie die letzte nördliche Stadt hinter sich hatten und ihnen rechts und links die schwarz-weißen Milchschokoladekühe von den Weiden nachglotzten, wurde es ernst mit dem Besuch auf dem Land. »Hast du Herzklopfen?« fragte der junge Mann. »Ich, warum ich?« parierte das Mädchen.

Bert und Doris kannten sich drei Jahre, deshalb gab es Schweigepausen. Er starrte durch die Windschutzscheibe, sie saß neben ihm und wartete, bis ihm die Beschäftigung am Lenkrad und an der Schaltung zu einer neuen Frage Zeit ließ. »Und wie sind so deine alten Herrschaften?« – »Wie die Leute auf dem Land eben sind.« – »Davon habe ich keine Ahnung.« Sie weidete sich an seiner Unsicherheit und sagte: »Bestimmt sehen sie's dir an der Nasenspitze an, daß du eine Frau nicht bis an ihr Lebensende ernähren kannst.« Holla! Was schwemmte da aus dem Untergrund hoch? Er setzte seine Ehrlichkeit dagegen, die ihm schon manchen Start im Leben verpatzt hatte. Er sagte: »Nein, das kann ich nicht. Wenn du solche Sehnsüchte hast, empfehle ich dir, rechtzeitig nach einem bäuchigen Spießer Ausschau zu halten.« Seltsamerweise nahm Doris seine Antwort nicht so komisch, wie er erwartet hatte. Sie schwieg wieder drei Kilometer lang, und erst als die gelbschwarze Tafel keinen Zweifel mehr ließ, wie nah das Ziel war, gab sie ihre Verstimmung auf.

Es ging dann auch alles über die ersten Hürden. Die Mama war eine prächtige Frau – dafür hatte Bert ein Auge –, und der alte Herr unterhielt sich lieber mit dem Verwalter, der ohne anzuklopfen ins Zimmer kommen durfte, und wenn Bert den Dialekt – der ihm nicht verständlicher als irgendein Negerdialekt war – kongruent übertrug, handelte es sich um eine neue Mähmaschine, die nicht funktionieren wollte.

Das Gut – Doris hatte es in ihrer schwelgerischen Phantasie zu einem fürstlichen Kleinstaat gebläht – war kein Musterhof, wie man ihn im Heimatfilm vorgesetzt bekam, aber winzig war es wiederum auch nicht.

Es gab Kaffee, Stachelbeertorte und Sahne, viel Sahne – und da war ja auch noch Swaantje, die Schwester, zwei oder drei Jahre jünger, wahrhaftig keine Dorflinde, doch unter dem sparsamen Make-up weitaus gesünder ausschauend als Doris, und was die

Konturen anging, war sie Doris eher über- als unterlegen. »Essen Sie, Bert«, sagte die Mama der beiden. »Sie haben eine strapaziöse Fahrt hinter sich.« – »Und wieviel Stunden haben Sie benötigt?« fragte der Papa der beiden. Die Männer sagen meist, gottlob, realistischere Dinge; darauf war leicht zu antworten, und Bert konnte mit den Qualitäten seines ersten, kleinen Autos eine Strecke lang Konversation bestreiten.

Trotzdem, so eine familiäre Kaffeetafel dauert allemal zu lang, und daß Doris in ihrem heimischen Milieu alle möglichen Leute, die er beim besten Willen nicht kennen konnte, aus ihrer Erinnerung kramte, machte die Dauersitzung nicht kurzweiliger. Die hübsche Schwester tat nur zweimal den Mund auf, sagte »ja« und »nein« und saß sittsamer, als ihr Porträt versprach, hinter dem leergefegten Kuchenteller.

Mit ernsteren Fragen blieb Bert verschont, und als die Mama meinte, Swaantje möchte dem Gast das Zimmer, in dem er während seines Aufenthaltes hausen sollte, zeigen, kam es endlich zum Aufbruch. Es war ein gemütliches Zimmerchen, mit einem richtigen Bett, einem klotzigen Schrank, der in den Angeln vor Altertum quietschte, mit einem Wasserkrug und einem kreisrunden, mit Seerosen und Libellen bemalten Lavor. Swaantje wippte auf der Schwelle und lächelte, weil ihn das Zimmer so sehr beeindruckte.

»Und in der Nacht kommen die Käuzchen«, sagte sie. Sie hatte also auch Humor. »Käuzchen? Ich dachte, die gibt's nur in Gespenstergeschichten.« – »Nein, die gibt's wirklich«, sagte sie. »Drei Stück haben wir zur Zeit zu bieten. Eines davon habe ich selber aufgezogen. Es war aus dem Nest gefallen, ein halbes Jahr lang habe ich es gepflegt. Und dann ist es, ohne Dankeschön zu sagen, davongeflogen.« Doris war zu dieser ornithologischen Story hinzugekommen. Sie umarmte die Schwester, und die beiden – Doris in ihren straffen, kanariengelben Trottoirhöschen und Swaantje in ihrer duftigen Landglocke – sahen nicht gerade wie Zwillingsschwestern aus. »Hast du gehört, was uns Swaantje für die Nacht arrangiert hat?« – »Er glaubt nicht, daß wir Käuzchen haben«, sagte Swaantje. Aber schließlich waren Käuzchen kein Thema, die zweitägige Distanz von der Stadt zu ersetzen. »Wir könnten mit Swaantje zusammen ein wenig durch die Gegend kutschieren«, schlug Bert vor. »Vielleicht hat sie etwas übrig für rasante Wagen.« Hatte sie, doch Doris war überraschenderweise für einen Fußmarsch.

Also wandelten sie hinter dem Dorf durchs Korn, durch Klee und anderes Grün; Waldstücke kamen auch, Eichen, Buchen, Birken, vielleicht auch Linden, Pappeln oder Trauerweiden, die Doris und Swaantje leicht melancholisch stimmten. Die gleiche Doris, die zu Hause den ganzen Tag über den Plattenspieler in Bewegung hielt, konnte sich in Heimatnähe am Paarungsgezwitscher der Vögel nicht satthören; Swaantje begann Blümchen zu pflücken und bot dabei, wenn sie sich bückte, kein unsympathisches Bild, was das Luder, so stadtfremd es sonst war, auch wußte. Sie bückte sich oft und pflückte einen ganzen Strauß Klatschmohn, Rittersporn, Kornrade, Storchschnabel, Wiesenklappertopf oder ähnliches Grünzeug. Sie grabschte alle möglichen Beeren und Früchte aus den Hecken und Bäumen. Sie spuckte die Sauerkirschkerne – als ging's um einen Wettbewerb – in hohem Bogen über die Gartenzäune und schwor dabei: »Damit ein Kirschbaum wachse!« Doris konnte sich über Swaantje ausschütten vor Lachen, und Bert fand ihr kindliches Vergnügen auch nicht gerade unausstehlich. Swaantje wurde überhaupt von Baumstamm zu Baumstamm gesprächiger. Sie fragte zum Beispiel: »Haben Sie schon mal einen Sonnenuntergang gesehen?« – »Nee«, sagte er, »um diese Stunde bin ich immer im Espresso oder im Jazzkeller.« – »Genau so habe ich Sie mir vorgestellt«, sagte Swaantje. Das wäre ein ausreichender Grund für eine Rauferei gewesen. Zufällig war neben dem Weg ein blumiger Rain im richtigen Winkel – aber so intim waren sie wiederum noch nicht.

Sie, alle drei, setzten sich auf den Rain, weil die Sonne eben unterging. Sie strahlte die Strohdächer, die rotgrünen Giebel der Katen und die putzigen, wie Taschenspiegel blinzelnden Fensterscheiben mit intensivem Scheideblick an; sie färbte die zerstreute Wolkenlämmerherde rings herum mit dem üblichen Technicolor-Zinnober, was Swaantje und Doris zu einer Art Abendandacht anregte. Er sagte: »Fehlt nur noch ein Ave-Glöckchen.« Swaantje und Doris fanden, er sei ein Rohling; deshalb hielt er den Mund, was ihm gar nicht leicht fiel. Als die Sonne endgültig abgefahren war, raffte er sich zu einer gescheiten Sentenz auf. Er sagte: »Indirektes Licht ist mir lieber«, was Doris, weil sie auf der Werkkunstschule ähnliche Sätze von ihren Lehrern gehört hatte, nicht neu, und Swaantje, das Dorfkind, nicht sehr witzig fand.

Doris selber hatte ihn und Swaantje nach dem Sonnenuntergang angefleht, sich zu duzen, und weil dazu die Konvention eines Kusses gehört, küßten sie sich am Abend, als das Abendessen überstanden war und alle sich gegenseitig gesagt hatten, wie müde sie aussähen, küßten sie sich zwischen den Schlafzimmertüren; ein Kuß, den Bert bestimmt gern ausgedehnt hätte, Swaantje, für die ein Kuß noch nicht so selbstverständlich war, wahrscheinlich auch, wenn nicht Doris dabeigestanden und sich über die prompte Erfüllung ihrer Bitte nicht so sehr gefreut hätte.

Doris zog sich nach einem kaum längeren Kuß Arm in Arm mit ihrer Schwester ins Nebenzimmer zurück, und Bert lag alleingelassen in seinem geräumigen, kühlen Bauernbett. Als er das Licht ausgeknipst hatte und dachte, er habe den ersten dörflichen Tag, ohne Reue erwecken zu müssen, hinter sich gebracht, begann, wie Swaantje prophezeit hatte, ein Käuzchen zu tönen. Er fand es zunächst ganz stimmungsvoll. Wie riefen sie doch! Kiwitt oder so ähnlich. Es sollte nichts Gutes bedeuten. Für Aberglauben hatte er nichts übrig, aber dieses Käuzchen rief auch so makaber nicht. Im Gegenteil, es stieß einen stereotypen Ton aus, der weniger an einen Vogelschrei als an einen mechanischen Defekt erinnerte, etwa so, wie wenn ein schlechtgeschmiertes Wagenrad bergauf bemüht wird. Der Ton wäre weniger unangenehm gewesen, hätte er sich nicht so regelmäßig, wie mit der Stoppuhr eingerichtet, alle sieben Sekunden wiederholt und die ländliche Nachtruhe – die zu ertragen sowieso eine Strapaze war – durchlöchert. Kaum hatte sich Bert an den Ton des einen Käuzchens gewöhnt, ließ sich auch schon das zweite, dann das dritte Käuzchen vernehmen.

So mollig das Bett sich erwiesen hatte, Bert hielt es nicht mehr lange in den Federn aus. Zunächst starrte er aus dem Fenster, die Ruhestörer mit den Augen auszumachen; zu sehen, was der Grund ihres lauten Unfugs war. Vergebens. Irgendwo hockten sie boshaft versteckt in den hin- und herschwankenden Bäumen und freuten sich wahrscheinlich diebisch über den halbnackten, schlaflosen Stadtjüngling, den sie mit ihren nachtscharfen Pupillen eräugen und mit ihrem gleichförmigen Quietschlaut in Unruhe versetzen konnten.

Die Käuzchenlaute waren so ohrenbetäubend nicht, daß Bert das Gespräch der Schwestern überhörte, die nebenan, Schulter an Schulter, über das Fenstersims lehnten und sich gegenseitig ihre Herzen bloßlegten: »Doch, er gefällt mir ausnehmend gut!« Das war erfreulicherweise Swaantjes Stimme. »Drei Jahre sind wir schon zusammen.« Solche rein konstatierenden Sätze kamen von Doris. »Ach, muß die Liebe der Käuzchen schön sein!« entflog es

Swaantjes Lippen; und gleich darauf, weitaus sachlicher: »Er ist wirklich sehr nett – warum hast du mir nicht ausführlicher über ihn geschrieben?« Doris sagte: »Ich war vorsichtig, weil vielleicht Papa meine Briefe hätte lesen können.« – »Das habe ich ihm längst abgewöhnt«, sagte Swaantje. Doris fragte zögernd: »Wissen Papa und Mama, daß ich seit einem Jahr die Schule schwänze?« Swaantje sagte: »Ja, ich glaube, sie wissen's.«

Bert wußte es auch. Weil die beiden jetzt schwiegen, beugte er sich vor und sah die Profile der Mädchen. Der Lichtschein aus dem Zimmer fiel vor den Silhouetten in den Hof hinab, wo er in einem gelben Rechteck, in dem die Schatten standen, zu den Stämmen der Bäume hinüberkroch.

Swaantje sagte: »Hast du schon bemerkt, daß er mehrere Wirbel hat?« Anscheinend hatte Doris diesen Geburtsfehler, den ihm jeder dumme Friseurlehrling aufs Butterbrot strich, noch nicht entdeckt. Sie schwieg betreten, Swaantje dagegen fuhr mit ihren physiognomischen Beobachtungen fort: »Mindestens ein Dutzend Wirbel.« Das war übertrieben. Drei oder vier waren es. »Deshalb«, sagte Swaantje, »hat er einen so tollen Haarschopf. Braunes Haar mag ich überhaupt gern, eigentlich am liebsten. Und du?« – »Ich auch«, sagte Doris. Hoffentlich! Swaantje konnte sich nicht beruhigen: »Und ganz kurze Zähne hat er. Wenn er lacht, sieht man das nasse Zahnfleisch, aber es sieht gar nicht übel aus.« – »Du hast ihn dir aber genau angesehen«, sagte Doris leicht erheitert. »Ich glaube, genauer als ich.« – »Vielleicht.« Und nach einer nachdenklichen Pause sagte Swaantje: »Allerdings habe ich ihn im Verdacht, er ist noch etwas kindisch ...«

Nun war's genug. Entweder mußte man sich überraschend in den ungleichen Dialog einschalten oder es doch noch einmal mit dem Einschlafen versuchen. Bert beugte sich weiter vor und rief: »Ihr Hübschen könnt wohl auch nicht zur Ruhe kommen?« Doris antwortete zuerst: »Nein, die Käuzchen toben ja wie wild.«

»Und Swaantje, die Gute?« Nein, sie könne auch kein Auge zukriegen, sagte sie kleinlaut. Aber nach ein paar mitteilsamen Worten zwischen der vertrauteren Doris und ihm bekam Swaantje wieder Oberwasser. Sie triumphierte: »Habe ich nicht gesagt, daß es drei sind?« Trotz ihrer Komplimente durfte man sie ein wenig auf die Palme hetzen. »Ich kann mich nicht erinnern«, sagte Bert, »daß du mir jemals was von Käuzchen erzählt hast.« Swaantje keifte herüber: »Hör dir das an! Zu all seinen rüpelhaften Eigenschaften hat er auch noch die, daß er wie gedruckt lügt!« Sie zählte also zu den Mädchen, die bei Dunkelheit mutiger waren als bei Tagesbeleuchtung. Sie trieb's noch entschieden weiter; sie sagte: »Doris, ich an deiner Stelle würde es mir noch zehnmal überlegen, ob ich mit ihm vor den Traualtar träte!« Eine Anspielung, die er heute zum zweiten Mal hatte hören müssen, und die er deshalb keineswegs bereitwilliger schluckte. Er rief hinüber: »Habt ihr kein Luftgewehr im Haus?« – »Du willst mich wohl erschießen?« fragte Swaantje. »Ja, dich und deine liebevoll gehegten Käuzchen!«

Darauf machte Doris einen vernünftigen Vorschlag. »Wie wär's«, sagte sie, »wenn wir uns, statt hier in unbequemer Lage zu zanken, noch ein wenig zusammensetzten und klönten?« Da auch er einverstanden war, kam sie herüber und lockte ihn in die Mädchenkemenate.

Die Nachttischlampe neben Swaantjes Bett brannte und sie, Swaantje, saß sehr hübsch anzusehen in einem dünnen, besonders um die Obergegend herum knappen und aufschlußreichen Hemdchen vor ihrem Spitzenkissen. Doris, im vertrauten Bademantel, setzte sich auf ihr Bett. Für Bert blieb nur der akkurate Stuhl am Tisch übrig, auf dem er sich weniger bequem, als er es in seiner Bude gewohnt war, plazieren mußte. Der Stuhl stand genau in der Mitte zwischen den Betten der Schwestern, so daß Bert, wenn er beiden die gleiche Aufmerksamkeit schenken wollte, den Kopf bald nach links, bald nach rechts zu drehen hatte.

Der brave Stuhl, der vielleicht nicht ganz korrekte Nachtanzug und sicherlich auch die allzu gegenwärtige, kurz zuvor bei ihrem Bekenntnis ertappte Swaantje zwangen ihn, ein recht vernünftiges Gespräch einzuleiten, das er mit der Frage nach rechts begann: »Sind Käuzchen eigentlich Uhus?« Swaantje mußte sich erst von einem krankhaften Lachanfall erholen, ehe sie herausprusten konnte: »Er hat nicht die geringste Ahnung!« – »Weißt du es, Doris?« fragte Bert und drehte den Kopf nach links. Doris sagte: »Ich glaube, die Uhus sind die großen Käuze.« – »Siehst du«, sagte Swaantje rechts, »sie weiß es.« – »Und Eulen? Sind Eulen Uhus oder Käuzchen?« fragte Bert nach links. »Auch Eulen sind Käuzchen und Käuzchen sind Eulen«, sagte Swaantje rechts. »Und was bist du?« fragte Bert. »Ich bin eine Schleiereule«, sagte sie, und hielt dabei die gespreizten Finger als Fächer vor die kleinen Ohrmuscheln. »Eulen sind albern«, sagte Bert nach links. »Nein, Eulen sind weise«, sagte Swaantje rechts. »Pallas Athene trug eine Eule auf der Schulter!« sagte Doris links. »Trotzdem soll man weder Käuze, Uhus noch Eulen großziehen«, sagte Bert geradeaus.

Daß es auch gemütlich wurde, dafür sorgten Zigaretten, die Bert und Doris, wie sie's zu Hause gewohnt waren, nacheinander vertilgten. Der Rauch schwelte um Swaantjes selbstgepflücktes Blumengebinde auf dem Tisch, und die Käuzchen vor dem offenen Fenster hatten sich noch immer nicht beruhigt mit ihrer polizeiwidrigen Serenade. Swaantje thronte, von der Nikotinsucht unangefochten, vor ihrem Spitzenkissen. Um ihr trautes Lämpchen taumelte einer dieser dickköpfigen, mehlbestäubten Nachtfalter. Zu seinem eigenen Verderben schlüpfte er unter die Porzellanhaube und verknisterte an der heißen Birne. Bert empfand geradezu verwandtschaftliche Gefühle für das todesbereite Tier.

Doris holte ihn aus seiner sentimentalen Anwandlung zurück. Sie sagte: »Swaantje muß uns unbedingt bald mal in der Stadt besuchen. Meinst du nicht auch?« – »Ja, meine ich auch«, sagte Bert. »Wir gehen mit ihr ins Theater, in die Museen, ins Espresso...« – »Und«, fiel Bert ins Wort, »gabeln ihr einen ansehnlichen Freund auf, damit sie hier nicht so allein zur alten Jungfer vertrocknet.« Swaantje sagte: »Danke, Bert, ist nicht nötig, bin bereits versorgt!« Doris stieß einen schwesterlichen, seligen, vielleicht auch kupplerischen Schrei aus und floh an Swaantjes Brust: »Wirklich? Ist das wahr? Da ist man drei Jahre weg, hat die kleine Schwester fast noch als Baby in Erinnerung, und jetzt –« – »Du kennst ihn auch«, sagte Swaantje beherrscht. »Wer?« – »Eberhard!« Doris kannte Eberhard. Und weil Bert Eberhard nicht kannte, bekam er Eberhard erklärt: ein junger, angehender akademischer Förster aus der ferneren gutsherrlichen Blutsverwandtschaft. »Eberhard ist sehr, sehr nett«, schwärmte Doris fort. »Das freut mich, das freut mich riesig für dich, Kleines.« – »Ende Juli macht Eberhard sein Examen«, sagte Swaantje, »dann will er kommen und mit Papa wegen der Verlobung sprechen.«

Swaantje war also in festen Händen, in weitaus festeren als Doris. Die zärtliche Vorverlobungsszene, die ihm das engumschlungene Schwesternpaar vorspielte, war ihm nicht nur ein Dorn im Auge, sie rückte ihn auch weit, weit weg von ihnen. Eine halbe Zigarette lang saß er, ausgeschlossen von ihrem leidenschaftlich diskutierten Mädchenglück, ziemlich alleingelassen auf seinem spartanischen Stuhl.

Der Frühstückstisch war unter der Kastanie vor dem Haus

gedeckt. Doris kam mit ihrem Papa etwas später. Wenn Bert sich nicht sehr täuschte, hatte sie an diesem Morgen, obgleich die Sonne strahlte, schon Tränen vergossen; und der Papa hatte genau das feierliche Aussehen von Vätern, die mit ihren Kindern etwas Grundsätzliches besprochen haben. Aber sowohl Doris als auch ihr Papa entwickelten im Laufe des Frühstücks einen Appetit, der die Folgerung zuließ: Die gemeinsame Auseinandersetzung war zu beider Zufriedenheit zu Ende gebracht worden. »Greifen Sie zu, Bert«, sagte die ungefährlichere Mama. »Oder schmeckt es Ihnen nicht? Die Marmelade haben Sie noch nicht versucht, Erdbeermarmelade, erst drei Tage alt, eigenhändig von Swaantje und mir eingekocht.« Er tat der Mama und Swaantje die Ehre an und bestrich das Brot so dick, daß es bestimmt gegen die Gastfreundschaft verstieß. Nicht nur die Marmelade, das komplette Frühstück war großartig. Erst das Ende war furchtbar, weil der Papa hartnäckig darauf bestand, allein mit Bert einen Rundgang um den Hof zu machen, um ihm – was wahrscheinlich ein Hinterhalt war – die Ställe, die Scheune, die Maschinen, das Gewächshaus und die Saatzucht zu zeigen, und den Misthaufen. »Schnuppern Sie ein wenig«, befahl der alte Herr. »Es soll gesund sein. Es hat auch mich gesund erhalten.« Bert dachte: ein sachlicher Mann. Er begnügt sich mit Fakten, und der Wurf seiner künstlerisch ambitionierten Tochter Doris war wohl auch ihm kaum erklärbar.

Die Schweigepausen während des Rundgangs dehnten sich. Wer schweigt, sagt nichts Dummes, und wer das Schweigen des anderen durchhält, bekommt weniger Unangenehmes zu hören. Bert hoffte, das wäre glücklich überstanden, und sie waren schon vor dem Haus, hinter dem der Frühstückstisch noch wartete, angekommen, als der alte Herr den Schritt verhielt und sagte: »Ich hatte heute morgen mit meiner Tochter Doris eine Aussprache –.« Er trat auf den Sohlen hin und her, als stünde er barfuß im Schnee; er senkte die Stimme, wie die Väter immer, wenn sie vor ihren Kindern mutig zu sein haben, die Stimme senken: »Was Sie betrifft, junger Mann, ich hoffe, Sie enttäuschen mein Kind nicht.« Was blieb Bert anderes übrig als zu sagen: »Nein.« – »Sie ist noch viel zu jung, sich allein durchzuschlagen«, sagte der besorgte Papa. »Was an mir liegt, ich will ihr in Zukunft kräftiger unter die Arme greifen. Freilich kann ich nicht beurteilen, wie die Marktlage für Künstler im Augenblick ist.« Nein, das konnte er – der alte, in seinem Fach gewiß tüchtige Herr – beim besten Willen nicht. Er tat nun Bert fast ein wenig leid, und Bert setzte zu einem der ernsthaftesten Sätze an, die er je in seinem vierundzwanzigjährigen Leben von sich gegeben hatte. Er sagte: »Ich passe auf Doris auf.« Der Papa war gar nicht so beeindruckt, wie Bert erwartet hatte; er sagte trocken: »Meine Tochter Doris sagt, Sie verdienen recht gut mit Ihren graphischen Arbeiten.« – »Doch, ja, es geht«, sagte Bert. Genau das hatte ihr Papa wahrscheinlich hören wollen. Er klopfte Bert kollegial auf die Schulter und sagte: »Gehen wir zurück.«

In den restlichen zwei Stunden ereignete sich nichts Aufregendes mehr. Bert stand meist im Wege. Er konnte nur noch zusehen, wie Swaantje und ihre Mama alle möglichen Gemüse und Früchte, die Doris in der Stadt gewürfelt und geschnitten in Konservendosen kaufte, aus den umliegenden Gärten herantrugen und unter der Kühlerhaube verstauten, als gelte es mit diesen taufrischen Kohlköpfen und dauerhaften Rüben einen harten Winter zu überstehen. »Doris sieht viel zu blaß aus«, sagte die Mama; also auch sie wollte, wenn auch auf ihre sanfte Weise, zuletzt nicht darauf verzichten, sein unbürgerliches Verhältnis mit Doris zu apostrophieren. Aber dann war es endlich so weit, daß sie auf die Uhr schauen und abreisen durften.

Ein Abschied ist immer belämmernd. Man sollte sich englisch verabschieden, ohne Adieu, ohne Patschhändchen, ohne Küßchen auf Nimmerwiedersehen verschwinden dürfen. Auch auf das Winken sollte man verzichten. Wer hat dieses psychologisch sicher nicht standfest zu untermauernde Auf und Ab der Hand eigentlich zum ersten Mal praktiziert? Doris plagten solche Zweifel nicht. Sie winkte ohne Unterlaß. Bert knurrte: »Genug jetzt! Sicher kommen wir bald mal wieder – womöglich als Paar.«

Doris, obwohl sie doch fortgerissen wurde von ihrer liebevollen Familie, winkte nur noch heftiger, und Bert gab hinter der Kurve – die den Hof, das Haus, die Mama, den Papa und Swaantje im Rückspiegel endgültig wegnahm – mehr Gas, als es für den Motor zu verantworten war.

Auf den Uferwiesen

Bei der Tafel *Baden verboten*, wo der Pflasterweg in Grasbüscheln und Kerbelschirmen versank, saßen der Junge und das Mädchen. Von der Brücke oben sahen die Vorübergehenden – wenn sie sich Zeit nahmen, zum Ufer hinunterzuschauen – den bananengelben Rock des Mädchens und das rote Hemd des Jungen. Um den Hals trug der Junge ein silbernes Kettchen, und das Medaillon vor seiner Brust blitzte wie ein Taschenspiegel, der mit Sonnenvögeln die Augen blinzeln macht.

Das Mädchen sagte: »Keine zehn Pferde bringen mich hier ins Wasser. Ist ja eine Drecksbrühe, und von den Krankenhäusern wird der ganze Abfluß hineingeleitet. Puh!«

Sie verschränkte die Arme, die eine Gänsehaut überrieselte; sie schüttelte sich.

Der Junge sagte: »Hätte ich ein Boot, könnten wir jeden Samstag oder Sonntag flußaufwärts paddeln und uns eine idyllische Stelle zum Schwimmen aussuchen.«

»Du hast's immer mit deinem idyllisch«, sagte das Mädchen.

»Ein Paddelboot – so wie das dort!«

Unter dem Brückenbogen schoß ein Boot in die Wasserfurchen. Im Gleichtakt stachen und hoben die Jungen die Paddel. Der Junge vorn hatte ein Taschentuch über den Kopf geknüpft, und der hinten hatte sich einen Coca-Cola-Sonnenschild vor der Stirn hochgeklappt.

Der Junge vorn sah die beiden am Ufer sitzen. Er hielt das Paddel waagrecht über dem Boot und rief über die Schulter zurück: »Die dort drüben kenne ich. Läuft den Jungen aus dem Gymnasium nach. Bildet sich sonst was ein; dabei kann sie nicht mal bis drei zählen!«

»Willst wohl haben, daß sie dir nachläuft!« sagte der Junge hinten.

»Die? Nicht geschenkt nähme ich die!«

Sein großer Bruder sagte so. Und Puppen sagte er zu den Mädchen.

»Gibt mir viel zuviel an, die! Ihre Mutter ist Kellnerin im Goldenen Adler, und die Puppe kann den ganzen lieben langen Tag in der Stadt herumstreunen.«

»Woher kennst du sie?«

»Wohnt gerade um die Ecke von uns. Brückenkopf 14. Heißt Lilo Hussel.«

»Und den Kerl, kennst du den auch?«

»Nee. Aber todsicher ist das so ein affiger Gymnasiast.«

Sie hielten noch immer die Köpfe gedreht, und das Boot war schräg in die ruhigere Strömung nahe der Böschung getrieben worden.

»Wollen wir wieder?« fragte der Junge vorn. »Oder bist du schon schlapp?«

»Ich? Du hast doch aufgehört!«

»Von wegen ich! Wirst nie solche Muskelpakete kriegen wie mein großer Bruder. Daß die Gabel abhopst.«

»Du auch nicht!«

»Denkste!«

Er setzte backbord das Blatt ein, wühlte einen brodelnden Topf auf. Das Boot wendete, und draußen, mitten im Fluß, paddelten sie stromabwärts der neuen Brücke zu.

Der Junge am Ufer konnte jetzt den Namen des Bootes, der weiß auf das blaue Heck gepinselt war, lesen: *Nike.*

»Schau mal, Nike heißt der Kahn dieser Rotzbuben. Dabei haben sie bestimmt keine Ahnung, was eine Nike ist.«

»Du weißt's natürlich!« stichelte Lilo.

»Es ist griechisch.«

»So, kriegisch kannst du auch!«

»Griechisch!«

»Ich weiß auch ohne kriegisch, daß die Nike eine Figur ist mit abgebrochenen Flügeln und flatterndem Rock. In der letzten Nummer der Constanze war sie abgebildet, und vor ihr stand ein Mannequin aus Paris in einem hübschen Cocktailkleid, wie ich mir schon lange eins wünsche –«

»Nike ist die Siegesgöttin der Griechen –«

»eins mit enger Taille und gebauschtem Rock, hochgeschlossen, Kugelärmel und ein breiter, tollschicker Lackgürtel –«

Während Lilo ihr Cocktailkleid schilderte, schnaufte ein schwarzes, zottiges Hündchen vorbei, blieb vor der Ufermauer stehen und sah seinem Herrn entgegen, einem alten Mann, der seine schwarze Jacke über die Schulter gehängt hatte und langsam über den Rasen tappte. Er hielt einen Stecken in der rechten Hand, hob ihn und warf ihn ein paar Meter weit in den Fluß. Das Hündchen schlidderte die Böschung hinab, plumpste unten ins Wasser und schwamm mit patschelnden Pfoten hinaus.

Der alte Mann rief: »Hol's schön, Uschi! Auf! Auf! Hol's! Bring's deinem Herrchen!« Halb zu sich, halb zu dem Jungen und dem Mädchen sagte er: »Ich muß ihr immer zuerst was reinschmeißen. Von allein wagt sie's nicht. Sie ist wasserscheu, aber sie ist auch folgsam.« Dann rief er wieder dem Hündchen zu: »Ja! Hol's schön! Bist ein lieber Kerl! Bring's schön deinem Herrchen!«

»Kann er sich keine andere Stelle aussuchen«, zischte Lilo.

»Laß ihn doch«, sagte der Junge. Starr sah er hinaus zu dem winzigen Hund, der mit hochgereckter Schnauze durch das ziehende Wasser schaukelte, hinter dem Stecken her.

Der alte Mann sagte: »Der vorige Besitzer hat die arme Kreatur immerzu geschlagen, weil sie nicht von allein ins Wasser wollte. Seitdem hat sie Angst, ans Ufer zu gehen. Ich schlag sie nicht. Hab' mein Lebtag noch kein Tier geschlagen. Ist ein Verbrechen, so ein liebes, kleines Tier zu schlagen, nicht wahr?«

»Sicher«, sagte der Junge.

»Langsam gewöhne ich ihn dran. Muß auch einen Hund erfrischen, so ein Bad bei der Hitze –«

»Bestimmt«, sagte Lilo.

»Gleich ist er dran!« rief der Junge. »Jaaa! Schnapp und hat ihn!«

»Brav, Uschi! Bist lieb! Bist tüchtig! – Ist er nicht ein lieber Kerl?«

»Er hat Schneid.«

»Ja, den hat er, so klein er ist«, sagte der Mann.

Das Hündchen kraxelte die Böschung hoch, kroch mit gesenktem Kopf und patschnassem, angeklebtem Fell hin zu seinem Herrn, der ihm den Stecken aus dem Maul nahm, ihm gut zuredete und ihn dankbar tätscheln wollte. Aber das Hündchen sprang weg, über den Rasen zur Straße hinauf, schüttelte sich, daß die Tropfen sprühten.

»Jetzt freut er sich, weil's überstanden ist«, sagte der Junge, doch der Alte war schon fortgegangen mit weiten Schritten.

»Gottlob«, seufzte Lilo. »So alte Leute mit Hunden fallen mir auf die Nerven. Dir nicht?«

»Hunde mag ich ganz gern. Weniger diese Promenadenmischungen. Muß schon ein Rassehund sein. Später halte ich mir einen Schäferhund oder einen Dobermann.«

»Sie riechen so, die Hunde, und springen an den Kleidern hoch mit ihren dreckigen Pfoten.«

»Das kommt ganz darauf an, wie man sie dressiert. Als ich klein war, hatten wir einen Dobermann; hieß Axel. Papa nahm ihn mit auf die Jagd, aber auch mir parierte er aufs Wort, obwohl ich ihm nicht mal bis zum Halsband ging.«

»So groß war er?«

»Über ein' Meter –«

»Und hatte er so gekräuseltes Haar?«

»Nein, ein glattes Fell –«

»Also, ich kann bestimmt keinen Dobermann von einem Uhu unterscheiden –«

»Wenn ich dir sonst nichts glaube, das glaube ich dir!«

»Du gemeiner Kerl!«

Sie stieß ihn gegen die Brust. Er packte blitzschnell ihr Handgelenk und preßte es zwischen seinen Fingern.

»Du roher Kerl!«

»So geht's frechen Mädchen, wenn sie boxen wollen –«

Sie stieß mit der linken Hand zu, aber es war mehr ein Kitzeln. Er lachte, und sie boxte wieder. Er erwischte auch das linke Handgelenk, so sehr sie sich wehrte.

»Alles wie früher«, sagte Frau Landsittel oben auf der Brückenkanzel unter der Barockstatue des Kurfürsten Carl Theodor.

Ihr Mann sagte: »Ja, wenn man sich nicht umdreht und diese abscheulichen Neubauten nicht sieht, mit denen sie die ganze Stadt verschandelt haben. Verstehe nicht, daß die Stadträte so etwas zulassen. Und dann dieser Verkehr!«

»Du siehst immer Dinge, die dich ärgern«, sagte sie. »Also ich finde die Stadt genauso romantisch wie damals.«

Er sagte: »Nur wir zwei sind ein bißchen älter geworden.«

Sie wollte es nicht hören. Sie sah zum Schloß und zu den Bergen hinauf und schwärmte: »Der hübsche rote Sandstein! Wie malerisch er sich zwischen den grünen Bäumen macht!«

Er sah unten das junge Paar. Der Junge hatte das Mädchen an den Handgelenken gefaßt und bog es ins Gras.

»Ja, ein schönes Bild«, sagte er.

»Na, endlich erwacht auch dir die Erinnerung«, sagte Frau Landsittel. »Mir kommt es vor, als wäre seitdem überhaupt keine Zeit vergangen.«

»Es sind genau neununddreißig Jahre, meine Liebe.«

»Doch so lange?«

»Und seit Leo hier studiert hat, sind ebenfalls bereits achtzehn, neunzehn Jahre vergangen.«

Vielleicht hatte Leo, sein Sohn, die Studienzeit so ähnlich verbracht wie der Junge da unten. War immer so braungebrannt, wenn er vom Sommersemester nach Hause kam, und seine Briefmappe war prall von Mädchenfotografien. Hat dann auch mit Ach und Krach sein Examen bestanden. Aber recht hatte er. War dann doch alles für die Katz'. Er dagegen war die Gewissenhaftigkeit selber gewesen. Hat sich nie eine Sonnenstunde hier erlaubt – und jetzt? Dummheit!

»Zu gern würde ich mit der Bergbahn hinauffahren«, sagte sie. »Weißt du noch, Ulrich?«

Sie konnte sich nicht abgewöhnen, ihn aus den Gedanken zu reißen. Er knurrte: »Zu Fuß schaffen wir's bestimmt nicht mehr – vielleicht ist da oben nicht so eine mörderische Hitze. Ist gar nicht gut für die jungen Leute, in dieser Treibhausluft studieren zu müssen. Die zwei da unten machen es grundrichtig.«

»Und den Weg zur Bergbahnstation findest du noch?«

»Gewiß, Muttchen. Wir gehen weiter über die Brücke, herum um die alte Kirche, die da wie eine Glucke auf ihren Küken hockt, bummeln durch die Ingrimmgasse, wo ich drei Semester lang bei Frau Link gehaust und mich von Bratkartoffeln und Zichorienkaffee ernährt habe, und gleich sind wir da.«

»Wie du alles noch weißt –«

Sie hakte sich in seinen Arm, zog ihn sanft weg von der Brüstung, und auf dem Trottoir gingen sie dem Brückentor zu.

»Natürlich hat dir's ein Mädchen verehrt!« sagte Lilo. »Oder schenken sich seit neuestem die Jungens Medaillons?«

»Ein sehr hübsches Mädchen hat's mir verehrt«, sagte er.

»Und hat bestimmt auf der Rückseite ihren hübschen Namen eingravieren lassen.«

»Klar. Hat sie!«

»Ist mir doch egal.«

»Wenn dich die Neugier beißt, kannst ja nachsehen –«

»Ist das dein Horoskop?«

»Mein Monatszeichen, ein Krebs. Noch gar nicht lange her, daß ich Geburtstag hatte. Am 24. Juni.«

»Ich bin ein Steinbock«, sagte sie.

»Dacht' ich mir. Haben gebogene Hörner und sind zänkisch!«

»Und Krebse haben Stacheln!«

»Du meinst Scheren –« Er versuchte ihre Handgelenke zu erwischen.

»Du fängst wieder an!«

»Ich?«

Ihre Neugier war größer als ihre Lust zu raufen. Sie blieb ruhig, beugte das Gesicht vor seine Brust, griff mit den Händen nach dem Medaillon, drehte es um und las ein wenig feierlich die eingravierte, schnörklige Schrift: *Für Peter. Lilo.*

»Und?« Er freute sich an ihrer ärgerlichen Überraschung.

Noch immer gab sie – die doch sonst nicht auf den Mund gefallen war – keinen Ton von sich. »Und?«

»Dacht' ich mir«, sagte sie. »Aber daß sie auch noch Lilo heißt –«

»Ist nichts Aufregendes. Jedes zweite Mädchen heißt Lilo.«

»Und Peter gibt's mehr als Heringe«, konterte sie.

»Ist ein nettes Mädel, *obwohl* sie Lilo heißt.«

»Bäh!«

»Ist meine kleine Schwester!«

»Kannst mir keinen Bären aufbinden!«

»Also nicht die Schwester –«

»Mir gleich –«

»Doch die Schwester!«

»Von mir aus die Urgroßmutter –«

»Nein, ich hab's mir selber eingravieren lassen, als wäre es von dir, weil du mir sowieso keine Geschenke machst.«

»Nicht, wenn du so unverschämt bist.«

Wellen schwappten an die Böschung. Mitten im Fluß fuhr der »Bligger von Steinach« vorbei, das Ausflugsschiff, das am späten Nachmittag aus dem Tal zurückkehrte und unten vor der neuen Brücke anlegte. Es lag tief im Wasser, vollbeladen mit Ausflüglern, die auf Deck in bunten Liegestühlen lagen und sich sonnten oder unten in der Kantine, hinter spiegelnden Scheiben, gerade die dicken Kaffeetassen leertranken. Zwei Kellner in weißen Jacken standen zwischen den Tischen und schrieben die Rechnungen, und auf der Kommandobrücke drehte der Kapitän das Steuerrad. Die Wimpel flatterten. Lautsprechermusik und einige Stimmen, die mitsangen, waren zu hören. Kinder winkten mit den Taschentüchern. Ein rotgesichtiger Bursche schwenkte seinen mit Souvenirs gespickten

Strohhut und brüllte herüber.

Fräulein Stemmle, die auch auf dem Ausflugsschiff keinen Anschluß gefunden hatte, stand von ihrem Liegestuhl auf, nahm den Badebeutel von der Lehne und ging an die Reling. Sie sah den Jungen und das Mädchen am Ufer sitzen, und sie seufzte, als plage sie die Hitze.

Ein Ellbogen rückte sanft an ihren Ellbogen. Der schwarzhaarige, korrekte Herr mit der massiven Sonnenbrille, der sie oben auf der dritten Burg angesprochen und ihr freundlicherweise sein Fernglas geliehen hatte, stand neben ihr und schaute gleichfalls zum Ufer hinüber.

»Darf ich Ihnen mein Glas nochmals anbieten?«

»Danke. Es lohnt wohl nicht mehr«, sagte Fräulein Stemmle.

»Aber warum nicht?«

»Wir sind ja gleich da!«

Immer erst nach der Antwort hörte sie ihren eigenen abweisenden Ton, und dann hätte sie sich selber ohrfeigen mögen.

»Und, es hat Ihnen gefallen?« fragte der Herr.

»Es muß einem gefallen.«

»Ist eine hübsche Gegend. – Sie sind gewiß zum ersten Mal hier?«

»Ja –«

»Und haben hoffentlich noch recht lange Ferien oder Urlaub?«

»Auch der ist bald zu Ende.«

»Sehr schade.«

Sein Ellbogen war nicht mehr zu spüren. Er hatte die Sonnenbrille vor der Stirn hochgeschoben, das Fernglas vor die Augen gesetzt und drehte mit spitzen Fingern die Okulare. Als spräche er zu sich selber, sagte er: »Es ist wirklich besser, man sieht die Dinge nicht so nah. Anscheinend zanken sie sich gerade – und sicher nicht zum letzten Mal.«

»Was sich liebt, das –«

»Anscheinend noch Kinder. Siebzehn oder achtzehn, aber schon recht erwachsen wirkend.«

»Ja, die jungen Leute sind heute viel weiter fortgeschritten, als wir in ihrem Alter es waren –«

Gut, daß der Herr nicht zugehört hatte. Er war mit seiner Sonnenbrille und dem Fernglas beschäftigt.

»Und die Stadt? Die kennen Sie auch bereits?«

»Das Schloß habe ich besichtigt –«

»Wie jeder –« ergänzte er. »Das ist nicht viel.«

»Nein –«

»Zu gewissen Zeiten spiele ich ganz gern ein wenig Fremdenführer, aber meine Führung muß selbstverständlich erwünscht sein.«

Der Motor hörte auf zu brummen, und das Schiff glitt dem Landesteg entgegen. Es neigte sich gefährlich zur Seite, weil die jungen Leute zur Absperrkette drängten.

»Die ungeduldige Jugend«, sagte sie.

»Wie gesagt, meine Fremdenführung müßte erwünscht sein. Selbstredend ohne jegliches Honorar.« Er lachte und nahm die Sonnenbrille ab.

Sie sah, er hatte braune Augen. Braune Augen bedeuten Treue, dachte sie. Weil sie dachte, vergaß sie zu antworten, und er fragte nochmals: »Sie nehmen also meinen Vorschlag an?«

Es war die letzte Chance. Sie versuchte zu lächeln, sah ihm frei ins Gesicht und fügte ihrem Ja ein eigentlich überflüssiges Wort hinzu: »Gern.«

»Ist sie hübsch?« fragte Lilo.

»Wer?«

»Die andere –«

»Welche andere?«

»Die Lilo –«

»Sehr hübsch!«

»Und wie ist sie sonst?«

»Okay!«

»Sicher ist sie idyllisch –«

»Auch, und sobald ich das Boot habe, packe ich sie hinein, und du kannst uns von der Brücke herunter zuwinken.«

»Aber du hast noch kein Boot, ätsch!«

»Mein Papa schenkt mir eins zum Abitur.«

»Mußt du erst bestehen –«

»Hältst du mich für dumm?«

»Manchmal –«

»Wann manchmal?«

»Zum Beispiel – jetzt!«

»Bist ein Biest!«

»Und du? Ein Dummkopf!«

»Hör auf, Lilo!«

»Welche Lilo?«

»Eine von den hunderttausend!«

»Einer von den Millionen Peter!«

Er stürzte sich auf sie, bekam ihre Gelenke zu fassen und schraubte ihre Arme hinter den Rücken. Er nahm sie in den Schwitzkasten – als raufe er mit einem Klassenkameraden. Sie fiel zurück und riß ihn mit sich. Mit den Zähnen riß sie an seinem Kettchen, zerbiß es, und das Medaillon fiel ins Gras. Er hob die Hand, um ihr eine Backpfeife zu versetzen – da sah er ihre Augen in Tränen schwimmen.

Der Jurastudent, der meist um siebzehn Uhr zehn mit seinem Lehrbuch ans Ufer kam, setzte sich auf die vier Backsteine, die er selber Anfang des Sommersemesters zusammengetragen hatte, und schlug sein Lehrbuch auf. Er sah den Jungen und das Mädchen vorn am Wasser eng nebeneinander im Gras liegen.

Ja, wäre schön, eine Freundin zu haben. Aber die Mädchen machten sich nichts aus ihm, also machte auch er sich nichts aus ihnen. Zudem kosten sie Geld, wenn man sie ins Café führt oder zu einem der Bälle, die jetzt das Semester abschließen. Und die Fleißprüfung stand bevor, bei der er, wie immer bei Professor Stockfelder, auf dem besonders komplizierten Gebiet des Gesellschaftsrechts geprüft werden würde.

Die Brillengläser sammelten die Sonne wie Brenngläser, und mit dem Blick glitten die zwei scharfen Lichtpunkte über die schwarzen Lettern des Lehrbuchs: *Die Eigenart des Gesellschaftsrechts gegenüber dem sonstigen Privatrecht wird in erster Linie dadurch bedingt, daß es sich bei ihm nicht um den Schutz und die Befriedigung selbständiger Interessen von Einzelpersonen bzw. Individualinteressen handelt, sondern um Interessen, die mehreren Personen gemeinsam sind. Gesellschaftsrecht ist Gemeinschaftsrecht. Aber umgekehrt ist nicht alles Gemeinschaftsrecht Gesellschaftsrecht. Sondern man pflegt zu den …*

Er sah wieder das Paar, und es fiel ihm schwer, den Satz, obwohl er sich doch schon schwierigere Sätze eingehämmert hatte, zu behalten.

– daß es sich bei ihm nicht um den Schutz und die Befriedigung –

Sicher war die Hitze schuld. Müßte zu einem Gewitter kommen. Wahrhaftig, über der Ebene vor der Stadt wuchs bereits ein riesiger, schwefelgelber Kumulonimbus vor die Himmelswand.

– daß es sich bei ihm nicht um den Schutz und die Befriedigung

selbständiger Interessen von Einzelpersonen bzw. Individualinter-essen –

Es sah aus, als küßten sie sich. Sie hielten sich umarmt, und die Brücke oben, und daß er in der Nähe war – nichts störte sie. Liebe, sagt man, macht blind und taub. Ob sie sich wirklich lieben?

– daß es sich bei ihm nicht um den Schutz und die Befriedigung selbständiger Interessen von Einzelpersonen bzw. Individualinter-essen –

Ich werfe einen Stein ins Wasser. Lieben sie sich wirklich, werden sie nicht aufschrecken, dachte der Jurastudent. Von einem der vier Backsteine war eine Ecke angebrochen. Er mußte nicht einmal aufstehen, so nahe lag der Fluß. In hohem Bogen warf er den Stein über die beiden hinweg. Gleich darauf hörte er unten im Wasser das Gluck des Einschlags.

Erschreckt fuhren die Köpfe des Jungen und des Mädchens hoch, nach dem Störenfried zu sehen, doch der buckelte sich tief über sein Buch, und sie konnten nicht erraten, daß er es war und daß seine Augen hinter der Brille nach ihrer Reaktion gelauert hatten.

Sie lieben sich nicht, sie lieben sich nicht! triumphierte der Student in sich hinein – *selbständiger Interessen von Einzelpersonen bzw. Individualinteressen handelt, sondern um Interessen, die mehreren Personen gemeinsam sind –*

Bravo, nun saß der Satz!

Wolkenschatten schleiften über die Wiese, den Fluß, die halbe Brücke. Drüben, über der Stadt, filterte die Sonne, wie der Bühnenscheinwerfer im Stadttheater, einen bleichen Strahl durch ein Wolkenloch, daß die Ziegel und die Fensterscheiben blitzten. Im Westen grummelte der erste Donner.

Das Mädchen hatte sich aufgesetzt und strich ihr verwirrtes Haar mit den Händen glatt. Der Junge beugte sich ins Gras, als suche er eine verlorene Münze.

Die halbe Sonne

Die Herren in der Sternwarte auf dem Berg wußten die Sekunde, wann die Sonnenfinsternis begann. Sie saßen hinter den Fernrohren und freuten sich, daß der Himmel so klar war. Reporter waren nach Schweden und Norwegen gereist, dort die Sonnenfinsternis zu sehen, denn hier, zwischen dem Odenwald und dem Haardtwald, war sie nur partiell.

Die Menschen in der Ebene hatten es in der Zeitung gelesen oder davon gehört, und viele hatten es wieder vergessen.

Die Liebespaare gingen spazieren, die Buben schwammen im Rhein, der Dichter schrieb im Zimmer, und die Frauen pflückten Erdbeeren im Garten.

»Wo ist der Dom?« fragte das Mädchen.

»Hinter den Weiden«, sagte Hans. »Warte, wenn wir dort unten an die Kreuzung kommen, siehst du den Dom.«

»Ich bin müde«, sagte das Mädchen. »Mir tun die Beine weh.«

»Es ist nicht mehr weit«, sagte Hans. »Hinter dem Dorf beginnen die Wälder, schöne Wälder zwischen den Armen des Altrheins, ein Naturschutzgebiet.«

»Warum ein Naturschutzgebiet?«

»Weil es so schön ist. Weil seltene Bäume dort wachsen und die Vögel nicht gestört werden sollen. Es ist ein Paradies. Du wirst sehen, ein Paradies.«

»Quatsch«, sagte das Mädchen, »ein Paradies gibt es nicht mehr.«

Hans ließ ihre Hand los. Das Mädchen bückte sich zum Rasenstreifen neben der Chaussee und riß einen Grashalm ab. Hans ging ein Stück voraus, sie ging hinter ihm her und wischte ihr Taschentuch über die Stirn.

Die Kastanie schattete das Fenster zu. Ihr grünes Licht füllte das Zimmer. Die Tapeten waren grün, die Bücher waren grün, die Hände waren grün, und das Papier, auf das er schrieb, war grün. Er schrieb ein Gedicht. Die vier Zeilen der ersten Strophe standen untereinander auf dem Papier. Die erste und die zweite Zeile gefielen ihm. In der dritten Zeile fehlte ein Wort aus einer Hebung und zwei Senkungen. Die letzte Zeile strich er durch und schrieb darüber: *Die gefleckten Blätter deiner Augen.*

Er sagte vor sich hin: »Die gefleckten Blätter deiner Augen –« Im Zimmer nebenan klang das Porzellan. Manja legte die silbernen Löffel in die Untertassen. Ihre Absätze klopften auf die Dielen. Wenn ein Teppich auf dem Boden läge, dachte er, könnte ich ihre Schritte nicht mehr hören.

Die gefleckten Blätter deiner Augen – nun gefiel ihm die Zeile nicht mehr. Er zog einen Tintenstrich quer hindurch.

Die Frau im schwarzen Kleid ging dem Beet entlang, und sie sah, sie hatte keinen vergessen. Jedem Erdbeerbusch hatte sie ein Kissen aus Holzwolle untergeschoben. Gesund und saftig starrten die Blätter, und die Beeren zogen die Stengel herab.

Wo das Beet zu Ende war, stand der Teller mit der roten Pyramide der Erdbeeren. Sie hob ihn auf und ging zum Gartenhaus hinab. Sie goß Milch über die Beeren, zerdrückte sie mit der Gabel und streute Zucker darüber. Sie nahm den Teller vom Tisch und setzte sich auf die Schwelle. Ihr Gesicht war im Schatten, die schwarzen Strümpfe und die Schuhe standen in der Sonne.

Wie ruhig es ist, dachte sie. Ich muß nun öfter hierhergehen, es ist so wunderbar ruhig.

Sie aß eine Gabel voll, legte die leere Gabel in den Teller zurück und dachte: es ist so wunderbar ruhig. Sie aß wieder eine Gabel voll, legte sie in den Teller zurück und dachte: ach, wie wunderbar ruhig ist es doch.

Als der Dampfer vor der Flußschleife erschien, sprangen die Buben von den Steinen. Horst sprang als letzter. Er verlor für Sekunden die Besinnung. Das Wasser umschloß ihn wie Eis.

Fred und Klaus schwammen der Mitte zu. Horst wäre gern nachgeschwommen, aber die Wellen waren kräftiger als seine Arme. Sie schwappten ihm in Mund und Augen. Die Sirene tutete.

Draußen, mitten im Strom, glitt der Dampfer vorbei. Fred und Klaus standen auf Deck und schrien durch die Hände herüber: »Feigling – Fei – i – gling! – Fei – ei – gling!«

In großen Buchstaben stand der Name des Dampfers auf dem Rumpf: *Victoria*. Eine Flagge, blau-weiß-orange, wehte schräg über die Kajüte, in der ein Kapitän, hinter spiegelnden Scheiben, vor dem Steuerrad stand.

Verboten für Kraftfahrer! stand auf einer Emailletafel vor der

Brücke zum Naturschutzgebiet. Eine Holzbrücke auf gekreuzten Pfählen.

Hans blieb am Geländer stehen und sah den Flußarm hinauf. Enten tupften die grünen Ufer. Über dem Ufer, dunstig und weiter entfernt als in Wirklichkeit, standen die Odenwaldberge, blaue Sessel, in denen die Wolken schaukelten.

Hans wollte seine Hand auf Elisabeths Hand legen, doch rasch zog sie sie fort.

Sie fragte: »Wie lange willst du noch hier stehen?«

»Gut, wir gehen weiter«, sagte er.

Schnurgerade schnitt der Weg durch die Pappeln, Silberpappeln mit glatten und kühlen Stämmen.

Das Verlassen der Wege ist verboten! stand auf einer Tafel.

»Ist auch das Atmen verboten?« fragte Elisabeth.

»Die Pappeln stehen im Sumpf«, sagte Hans, »deshalb ist es verboten.«

»Wenn ich aber doch gehe?«

»Ich halte dich fest«, sagte Hans.

»Du?« Sie lachte laut. »Niemand hält mich fest.«

Sie lief über den Weg zum Rand und sprang auf das Moospolster jenseits des Wassergrabens.

»Bleib stehen, Elisabeth!« rief Hans. »Bitte, bitte bleib stehen!«

»Ich *will* in den Sumpf«, rief sie, »ich *will* in den Sumpf, ich *will* in den Sumpf!«

Er sprang ihr nach, aber bevor er sie zu fassen kriegte, war sie über den Graben zurückgesprungen. Drüben ging sie weiter und pfiff den Tango »Jalousie« vor sich hin.

Als er wieder neben ihr war, sagte sie: »Das also ist dein Paradies –«

»Der Weg dahin«, sagte Hans. »Er führt immer tiefer in den Wald, in die Büsche, in die Blumen. Du wirst die Stimmen aller Vögel hören, wenn wir im Gras liegen.«

»Ein Radio höre ich lieber«, sagte das Mädchen. »Ja, ein Auto mit Radio, wie die amerikanischen Offiziere eines haben, ein weinrotes, sollte man haben!«

Warum sagt sie solche Sachen, dachte Hans.

Die Zitronenscheibe schwamm auf dem Tee. Das Häufchen Zucker belud die Scheibe und drückte sie tiefer, bis er zerschmolzen war.

Manja saß gegenüber und sagte etwas von den Nachbarskindern, die an den Stachelbeeren waren, vom Giftprozeß in Worms und den Soldaten in Indochina.

»Die gefleckten Blätter deiner Augen –«

»Was hast du gesagt?«

»Mein Gedicht plagt mich. Es summt im Zimmer umher, und ich kann es nicht einfangen.«

»Warum schreibst du keine Geschichten?« fragte sie. »Geschichten sind dankbarer. Peter sagt, die vom Rundfunk, von den Zeitungen und Zeitschriften, alle wollen sie seine Geschichten haben, und sie bezahlen sie gut.«

»Ich will keine Geschichten schreiben, wie Peter sie schreibt, die so ausgehen, wie er und die Leser es wünschen, Geschichten, die mit einem Kuß, mit einer Hochzeit oder einem Totogewinn enden. Ich will Geschichten schreiben, die keinen Anfang und kein Ende haben, die nicht der Dichter macht, sondern die die Figuren der Geschichte selber machen.«

»Wie können die Figuren selber eine Geschichte machen?«

Er sagte: »Der Dichter lockt seine Figuren in einen Garten. Er dreht hinter ihnen den Schlüssel um und linst durch die Gitterstäbe hinein, wie sie's treiben. Die Wege kreuzen sich, die Wege verlieren sich. Sie führen zu Tempeln, zu Grotten, zu Aussichtstürmen, von denen man bis zum Horizont sehen kann.«

»So wie im Schwetzinger Park, wenn man unter der zerbrochenen Kuppel des Merkurtempels steht.«

»Ja, so etwa. – Die Figuren gehen allein oder in Scharen, wie die Gesellschaften der Reisebüros. Sie sind keine Helden, keine Drükkeberger. Sie sind, wie die Menschen nun einmal sind. Sie sagen sich gute Worte und häßliche Worte, sie sagen mehr banale Worte als vernünftige. Sie küssen einander, sie kratzen einander. Ihre Herzen klopfen, wenn sie dem *einen* begegnen. Sie lernen sich kennen, sie lieben sich, sie decken sich mit Blumen und Sternen zu, und am Morgen frieren sie. Sie sind einsam, auch wenn sie einander in den Armen halten. Finden sie nach langem Suchen ein Loch in der Mauer, schlüpfen sie voll Erwartung hinaus, aber auch draußen ändert sich nichts.«

»Und zuletzt? Wie ergeht es ihnen zuletzt?« fragte Manja.

»Zuletzt? – Die einen setzen sich müde auf eine Bank, und sie merken, wie wohl die Sonne tut. Sie warten auf ihre Kinder, die groß geworden sind und geheiratet haben, aber die Kinder kommen nicht mehr. Die Greise und Witwen kaufen sich ein Hündchen, eine

Katze oder einen Vogel und teilen ihr Brot mit ihnen. Die einen werden reich, die anderen arm, die einen werden weise, und die anderen bleiben dumm. Sie ertrinken im Teich, sie erhängen sich in den Fliederbüschen, und die meisten sterben in den spitzenbesetzten Kissen eines Betts.«

»Sicher gibt es eine verworrene Geschichte«, sagte Manja.

»Wie das Leben«, sagte er.

»Aber dein Tee wird kalt. Und die Torte hast du noch nicht einmal angesehen.«

»Friedo Lampe hat solche Geschichten erzählt«, sagte er.

»Die Johannisbeeren habe ich selbst gepflückt«, sagte sie.

Als der Teller und die Gabel ihrer Hand entfielen, schreckte sie auf. Sie hatte geträumt. Vom Wasser. Wasser bedeutete nichts Gutes. Vor dem Tod ihres Sohnes Martin hatte sie vom Wasser geträumt, vor dem Eisenbahnunglück in Rot-Malsch und vor dem Tod ihres Mannes.

Eben, im Traum, besaß sie ein dunkles, stachelhaariges Hündchen. Sie trug es zum Rhein und warf es weit ins Wasser hinaus. Es plumpste hinein. Eine Zeitlang war es totenstill, dann hörte sie die patschenden Schläge der Pfoten. Das Hündchen kam zu ihren Füßen gekrochen, leckte ihre Schuhe und schüttelte sich, daß die Tropfen aus dem Fell sprühten.

Sie sagte: »Ich habe dich so lieb, aber ich muß dich ertränken. Du hast meinen Mann in das Herz gebissen.« Ja, so sagte sie. »Du hast meinen Mann in das Herz gebissen.«

Damit das Hündchen nicht wiederkäme, knüpfte sie ihm ein Taschentuch um die Schnauze. Es stand da, und das Herz klopfte an seine Brust. Wieder warf sie es in das Wasser weit hinaus. Es plumpste hinein. Es war still danach, für Sekunden, dann kamen wieder die patschenden Schläge durchs Wasser, und unten stieg der kleine Hund mit dem vorgebundenen Taschentuch auf die Ufersteine. Sie lief davon, verlor die Schuhe. Sie trat in die Scherben eines zerbrochenen Tellers. Er atmete näher, lauter, heißer. Er rief ihren Namen: »Käte! Käte! Käte!« Sie fiel um. Das Hündchen sprang über die Schenkel herauf, zerriß das Kleid über ihrer Brust und biß ihr ins Herz.

Ja, ihre Brust tat weh. Das Kleid schnürte. Es war heiß, unerträglich heiß.

Sie stand auf. Als sie sich nach dem Teller und der Gabel bückte, schwindelte ihr. Es ist das Kleid, dachte sie, das schwarze enge Kleid. Morgen werde ich ein helles Kleid anziehen, das blaue mit den Margueriten.

Aber nun rief wirklich jemand ihren Namen.

»Ja?«

Am Zaun des Nachbargartens stand Herr Heckenhauer, winkte und rief herüber.

»Wollen Sie ein Glas haben?«

Weil sie nicht wußte, welches Glas, ging sie über das Bohnenbeet einige Schritte auf den Zaun zu. Herr Heckenhauer hielt eine berußte Scheibe hoch.

Die Pappel stieß ihr Schwert aus Blättern der Sonne ins Mittagsauge. Rund um den Stamm lag der Schattenteller der Krone. Horst stützte das Kinn in die Hände und sah hinunter zum Strom. Schleppkähne, den Rumpf tief im Wasser, zogen vorbei. Sie hatten Baumstämme geladen, Kohle, Kies, rote Ziegelsteine und graue Bimssteine. Die Schrauben durchfurchten das Wasser, und die Wellen zerfransten an der Ufermauer.

Ein Dampfer, der drei Kähne stromauf zog, hieß *Résolut*, und einer, der ihm folgte, hieß *Wesel*. Einer hieß *Orléans* III. und ein hellblauer hieß *Berengaria*.

Ein Spitz saß in der Kajütentür, und eine Frau spannte gestreifte Trikots und lange Unterhosen an die Leine.

Fred und Klaus schwammen dem Ufer zu. Fred war weit voraus. Manchmal blieb er im Wasser stehen, und das Haar lag wie ein Helm um seinen runden Kopf. Klaus tauchte immer wieder, und wenn er hochkam, hielt er den Arm senkrecht aus dem Wasser.

»Er sucht den Schatz der Nibelungen«, sagte Fred.

»Und findet ihn nicht«, sagte Horst.

»Aber du, du findest ihn –«

»Wenn ich suche.«

»Aber du suchst ihn nicht.«

»Er liegt weit von hier. Tief im Rhein, vor den Fundamenten des Wormser Doms.«

»Was kümmert mich der Wormser Dom«, sagte Fred und stocherte mit dem Zeigefinger im Ohr.

Horst wälzte sich auf den Rücken und blinzelte zur Pappel hinauf. Der Wind wandte ihre Blätter, die dunkle Seite nach innen, die silberne nach außen.

»Warum hat Hagen eigentlich den Schatz in den Rhein geschmissen?« fragte Fred.

Horst sagte: »Kriemhild wollte ihn unter die Leute verteilen, eine Gefolgschaft zu gewinnen, aber Hagen durchschaute sie, und in der Nacht, bevor sie ihn verteilen wollte, warf er ihn in den Rhein.«

»So'n Kamel«, sagte Fred. »Was hatte er davon?«

»Er hat sich gerächt«, sagte Horst.

»Rache ist Blutwurst«, sagte Fred und warf sich ins Gras.

Nach einer Weile stellte er den Zeigefinger vor den Mund und flüsterte: »Schau mal da drüben.«

»Was?«

»Ein Liebespaar.«

Unter dem Dach der Büsche hindurch sahen sie auf der Wiese vor dem Wald einen jungen Mann in einer blauen Badehose. Ein Mädchen kam zu ihm aus dem Wald, es trug einen geblümten Badeanzug und schlenkerte eine weiße Gummikappe in der Hand.

»Paß auf, gleich küssen sie sich.«

»Woher weißt du, daß sie sich küssen?«

»Alle Liebespaare küssen sich«, sagte Fred und runzelte die Stirn.

Hans kniete im Gras und strengte sich an, die Nußölflasche aufzuschrauben. Sie kniete neben ihm und sah sein Profil, das braune Haarbüschel vor der Stirn, die breite Nase und das steile Kinn. Jetzt kam seine Zunge zwischen den Lippen hervor.

»Warum streckst du die Zunge heraus?«

»Es geht so schwer«, sagte Hans.

»Komm, laß mich!«

Mit den Fingerspitzen ergriff sie die Kapsel und drehte sie spielerisch auf. Sie lachte, versetzte ihm einen Schubs, daß er hinterrücks ins Gras fiel. Sie goß Öl auf seine Brust, eine bernsteingelbe, durchscheinende Spur.

»Elisabeth –«

»Was?«

»Ich hab dich –«

Sie strich die öligen Hände über seinen Mund und sagte: »Dein Gesicht ist so blaß –.«

»Elisabeth –«

»Jetzt bin ich dran«, sagte sie.

Er stand hinter ihrem Rücken, über den sich die Träger des Badeanzuges kreuzten. Sie nahm die Schultern nach vorn, und ihre

Haut wurde noch straffer. Er rieb das Öl in die Poren, strich die Hände über die kühle Haut hinauf und hinab.

Ein Vogel sang. »Glock« lockte er aus der Krone, immer lauter, immer schmelzender. Er brach ab, und nach einer Pause lockte er wieder, aber die Pause war manchmal so lang, daß man dachte, nun würde er nicht mehr weitersingen, und wenn man es aufgab, hinzuhorchen, begann er von neuem mit seinem »Glock-glock-glock.«

Tiefer im Wald begann ein anderer Vogel. »Styx« lockte er. »Styx-styx-styx.« Wenn die Zweige der Eberesche zitterten, kam ein anderer Vogelruf, das dumpfe »Buh« der Rohrdommel aus den Sümpfen jenseits der Weiden.

»Vor allem meine Beine sollen bräunen, dann spare ich die Strümpfe«, sagte sie.

Hans sagte: »Er singt nach dem Johannistag.«

»Wer?«

»Der Sprosser. – Hörst du ihn nicht?«

»Ich höre viele Vögel.«

»Er fürchtet sich«, sagte Hans.

»Ich fürchte mich auch!« kreischte sie. »Huh, wie ich mich fürchte! Ich fürchte mich vor dem nackten Mann!«

Sie lief den Damm hinauf und rief von oben: »Warum kommst du nicht?«

Vor ihnen, zwischen den Ufermauern, strömte der Rhein. Über den Weiden des flachen jenseitigen Ufers erhob sich der Speyerer Dom, eine rote Faust von Quadern.

Herr Heckenhauer kam über den Zaun gestiegen. Seine Lüsterjacke hing am Pfosten. Das Hündchen stemmte die Vorderpfoten in die Maschen und bellte zu seinem Herrn hinauf. Der sprang in das Bohnenbeet, setzte, ohne einen Busch zu berühren, einen weiten Schritt zur Furche hinüber und gab ihr die Hand.

»Ich wußte gar nicht, daß Sonnenfinsternis ist«, sagte sie.

»Sie lesen wahrscheinlich keine Zeitung«, sagte Herr Heckenhauer.

»Das Diözesanblatt lese ich, in dem stand nichts von einer Sonnenfinsternis.«

Das Hündchen am Zaun winselte, aber Herr Heckenhauer nahm keine Notiz davon.

»Ich lese die Zeitung vom ersten bis zum letzten Blatt. Doch, es ist ganz gut, wenn man unterrichtet ist, was in der Welt vorgeht.«

»Mein Mann war auch immer unterrichtet, was in der Welt vor sich geht. Vor allem im Krieg. Er wußte über die Kämpfe in Rußland besser Bescheid als Martin, der aus Rußland in Urlaub kam.«

»Ein alter Krieger war Ihr Mann. Ein Stratege, ein Feldherr!«

»Ja, er war ein wenig sonderbar.«

Das Hündchen bellte wieder. Herr Heckenhauer griff über den Zaun, um das Hündchen am Genick hochzuheben.

»Bitte, lassen Sie es drüben!«

»Mögen Sie keine Hunde?«

»Nein – oder doch, ich mag Hunde, aber eben –«

Das Hündchen jaulte, als sein Herr vom Zaun wegging.

Herr Heckenhauer sagte: »Böse Träume kommen vom Herzen. Sie sollten sich mehr freuen, dann hätten Sie gute Träume.«

»Freuen? Wie soll ich mich freuen?«

»Ich meine, Freuden lassen sich finden.«

»Ja, mein Garten freut mich. Das Gartenhaus. Jeden Morgen gehe ich jetzt hierher, nehme eine Flasche Milch und eine Dose voll Zucker mit, pflücke einen Teller Erdbeeren und esse sie. Ich jäte das Unkraut, halte ein Mittagsschläfchen auf der Schwelle, träume ein bißchen und gehe wieder nach Hause.«

»Das ist doch kein Leben!« sagte Herr Heckenhauer.

Sie fror ein wenig. Sie merkte, daß die Knöpfe am Halsausschnitt offen waren. Sie hielt die Hand davor.

Herr Heckenhauer sah durch die rußige Scheibe zur Sonne hinauf.

»Jetzt beginnt es!« sagte er. »Hier, nehmen Sie die Scheibe. – Sehen Sie. Der Rand verdunkelt sich schon!«

»Ja, ich sehe es«, sagte sie. »Als wäre ein Stück der Sonne herausgebrochen.«

»Es ist der Schatten des Mondes«, sagte Herr Heckenhauer.

»Wie sonderbar! Ei, wie sonderbar!« rief sie.

Klaus brachte aus dem Wasser ein verkohltes Aststück.

»Laß sehen«, sagte Fred.

Klaus gab es ihm, und er drehte es in den Händen.

Horst sagte: »Es ist ein kleines Krokodil. Es hat Augen, einen Rachen und einen gekrümmten Schwanz.«

»Du hast einen Schwanz«, sagte Fred.

»Du auch«, sagte Klaus.

»Ein Dreck ist das, ein ganz gewöhnlicher Dreck.«

»Dann gib es doch her –«

»Dreck wirft man weg«, sagte Fred und warf das Aststück gelassen über seine Schulter in den Graben.

»Du Schwein, du verfluchtes Schwein!« schrie Klaus.

Fred sprang auf die Füße und tänzelte mit geballten Fäusten hin und her.

»Mann, du willst wohl einen Schwinger, wie?« Und schon stieß er Klaus die Faust ans Kinn. Der taumelte, dann begann er wild um sich zu boxen. Fred fiel ins Gras, aber unten packte er Klaus an den Füßen.

»Hört auf!« schrie Horst. »Hört endlich auf! Ich hol's zurück!«

Und während Klaus und Fred sich keuchend im Gras wälzten, kroch Horst durch die Büsche. Unten im Graben ging er durch die hohen Farne. Er zerteilte ihre Schirme und suchte nach dem Aststück.

Es war, als schiebe sich eine Wolke vor die Sonne, eine dunkle, bleierne Wolke. Das Licht der Sonne verlor seine Kraft, und die Schatten lösten sich auf.

Er war schon weit von Klaus und Fred abgekommen, als er den jungen Mann und das Mädchen sprechen hörte:

»Du bist dumm! – So dumm! – O so dumm!«

»Warum bin ich dumm?«

Sie summte eine Melodie, und er fragte nach einer Weile wieder:

»Warum bin ich dumm?«

»Es wird kalt.«

»Ja.«

»Leg die Decke über mich.«

»Ja.«

»Frierst du auch?«

»Nein.«

»Aber ich friere.«

»Warum bin ich dumm?«

»So ist es schön! – Wenn du frierst, kannst du zu mir unter die Decke kommen.«

»Ich friere nicht.«

»So dumm, so furchtbar dumm.«

»Du sollst endlich damit aufhören oder mir sagen, warum ich dumm bin.«

»Ich sag's aber nicht! Ich sag's aber nicht!«

»Dann läßt du's bleiben!«
»Hast du nicht das Abitur?«
»Ja.«
»Hast du nicht in Griechisch eine Eins?«
»Ja.«
»Und in Deutsch?«
»Was soll der Unsinn?«
»Eine Eins! – Und in Französisch?«
»Eine Zwei.«
»Und in Mathematik?«
»Eine Drei.«
»Und in Religion?«
»Eine Eins.«
»Und im Küssen? Was hast du im Küssen?«
»Hör schon auf!«
»Ich gebe dir eine Fünf!«
»Meinetwegen.«
»Kommst du jetzt?«
»Ich friere nicht.«
»Ich bekomme Gänsehaut. Siehst du?«
»Ja.«
»Ich glaube, die Sonne ist fort.«
»Ja.«
»Wenn man über Gänsehaut streichelt, wird sie wieder glatt.«
»Soll ich darüberstreicheln?«
Sie lachte, und danach lachte auch er.
Horst sah, wie der junge Mann ins Gras tauchte und wie die Hände des Mädchens sein Haar durcheinanderbrachten.

Der Sprosser schwieg. Die Drossel schwieg. Die Rohrdommel schwieg. Das Hündchen kroch in das Gartenhaus jenseits des Zauns. Ein Dampfer schleppte drei Kähne voll Kohle stromauf. Seine Flagge hing wie ein Schlauch, und der Name auf dem geteerten Rumpf war *Messoco*. Die Herren auf der Sternwarte drückten die Augen an die Okulare, und die Filmkameras surrten.

Die schwarze Frau und der Junggeselle sahen durch die berußte Scheibe zur Sonne hinauf. Sie sagte: »Überall stehen die an den Fenstern.«

Er sagte: »Sie sollen ruhig.«

»Sie werden über uns reden.«

»Von mir aus. – Wollen Sie nochmals durchsehen?«
»Gern – oh, man bekommt ja Angst!«
»Aber wer wird denn Angst haben.«
»Wird sie nun ganz schwarz?«
»Nur halb.«
»Und was geschieht, wenn sie ganz schwarz wird?«
»Dann wird es finster auf der Erde.«
»Es soll nicht finster werden!«
»Jetzt sieht die Sonne wie eine Banane aus!«
»Bananen esse ich gern. Aber sie sind so teuer. Im Herbst werden sie wieder billig.«
»Was reden Sie vom Herbst! Jetzt ist doch Sommer. Wunderbarer Sommer. Und im Leben auch!«
»Meinen Sie?« fragte die Witwe.

Der Dichter sagte: »Es ist, als gäbe der kalte Mond der Sonne einen Kuß, als flögen schwarze Vögel der Angst zwischen unserer Erde und der Sonne, als sei Krieg auf der Sonne, als wäre sie von Blut überschwemmt.«
»Was du immer in die Dinge hineinlegst!« sagte Manja.
Und nach einer Minute schon war die Sonne wieder vollkommen, hell und rund. Der Sprosser lockte »Glock-glock-glock«, die Drossel rief »Styx-styx-styx«, und die Rohrdommel tönte ihr »Buh«. Das Hündchen trottete aus dem Gartenhaus, stemmte die Pfoten in den Zaun und kläffte zu seinem Herrn hinüber.
Der Fluß glänzte, und die Flaggen entfalteten ihre Farben: weiß-blau-gelb-rot-orange. Klaus sprang ins Wasser, und Fred sprang hinter ihm her. Horst lag unter den Farnen, gescheckt wie Pan vom Sonnenlicht und Blätterschatten. Er hörte das Mädchen hinter den Gräsern lachen. Die Frau im schwarzen Kleid gab dem Junggesellen die heiße Scheibe zurück und sagte: »Was wären wir ohne Sonne–« Der Dichter fand einen schöneren Vers. Manja schnitt eine Gladiole und trug sie ins Haus.

Im Alter der süßen Seufzer

Die beiden Mädchen saßen auf der Steinbrücke, die alle Fremden fotografierten, mit den schwarzweißen Fachwerkgiebeln und den bewaldeten Bergen im Hintergrund.

Aber nun war es Abend geworden. Der Mond schwamm durch die Wolken, die Laternen brannten. Mond- und Laternenlicht fiel in den Bach, doch das rasch fließende, schwarze Wasser verquirlte den silbernen Schein.

Auf dem Steingeländer gegenüber saßen eng zusammengerückt mehrere Jungen. Die glühenden Punkte ihrer Zigaretten schwebten wie Leuchtkäfer auf und ab vor den dunklen Gesichtern.

Ein Junge mit einer kehligen Stimme brachte, mit Witzen sicher, die anderen immer wieder zum Lachen.

»Komm, wir gehen hier weg«, sagte Ingrid.

»Aber warum? Die stören mich nicht im geringsten«, sagte Lisa.

»Ob sie auch dabei sind?«

»Wer?«

»Wer – du stellst Fragen!«

Der Doktor, der jeden Abend mit seinem Hund spazieren ging, kam über die Brücke. Er trug den weißen Leinenanzug, hatte die Arme auf dem Rücken verschränkt, ging vornübergebeugt, und das Laternenlicht blitzte in den Brillengläsern. Der Hund schnupperte entlang der Brüstung, nahe vor den Mädchen blieb er stehen, hob den Kopf, als wolle er sie anbellen.

»Hau ab, du Köter!« sagte Lisa.

»Baldur, komm her!« rief der Doktor.

»Geh schon, dein Herrchen ruft!«

Der Hund kroch hinüber mit eingezogenem Schwanz, und als der Doktor weiterschritt, kläffte er nebenher.

Ingrid kicherte: »Der Doktor Wehner –«

»Kennst du ihn?«

»Ja. Im vorigen Sommer hat er mich behandelt. Im Flur, im Sprechzimmer, in der ganzen Wohnung, überall roch es nach diesem Baldur.«

»Hat er keine Frau?«

»Nein.«

»Warst du krank?«

»Ich hatte zu viele Erdbeeren gegessen. Überall hatte ich rote

Flecken, an den Beinen, den Armen, im Gesicht; die juckten, als wäre ich in Brennesseln gefallen.«

»Meine Haut fängt auch schon an zu jucken!«

Der Junge drüben sagte: »Ihr juckt das Fell«, und die anderen Jungen schütteten ein Lachen hinterher, daß die Mädchen erschreckt vom Geländer hüpften. Sie nahmen sich an den Händen und spazierten über die Brücke auf den Platz unter den alten Lindenbäumen.

»Haben sie uns zugehört?«

»Klar. Hast du nicht verstanden, was der Dreckspatz gesagt hat?«

»Was hat er gesagt?«

»Ach, laß –«

»Hoffentlich laufen sie uns nicht nach.«

»Sie sollen ruhig!«

In die Kronen der Lindenbäume waren elektrische Birnen gehängt. Lichter und Blätterschatten sprenkelten die Kieswege und die Spaziergänger, die vorüberkamen. Am Ende des Platzes, hinter Efeuspalieren, standen weiße Tische und weiße Stühle. Leute in Sonntagskleidern saßen da, und zwei Servierfräulein gingen unter ihnen umher mit Tabletts voller Bierbecher und Weinpokale, die aneinanderklirrten. Im Tanzsaal waren die Fenster geöffnet, und die Mädchen hörten das Klavier, die Geigen, eine Trompete und die Pauke.

»Erkennst du, was sie spielen?« fragte Ingrid.

»Ich schätze, es ist ein Tango. Dadi, dadadi-dadi«, summte Lisa.

»Ich müßte mich sehr irren, wenn das nicht ein Tango ist.«

Sie standen hinter den Efeuspalieren, streckten die Hälse und sahen oben die Paare unter Lampions und Girlanden.

»Sieh mal einer an!«

Werner stand hinter ihnen, Rudi auch, zwei Schritte zurück und zupfte an seiner karierten Krawatte.

»Geht ihr nicht rein?«

»Wir wissen noch nicht«, sagte Lisa.

»Wir wissen's auch nicht«, sagte Werner.

»Und du, Rudi?«

Alle drei sahen ihn an. Er senkte den Kopf – eine Locke fiel ihm vor die Stirn – und sagte: »Ich weiß auch nicht.«

Oben im Tanzsaal war die Musik verstummt. Die Paare gingen an den Fenstern vorbei zu ihren Plätzen. Zwei Mädchen lehnten sich über das Sims und fächelten mit den Taschentüchern die kühle Luft vor die Stirnen.

»Wir könnten ja ein wenig spazierengehen«, sagte Werner. »Kommt ihr mit?«

»Ja!« Lisa gab rasch die Antwort.

»Und wohin?«

»Ja, wohin –«

»Gehen wir halt so«, sagte Werner. Ingrid war an seiner rechten Seite, er faßte sie am Ellbogen, also ging sie neben ihm, und Rudi und Lisa gingen hinter ihnen her.

Werner sagte: »Aber vielleicht wärst du doch lieber tanzen gegangen –«

»Nein, nein – du?«

»Mir ist's egal, wie ich den Abend verbringe«, sagte Werner. Er ging ein wenig zu schnell. Sie waren Rudi und Lisa mindestens zehn Schritte voraus.

»Was schaust du dich immer um? Wärst du lieber mit Rudi gegangen?«

»Nein, nein –«

Sie hörten Lisa lachen.

»Ja, die ist immer lustig«, sagte Werner.

»Du doch auch!«

»'s gibt genug Trauriges auf der Welt. Meinst du nicht?«

Der Weg schlängelte sich durch Wiesen. Gras, das geschnitten auf dem Rasen lag, duftete, und vom Bach wehte, wie kalter Atem der Fische, ein milchiger Dunst, der sich zu weißen Nebelkissen braute.

»Frierst du?«

»Nein.«

»Wenn du frierst, leg ich den Arm um dich.«

»Nein, ich friere kein bißchen«, sagte sie und wich zur Seite.

»Du bist eine ganz Spröde. Ich wette, Rudi hat deine Freundin schon längst im Arm.«

»Wollen wir nicht warten?«

»Du hast wohl Angst?«

»O ja. Und du?«

»Angst? Ich geh' um Mitternacht über den Friedhof, wenn's sein muß.«

»Da bringen mich keine zehn Pferde rüber –«

»Und Lisa?«

»Die hat auch keine Angst. – Magst du Lisa?«
»Soll ich sie nicht mögen?«
»Seit der Schule sind wir Freundinnen«, redete sie fort.
»Ich kenn den Rudi auch schon ’ne ganze Weile. Auf der Gewerbeschule haben wir zusammen in der gleichen Mannschaft gespielt.«
»War er gut?«
»Wer?«
»Der Rudi!«
»Ach so, ja, er war ganz gut. Ich war der Mittelstürmer. Verstehst du was von Fußball?«
»Nicht viel.«
»Das dachte ich mir –«
»Und was spielte Rudi?«
»Mal Mittelstürmer, mal in der Verteidigung –«
»Still, kommen sie nicht dort?«
Schuhe knirschten im Kies. Aber der Doktor Wehner kam, und weit drüben keuchte sein Hund über den Rasen.
»Der kurvt die halbe Nacht durch die Gegend. Kann wohl nicht schlafen so allein.«
»Psst!«
Sie waren stehen geblieben. Der Doktor ging nahe an ihnen vorüber mit weiten Schritten, und seine Brillengläser starrten sie an.
»Wir könnten uns auf die Bank setzen. Magst du?«
»Ja, vielleicht kommen sie hier vorbei.«
Werner war schon zur Bank gegangen: »Sie ist patschnaß!« rief er herüber.
»Wir können die Taschentücher darauf legen –«
»Warte, ich ziehe die Jacke aus.«
Dunkel und weich lag die Jacke auf den Brettern.
»Sie wird verkrumpeln, und deine Mama schimpft dich aus, wenn du heimkommst.«
»Die schimpft auch so.«
Steif saß er neben ihr. Sein Haar roch nach Fliederöl.
»Hast du was dagegen, wenn ich eine Zigarette anstecke?«
»Nein, nein –«
Das Streichholz zischte, und die Flamme bog sich im Wind. Der erste Rauch wehte herüber, und Werner sagte mit einer heiseren Stimme: »Bist du immer so schweigsam?«
»Ich hab doch dauernd geredet.«

»Lisa redet mehr.«
»Wie ein Wasserfall redet sie. Hast du das gern?«
»Ja, ich hab ganz gern, wenn ein Mädchen nicht auf den Mund gefallen ist.«
»Wie Lisa –«
»Lisa mag jeder gern.«
»Dich doch auch!«
»Aber du nicht.«
»Warum soll ich dich nicht mögen?«
»Du wärst lieber mit Rudi gegangen – stimmt's?«
Über Werners Kopf sah sie weit hinten die elektrischen Birnen aus den Lindenkronen blinzeln. Vier Birnen blitzten wie zwei Augen, wie Nase und Mund aus dem dunklen Baumgesicht; ein Gesicht, das lachte oder weinte mit tränenverschwommenen Augen. Die Musik war wieder zu hören, der Tango, den Lisa gesummt hatte.
»Warum sagst du nichts?« fragte Werner.
»Was soll ich sagen –«
»Ich habe dich gefragt, ob du – nein, laß!«
Werner zerdrückte die Glut unter dem Schuh.
»Jetzt hätte ich Lust zu tanzen«, sagte Ingrid.
»Auf einmal?«
»Ja«, sagte sie und war aufgestanden.
»Und warum so plötzlich?«
»Wenn ich's wüßte –«
Die Stühle hinter den Efeuspalieren waren jetzt leer. Auf den Tischen standen leere Gläser und leere Flaschen. Eine Flasche war umgefallen, und eine Lache Rotwein war über die Tischplatte geschüttet.
Ingrid sagte: »Willst du nicht zuerst nachsehen, ob sie oben sind?«
»Wenn du meinst –«
Ingrid wartete. Ein Windstoß fuhr in die Linden und plusterte die Blätter. Eine Schar von Jungen kam aus dem Gasthaus. Sie hatten sich untergehakt, torkelten die Treppe herab, auf sie zu, und einer sagte: »Ist das nicht die, der das Fell juckt?«
Ingrid lief weg, lief vor ihrem Gegröle über den Platz, der Brücke zu. Beinahe hätte sie Lisa übersehen, die nicht weit von der Laterne auf dem Geländer saß, an ihrem alten Sonntagsplatz.
»Was läufst du so?« fragte sie.
»Diese Bengel, die –«

»Angsthase! Und wo ist Werner?«

»Im Gasthaus, euch suchen –«

»Da kann er auch seinen Freund Rudi treffen –«

»Habt ihr euch gezankt?«

»Nein. Zu langweilig ist er mir, dein Rudi.«

»*Mein* Rudi?«

»Immerfort hat er von dir geredet.«

»Und Werner hat von dir geredet.«

»Ja, hat er das?«

Dann schwiegen sie eine Weile. Die Birnen in den Lindenkronen verlöschten. Die Wolken am Himmel hatten sich vor dem Mond zu einem Feld zusammengeschoben.

»Ach, ach«, seufzten die Mädchen.

Auf dem Rummelplatz

Wir wohnten vor der Stadt, in einem Mietshaus, an dessen Brandmauer eine Coca-Cola-Reklame gemalt war. Zwischen den Häusern lagen Schutthalden und Baggergruben, von Holunder, Brennesseln und Brombeeren überwuchert. Außer mir wohnten noch zwei Jungen im Haus, aber die Annäherung war schwer; sie gingen in die Lehre, ich ins Gymnasium. Sie kamen mir glücklicher vor. Wenn ich im Zimmer über den Mathematikaufgaben saß, balgten sie sich unten auf dem Trottoir, kurvten mit den Fahrrädern und pfiffen den Mädchen nach. »Gehst du mit zum Rummelplatz?« fragte mich Kurt im Flur, als ich von der Schule heimkam. Das war eine Gelegenheit. Ich sagte ja und setzte mich neben ihn auf die Treppe. »Jochen kommt auch mit.« Kurt war größer als Jochen und ich. »Aber wir gehen erst am Abend hin, wenn die Lichter brennen und die Mädchen herumstreunen –«

Vater hatte kein Verständnis für meinen Wunsch, Mutter noch weniger. »Nun waren doch erst Ferien«, sagte sie. »War es denn in den Ferien nicht schön?« Wir waren in Österreich gewesen, am Klopeiner See. An anderen Seen sei es teurer, sagten die Frauen, mit denen sich Mutter unterhielt. Das Essen war gut, und wenn die Sonne schien, ruderten wir mit einem Mietboot hinaus. »So ein Rummel ist doch immer das gleiche«, sagte Vater. »Das Zuckerzeug verdirbt den Magen, und zum Karussellfahren bist du schließlich schon viel zu erwachsen.«

Unsere Zimmer waren hoch und düster tapeziert. Vater gähnte, blätterte trotzdem Blatt um Blatt der Zeitung um. Mutter zog einen Ärmel, den sie am Abend zuvor gestrickt hatte, wieder auf. »Was liest du?« fragte Vater hinter der Zeitung. »Im Geschichtsbuch.« Er sagte: »Das ist lobenswert – wo seid ihr jetzt?« »Wir fangen mit römischer Geschichte an.« Er sagte: »In römischer Geschichte war ich immer besonders gut – sieben, fünf, drei – Rom schlüpft aus dem Ei! Drei, drei, drei – Issusbalgerei!«

Die Schlacht bei Issus gehört zur griechischen Geschichte, aber ich sagte gute Nacht und ging in mein Zimmer. Kurt und Jochen winkten von unten herauf. Ich schlich hinunter, mit Herzklopfen, holte das Fahrrad aus dem Keller und fuhr hinter den beiden her. Es herrschte Gegenwind, Ostwind mit eiskalten, nadelspitzen Tropfen, die das Gesicht und die Hände zuerst steif, dann glühend machten – aber ich nahm mich zusammen.

Über dem Fluß, am jenseitigen Ufer, war der Rummelplatz aufgebaut, eine Stadt von Lärm, Musik, Lichtern, die sich im schwarzen Wasser spiegelten: die schwankenden Ketten elektrischer Birnen, der birnenbesetzte Zickzack der Budendächer. Am Ende der Budengasse drehte ein Karussell die zähnebleckenden, weißlackierten Lippizaner mit leeren Sätteln. Der Besitzer stand neben der Orgel und sah uns an. »Das Sauwetter verdirbt ihm das ganze Geschäft«, sagte Kurt.

Die Eisverkäufer lehnten sich mit verschränkten Armen über die Messingtheken. Die Zebraräder liefen, aber nur ein einziges Mädchen stand vor der Theke und ließ sich die Waffel vollschaben. »Schmeckt's?« fragte Kurt. Das Mädchen leckte an seinem Eis und setzte sich, ohne umzuschauen, die Budengasse hinab in Bewegung. Einer der Eisverkäufer rief herüber: »Wenn die Herren noch ein Eis wollen – wir schließen gleich!«

Bei den Artisten blieben wir stehen. Sie hatten Stühle übereinandergestellt. Oben turnten ein Junge im Trikot und ein Mädchen im Gazeröckchen. Das Mädchen baute einen Handstand auf der schrägen Lehne, spreizte die Beine, die blaurot vor Kälte waren. Der Junge faßte ihre Sohlen und stulpte seinen Handstand darüber. Als ein paar Leute klatschten, nahm er die rechte Hand weg und streckte sie hoch in die Nacht. Alle klatschten. Gewandt sprangen beide herab, verbeugten sich und warfen Handküsse umher. Jochen wollte Ringe werfen, um eine Armbanduhr zu gewinnen. Die Frau, die ihm die Ringe gab, sagte zu Kurt und mir: »Und die Herren haben keinen Schneid?« Wir gaben keine Antwort, und sie starrte wieder auf ihre Vasen, Aschenbecher, Zelluloidpuppen, Teddybären und Weckeruhren. Einen Ring warf Jochen ins Ziel. Er nahm nochmals drei, doch alle fielen daneben.

Kurt sagte: »Los, wir gehen zu den Rennwagen, sonst haben die zu.« Erwachsene: 1 Mark – Kinder: 50 Pfennige, war auf ein rotes Pappschild über die Kasse geschrieben. Kurt legte 50 Pfennige auf den Zahlteller, aber die Kassiererin sagte: »Nein, ihr seid keine Kinder mehr!« »Wer sagt das?« erwiderte Kurt. »Ihr seid große Bengels, und sicher hat schon jeder ein Mädchen.« »Seien Sie froh, daß überhaupt jemand fährt bei dem Mistwetter.« »Wenn ihr Streit anfangen wollt, lasse ich die Polizei rufen!« sagte die Kassiererin. »Gib ihr schon eine Mark«, sagte Jochen. »Ihr Freund ist vernünftiger als Sie«, sagte die Kassiererin.

Es war großartig, in einem Auto zu sitzen, das Lenkrad zu drehen und die Geschwindigkeit mit dem Pedal zu steigern. Kurt überholte alle Autos, weil er die Kurven schnitt. Er rief zu uns herüber, wenn er vorbeifuhr, aber der Lautsprecher überschrie, was er rief. Ich war gerade richtig im Zug, hatte Kurt fast eingeholt, als ein Junge auf das Trittbrett sprang, die Gangschaltung ergriff und den Wagen stoppte. »Was ist jetzt los?« »Die Tour ist um«, sagte der Junge und schwang sich auf die anderen Wagen, sie gleichfalls zum Stehen zu bringen. »Mann, machen die kurze Touren!« sagte Jochen.

Als wir durch das Drehkreuz aus der Rennbahn herauskamen, standen drei Mädchen da. Kurt sagte: »Wie wär's, wenn wir die aufs Korn nähmen? Genau die richtige Anzahl.« Er steckte die Hände in die Gesäßtaschen, winkelte die Ellbogen an und steuerte auf die Mädchen zu. Das Mädchen rechts, das größte, üppigste, ließ sich gleich in ein Gespräch ein. Jochen machte Kurt alles nach und ging dem linken Mädchen entgegen, also blieb das in der Mitte für mich übrig.

Sicher hätte ich sie sonst übersehen, unscheinbar wie sie war. Um ihren Hals hing eine Jahrmarktskette aus rosaroten Glasperlen, an denen sie zupfte. Ich sagte: »Auch auf dem Rummel?« Kurt und Jochen waren mit den andern Mädchen weggegangen, also mußte ich die Unterhaltung allein bestreiten. »Deine Freunde haben dich im Stich gelassen!« sagte das Mädchen. »Deine Freundinnen dich auch.« »Ich kann auch allein spazieren«, sagte sie und zupfte an der Kette. Es gab lange Pausen in unserer Unterhaltung. Da kam mir glücklicherweise die Idee von der Geisterbahn.

Ich kaufte zwei Karten und wir stiegen in den Wagen, der aus einem rotbeleuchteten Tunnel gerollt kam. Der Sitz war ein kurzes Holzbrett, auf dem wir eng zusammenrücken mußten. Als eine Frau die Karten gerissen hatte, ruckte der Wagen an, schlüpfte in den gegenüberliegenden Tunnel, wackelte über holprige Geleise, über noch holprigere Weichen, wurde nach rechts und links gedreht, rammte gegen Attrappen, die mit Getöse umklappten, fuhr in eine giftgrün angestrahlte Höhle, wo klebrige Spinnweben über unsere Gesichter streiften, rollte einem zappelnden Totengerippe entgegen, vorbei an knorrigen Weiden, aus deren ausgehöhlten Stämmen die Augen von Eulen und Fledermäusen funkelten.

Weil wir so ruhig saßen, hörten wir hinter den Wänden das Gekreisch der andern. Ich hatte nicht viel Spaß dabei, und dann saß das Mädchen daneben und wartete auf eine lustige Unterhaltung. Oder wollte sie umarmt, geknutscht werden? »Wie heißt du?« fragte ich. »Ist doch egal!« Ich sagte meinen Namen, aber sie behielt ihren Namen lieber für sich. »Ist mir gleich, wenn du ihn nicht sagen willst!« trumpfte ich auf. Das beste der Geisterbahnfahrt war, daß sie nicht lange dauerte. Der Wagen rollte aus dem Tunnel, und weil andere neben dem Geleis warteten, mußten wir rasch aussteigen. Dann standen wir eine Zeitlang oben am Ende des Rummelplatzes. Eine Böschung fiel zum Fluß hinab; unten, in seinem ziehenden Wasser, spiegelten sich die Straßenlampen und Neonschriften der Uferstraße drüben.

»Vielleicht sind die anderen da unten?« »Warum sollen sie da unten sein?« fragte das Mädchen. Immer wieder machte sie meinen Mut kaputt, das blöde Ding. Nach einigem Hin und Her ging sie aber dann doch mit hinab. Ich hielt sie an der Hand. Unten stand ein Schuppen, und ich drückte sie, wie ich es bei älteren Jungen gesehen hatte, an die Wand – nein, es hätte ein anderes Mädchen sein sollen, kein x-beliebiges.

Ich freute mich richtig, als wir Kurt und Jochen mit ihren Mädchen wieder trafen. Kurt sagte: »Ihr habt euch hoffentlich genauso gut vertragen wie wir?« »Wir sind Geisterbahn gefahren«, sagte ich. »Wir auch«, sagte Kurt. »Dreimal, und die Edith hier konnte trotzdem nicht genug kriegen. Oder war's viermal?« »Angeber«, sagte sie und zog die Hand aus seinem Ellbogen.

Edith war es auch, die Karussellfahrten kindisch fand. Kurt sagte: »Gut, dann läßt du's eben bleiben. Wir können auch ohne euch Gänse auskommen!« Und zu uns sagte er: »Kommt!« Er hievte sich auf das eben auslaufende Karussell, wir sprangen ihm nach und kletterten auf die Pferde. Während der Karussellbesitzer das Geld kassierte, sagte er: »Ihr kriegt eine Sondertour, dreimal so lang.«

Das Karussell begann sich zu drehen, immer schneller. Die Orgel quietschte, und der hölzerne Dirigent vor den silbernen Pfeifen ruckte die Arme auf und ab, daß die Gelenke knackten. Die Mädchen standen unten, doch je schneller das Karussell sich drehte, desto undeutlicher verschwammen ihre Gesichter, verschwammen unter anderen Gesichtern, die heraufstarrten, herauflachten, verschwammen unter den Lampen der Buden und den Spiegeln der Pfützen.

Wir schrien hüh und hott, wir klopften mit den Steigbügeln die Flanken der Holzpferde, wir fuchtelten mit den Händen, als schwängen wir Peitsche und Lasso. Wir johlten, wir waren wie Kinder – nein, es war doch nicht mehr so.

Fondue oder Der Freitisch

Der Tisch stand auf einem rotbraunen Perserteppich, barocke Nußbaumfüße von einer weißen Batistdecke überhangen, in der noch die Schrankfalten zu sehen waren. Vier tiefe und vier flache Teller, von Löffeln und Gabeln umlegt, geschliffene Gläser in Tulpenform. Marga sah das Sofa voller Kissen, die Standuhr mit hin- und herschwingendem Sonnenperpendikel, den schrägen, blendenden Lichtbalken, der durch die offene Schiebetür eines helleren Zimmers fiel.

Herr Sutor drehte sich im Ledersessel und sah sie stehen. Er stand auf, ging die wenigen Schritte zu ihr hin, gab ihr die Hand, und sie knickste dabei.

»Sie sind sicher die Studentin, die heute unser Gast ist?« sagte Herr Sutor.

»Ja.«

»Das ist schön. Hoffentlich gibt es auch was Gutes. – Aber, wo steckt denn meine Frau?«

»Sie hat mich in das Zimmer gebracht und hier –«

»Charlotte!« rief Herr Sutor. »Charlotte! – Kommen Sie«, sagte er zu Marga, »setzen Sie sich ein wenig zu mir.« Er berührte sie leicht am Ellbogen, rückte den Sessel und blieb hinter ihr stehen, bis sie sich gesetzt hatte.

»Aber, warum nehmt ihr da drüben Platz?« rief Frau Sutor, als sie eintrat.

»Wenn du dich um unseren Gast nicht kümmerst, ihn einfach ins Zimmer stellst und verschwindest –«

»Verschwindest – ich habe zu tun. Berta ist noch nicht so perfekt, daß ich sie allein lassen kann. Und schließlich gibt es Fondue.«

»Fondue? Gut, dann verzeihe ich alles. Fondue, das ist großartig! – Mögen Sie auch Fondue?« sagte er und beugte sich ein wenig zu Marga hinab.

»Wo bleibt nur Oskar?« Frau Sutor ging aus dem Zimmer. Im Flur draußen klatschte sie in die Hände und rief: »Oskar! Oskar!«

»Mögen Sie auch Fondue?« fragte Herr Sutor wieder.

»Ich kenne es nicht.«

Oskar hatte kleine Augen, Bürstenhaar, er trug ein weißes Hemd, eine schwarze Hose, die Hände in den Taschen. Frau Sutor sagte: »Das ist Fräulein – wie war doch der Name?«

»Leibold.«

»– Fräulein Leibold, die wir diesmal zum Freitisch haben.«

Oskar zog die rechte Hand aus der Tasche und ging zu Marga hin, die gerade aufstand.

Er sah, sie war nicht sein Typ. Der Kopf war etwas zu groß, und die Nase – die Mädchen im Club trugen flottere Sachen.

»Warum ziehst du keinen Rock zum Essen an?« fragte Herr Sutor. »Habe ich es nicht schon tausendmal gesagt, daß ich es wenigstens am Sonntag haben will!«

»Ich fühle mich wohler so, Papa. Und das Essen schmeckt mir deshalb genauso gut – zudem gibt es Fondue.«

»Reden Sie auch so mit Ihrem Papa, Fräulein – wie war der Name?«

»Leibold.«

»– Fräulein Leibold?«

Marga wollte sagen, wie das mit ihrem Vater damals war, doch Herr Sutor fiel rasch in ihre Gedanken: »Bestimmt nicht! Wenn ich meinem Vater eine solche Antwort gegeben hätte, wäre ich rausgeflogen und hätte bis Montag in meinem Zimmer gefastet.«

»Davon sieht man dir heute nichts mehr an, Papa!«

Frau Sutor klatschte in die Hände, was Herrn Sutor fast erschreckte; er zog die Hand, die Oskar ohrfeigen wollte, zurück.

»Dein Glück«, sagte er. Oskar grinste. Herr Sutor schmunzelte.

Sie setzten sich, das Mädchen kam ins Zimmer und stellte die Suppenschüssel in die Tischmitte. Frau Sutor schöpfte aus, eine Tomatensuppe mit gebräunten Zwiebelringen.

»Warum ist es nur so dunkel bei uns?« sagte Herr Sutor.

»Ich mag das so«, sagte Frau Sutor.

»Aber ich nicht! Berta, zieh bitte die Vorhänge auf!«

Das Mädchen schob die Gardinen zur Seite. Stores hingen vor den Scheiben. Das Licht des Himmels über leeren Baumkronen erhellte das Zimmer.

»Jetzt sehe ich doch wenigstens die Suppe im Teller«, sagte Herr Sutor.

»Ich esse nicht viel, sonst schaffe ich das Fondue nicht«, sagte Oskar.

»Guten Appetit!« Frau Sutor lächelte zu Marga hinüber, die den Löffel in die Suppe tauchte.

Alle schwiegen, bis Frau Sutor nach Berta rief. Schon beim ersten Ruf stand Berta auf der Schwelle.

»Räumen Sie die Teller fort und bringen Sie das Fondue!« Sie hielt ihren Teller, der noch halb gefüllt war, Berta entgegen.

Auch Marga hatte noch Suppe im Teller; alle sahen zu ihr herüber, sie hörte auf zu essen, und das Mädchen nahm den Teller weg.

Das Fondue wurde in einer Tonpfanne serviert, auf einem silbernen Öfchen mit blauen Spiritusflammen. Frau Sutor überschüttete die flachen Teller mit Brotwürfeln, die – wie sie erklärte – mit der Gabel aufgespießt, in das Fondue getunkt, gedreht und rasch zum Mund geführt werden mußten.

»Sie kennen nicht Fondue?« fragte Herr Sutor.

»Nein, ich kenne es nicht.«

»Es ist eine Schweizer Spezialität. Meine Frau hat sie aus Zürich mitgebracht.«

»Das hast du ganz prima hingekriegt, Mama!«

»Schmeckt es Ihnen, Fräulein –?«

Marga hatte den ersten Würfel im Mund. Das Fondue war heiß, klebrig, der Geruch heißen Weins durchsäuerte den Käse, Fäden spannten sich vom Topf zur Gabel.

»Franzosen und Amerikaner fliegen am Sonntagmittag in die Schweiz, um Fondue zu essen«, sagte Herr Sutor. »Das haben wir nicht nötig. Wir haben das Fondue auf dem Tisch. Schmeckt es nicht großartig?«

»Danke, ja.«

»Aber Sie müssen sich dranhalten? So etwas bekommen Sie nicht alle Tage. Mit jedem Bissen wird das Fondue besser. Das Beste kommt ganz zuletzt. Sehen Sie, der Oskar weiß das, der kratzt bereits das Dicke vom Topfboden!«

»Prima, Mama, hast du es hingekriegt!«

»Ich bekomme es immer hin. Ich nehme die besten Zutaten. Schmeckt es Ihnen nicht?«

»Danke, es ist etwas sehr Feines.«

»Ranhalten, immer ranhalten!« sagte Herr Sutor.

Das Mädchen goß Wein in die Gläser und ging hinaus.

»Und was ißt Berta?« fragte Herr Sutor.

»Berta? – Die Suppe, und Eier soll sie sich backen, meinetwegen mit Schinken.«

»Prima, ganz prima, Mama!«

»Sie hören ja schon auf! Und haben noch so viele Würfel im Teller!« sagte Herr Sutor.

»Ich bin keine große Esserin, die Portionen in der Mensa sind klein –«

»Ja, Fondue sättigt«, sagte Frau Sutor. »Es sind die besten Käsesorten, teuerster Genever.«

»Prost! Allerseits Prost!« Herr Sutor hob sein Glas und sah Marga an, die froh war, trinken zu können. Der kühle Wein tat gut und nahm ihr die Übelkeit für Sekunden.

Oskar hatte die Pfanne auf seinen Teller gesetzt und drehte darin die letzten Brotwürfel.

»Prima, ganz prima!«

»Wenn er in allem so tüchtig wäre wie im Essen –«, sagte Herr Sutor. »Aber hat es auch Ihnen geschmeckt?«

»Danke, es war ausgezeichnet. – Darf ich mich jetzt verabschieden?«

Wäre die Übelkeit nicht gewesen, sie hätte nicht den Mut gefunden, so unvermittelt aufzustehen.

Marga reichte Frau Sutor, Herrn Sutor, der sich dabei erhob und die Serviette zerknüllte, zuletzt Oskar die Hand.

»Das ist nicht nett, daß Sie uns so schnell verlassen«, sagte Herr Sutor.

»Es war schön bei Ihnen«, sagte Marga, und es fiel ihr nicht schwer zu lächeln.

Draußen im Flur half ihr Herr Sutor in den Mantel. Die Handschuhe fielen zu Boden, sie bückte sich danach, und dabei hörte sie Oskar im Zimmer sagen: »Hoffentlich kommt nächsten Sonntag nicht wieder so 'ne Ziege!«

»Psst«, zischte die Mama.

»Beehren Sie uns wieder einmal«, sagte Herr Sutor.

Sie selber öffnete die Tür.

»Einen schönen Sonntag wünsch ich noch!« rief er nach.

Auf dem Gartenweg hielt sie die Hand vor den Mund und atmete tief durch die Nase die februarkalte Luft.

Casa Marina

Herr Jecklin hatte das Haus mit der gesamten Einrichtung gemietet. Unter den Möbeln waren schöne Biedermeierstücke. Auch der Gärtner und die Köchin, die im Bedienstetenhaus wohnten, blieben. Nun hatte nur Jennie noch zu kommen.

Die Köchin erwies sich als Perle. Sie war weder zu sehen noch zu hören, aber der Frühstückstisch war zur Sekunde auf der Terrasse gedeckt: Obstsäfte, bittere Orangenmarmelade, wachsweiche Eier unter Wollmützen und Kaffee – italienische Schwärze von schweizerischer Creme durchwölkt. Genauso, wie er's wünschte.

Der Gärtner, Signore Bonalumi, war um so häufiger sichtbar. Drei Tage schnitt er die Hecken zu beiden Seiten der Einfahrt. Am vierten Tag strich er die Stützen der Rosenbäume im Rondell mit Karbolineum und am fünften Tag setzte er großblättrige Pflanzen in das geharkte Beet unter der Terrasse: »Schenken Sie ihm ab und zu eine Zigarre, eine richtige«, hatte Mister Dexter vor der Abreise gesagt.

Jennie war überwältigt. Sie stand früh auf, lief im Bademantel zum See. Kühl, mit tropfendem Haar und noch nassen Schultern, kam sie zurück – in sein Zimmer. »Nur das Tennisfeld liegt noch total verrottet«, klagte sie. »Wenn du spielen willst, soll Bonalumi es herrichten.« »Gern, gern will ich spielen!« sagte Jennie. »Ich hätte auch mal wieder Lust.« Früher, auf der Universität, war er nicht gerade ein Versager gewesen im Tennis. Aus ihrem Club war ein Champion hervorgegangen, dessen Namen man dreißig Jahre lang in der Sportpresse lesen konnte: Teddy Barnfield. Vor dem Krieg hatte er ihn zufällig in einem Hotel in Chiavenna getroffen, aber er war damals kein As mehr – des Alters wegen.

Der Gärtner nahm seine zweite Zigarre in Empfang. Schon am Nachmittag schob er die verfilzten Blätter vom Tennisfeld. Der ziegelrote Boden kam zum Vorschein, doch er war schlüpfrig, von einer schimmelgrünen Schicht überzogen. »Pazienza, Signore – ich bringe ihn schon hin«, sagte Bonalumi. »Sie rauchen doch meine Sorte ganz gern, nicht wahr?« »Grazie, Signore Jecklin! – Mister Dexter machte jeden Tag sein Spielchen, wenn seine Nichte Barbara zu Besuch in der Villa war. Sie schlug ihren Onkel immer, aber ihm kam es auf die Bewegung an. Ja, Bewegung muß sein in unserem Alter. Ich *habe* sie.« Bonalumi wurde zu vertraulich.

Nach dem Essen fuhr er mit Jennie in den Ort – zum erstenmal, seit sie gekommen war. Die Saison machte sich bemerkbar. Auf der Piazza, unter den Markisen der Cafés, waren die Stühle dichter besetzt. Erst als ein Franzose mit seinem Peugeot wegfuhr, fanden sie eine Lücke für den Wagen. Bei Collins kauften sie die Ausrüstung; zwei leichte, stabile Raketts und eine Dose voller Bälle. Herr Collins selber und ein junger Verkäufer, einer dieser schwarzhaarigen, glatten jungen Leute im gutsitzenden Anzug, bemühten sich um sie. Jennie kam in Shorts und weißem Sweater aus der Umkleidekabine. Standen ihr gut, machten sie noch jünger. »Bitte, schicken Sie alles in die Casa Marina!« Weil sie im vorigen Jahr, als sie noch im Regina Palace wohnten, um diese Zeit so gern im Café saß, fragte er: »Hast du Lust, ein wenig auf der Piazza zu sitzen? Oder unten an der Promenade?« »Es muß nicht sein«, sagte Jennie. »Haben wir doch selber. Wir nehmen Petits Fours mit und machen es uns zu Hause gemütlich.« Es war eine gute Idee, das Haus zu mieten. Ich muß erreichen, das Anwesen zu kaufen. Mister Dexter wird in den USA sein Interesse allmählich verlieren. Ich werde dem Testament die Klausel anfügen, daß Jennie das Haus erhält.

Nach der Kaffeestunde ging er in das obere Zimmer, setzte sich an den Schreibtisch, schraubte den Füllhalter auf und schrieb auf den Briefbogen, der auf der grünen Platte lag:

Casa Marina, 7. April

Lieber Mister Dexter!
Wie wir seinerzeit vereinbart hatten, haben wir am 1. des Monats das Haus bezogen. Ich möchte Ihnen schon heute meine volle Genugtuung bekunden über die vorzügliche Verfassung, in der wir Ihr stattliches Anwesen angetroffen haben. Wir sind nicht nur mit allen Bedingungen der Pacht vollauf zufrieden, sondern auch mit dem Personal, das Sie uns – zunächst eigentlich gegen meinen Willen – großzügig überlassen haben, und das um unser beider Wohlergehen sicher nicht weniger besorgt ist, als es um das Ihrige gewesen war. Seien Sie versichert, daß ...

Während Jennie zum Einkauf im Ort war, wurde ein Telegramm von Philipp durchgesagt. Er käme am Abend mit dem D-Zug 19.33 Uhr. Philipp, ihr Sohn, der im Internat war, das er bezahlte.

»Hast du nicht gewußt, daß Philipp kommt?« fragte sie vom Spiegel in der Garderobe her, vor dem sie den Hut abnahm. »Du hast nichts davon gesagt–« »Aber natürlich habe ich's gesagt. – Soll er nicht kommen?« »Er soll, er soll!«

Sie legte die verschnürten Päckchen auf den Sessel. »Du weißt, Ferdinand, wie wenig ich Philipp in den drei Jahren gesehen habe. Er ist mir ganz entfremdet. Und wo wir jetzt so viel Platz haben.«

Auch Philipp war hingerissen. Drei Zimmer hatte er zum Aussuchen. Jennie ging mit ihm treppauf, treppab. Er wählte das Gartenzimmer mit den Pferdebildern und der Tür zum Strand. »Das war ein guter Griff, dieses Haus, Herr Jecklin. Hätte ich auch genommen!« So sprach er. Der erste Satz rühmte den Gegenstand, der zweite nahm ihn in Besitz. »Der See ist Klasse. Da spring' ich später gleich rein!« Jennie sagte: »Ich springe am Morgen rein. In der Dunkelheit fürchte ich mich.« »Vor wem denn, Mama?« Sie erwarteten nicht, daß auch er seine Badezeit anmeldete. Er griff zum Glas und schlürfte seinen Rotwein. »Und was bietet das Haus sonst?« fragte Philipp. »Du hast sicher den Park noch nicht richtig angesehen. Schöne, alte Bäume, auch herrliche, exotische Blumen und gepflegter Rasen.« »Botanisch bin ich eine Niete«, sagte Philipp. »Dafür bin ich in Mathematik und Physik auf Draht.« »Und dein Englisch?« fragte Jennie. Ihr Mann war Engländer gewesen, doch schon nach einem Jahr war er ihr davongelaufen. »Unser Teacher hat eine katastrophale Aussprache«, sagte Philipp. Sie lachten alle drei.

Jennie sagte: »Sogar ein Tennisplatz ist da!« Das gewann ihn im Sturm: »Phantastisch, Mama!« »Der Gärtner ist gerade fertig geworden mit dem Herrichten.« »Und wir weihen ihn ein, ja?«

Frau Hauri kam ins Zimmer – ganz gegen ihre Gewohnheit. »Entschuldigen Sie – vielleicht möchte der junge Herr noch etwas nachhaben? Die Nichte von Herrn Dexter hatte auch immer einen Riesenappetit, wenn sie in den Ferien hier war.« Das war eine Leistung von Frau Hauri. Man mußte ihr Mut zusprechen! »Und was können Sie Philipp bieten?« »Er kann eine zweite Portion Fleisch kriegen, Gemüse auch.« Philipp sagte: »Ich nehme die Portion. Frau Hauri scheint zu wissen, wie miserabel der Fraß im Internat ist.« »Philipp!« Das war ganz Mutterton!

Als Philipp den Teller zum zweitenmal leer gefegt hatte, fragte er: »Und ihr sitzt so den ganzen Abend über hier im Zimmer?« »Warum sollen wir nicht hier sitzen?« »Drinnen im Ort ist allerhand los. Wimmelt von Touristen und so.« Jennie sagte: »In den acht Tagen, die wir hier sind, hatten wir kein Verlangen, in den

Ort zu fahren. Nur zum Einkaufen komme ich hin.« Jennie nahm seine Partei. Dafür sollte sie nicht enttäuscht werden. »Ja, warum sollen wir uns am Abend nicht mal unters Volk mischen! Was meinst du dazu, Jennie?« Rote Flecken brannten an ihren Schläfen, wie immer, wenn sie vergnügt war oder erregt. »Wenn ihr beide das Umziehen nicht scheut«, sagte sie. »Umziehen? Philipp und ich werfen ein dunkles Jackett über und fahren auf und davon!« »Mama scheut das Umziehen todsicher nicht!«

Das sagte er, als zettle er eine Gemeinschaft an, wie Jungen von siebzehn das so machen unter sich. »Du hast deine Mama durchschaut, Philipp!« »Los, Mama, beeil' dich!«

Herr Jecklin war für lange Fußmärsche. Nicht nur weil der Arzt ihm dazu geraten hatte. Sechs bis sieben Kilometer ging er konsequent jeden Tag. Das Haus hatte auch den Vorteil: angenehme, staubfreie Spazierwege führten von ihm weg, sowohl unten entlang dem See als jenseits der Autostraße in die Berge, zu den Kastanienwäldern hinauf. Auf den Wiesen unten am See würden später sicher Touristen ihre Zelte aufschlagen. Im Juli, wenn der Fremdenstrom einsetzte, fuhren sie am besten für einige Zeit an einen stilleren Ort. Über dem Wasser lag eine leichte Brise, wie jeden Morgen. Zwei Segeljachten ließen sich hinübertreiben nach Valtravaglia, das noch im Dunst schwamm. Fünf Kilometer genügten heute. Er wollte nicht zu erschöpft sein, wenn es am Nachmittag zu einem Tenniskampf mit Jennie und Philipp kommen sollte.

Jennie und Philipp saßen noch am Frühstückstisch. Zum erstenmal war die Morgenordnung der acht Tage gestört. »Dein Bad ist heute ausgefallen?« Jennie sagte: »Keineswegs. Aber Philipp war nicht aus den Federn zu kriegen.« »Keine Vorwürfe, Mama! Im Internat stehe ich jeden Morgen pünktlich um sieben auf.« Er war mit dem Frühstück beschäftigt; hatte Teller, Tasse und Eibecher nahe vor seine Brust gerückt. Wie Egoisten das machen. Es ist mein Ei, mein Brot, meine Marmelade! »Und du hast gut geschlafen?« »Danke, danke!« »Es wird ein schöner Tag heute«, sagte sie. Es war gestern und vorgestern, alle die acht, neun Tage blauer Himmel und strahlende Sonne gewesen. Eine etwas angestrengte Konversation. »Und was steht in der Zeitung?« fragte sie später. Philipp antwortete: »Doch immer das gleiche: Atomexplosion in Sibirien – Atomexplosion in Nevada – Konferenz festgefahren – Präsident Eisenhower leicht erkrankt – Chruschtschow gibt ein Interview – Neue

Nahostkrise in Sicht!« Aufgeweckt war Philipp. Dagegen war nichts einzuwenden! »Ja, das alles steht in der Zeitung.« »Siehst du, Mama, wir brauchen sie gleich gar nicht erst zu lesen.« Das machte seinen Charme wieder kaputt; er lag wie die leere, gezackte Eierschale in seinem Teller.

Sie lachten unten im Garten, und die Pinglaute des Balls kamen durch das offene Fenster. »Hallo!« Jennie rief herauf. Als er sich am Fenster zeigte, rief sie nochmals »Hallo!« Philipp hob den Schläger zum Gruß, wie er das bei professionellen Spielern gesehen hatte. Jennie schlug eine Art Begrüßungsball über das Netz, und Philipp gab zurück. Das war ein Drive – aber nicht hart genug. Ihre Fußstellung war schlecht, und den Schläger schmiß sie zu sehr im rechten Winkel zum Handgelenk. Donnerwetter, sie placierte überlegt. Philipp war bestimmt kein Frank Harper. Er schlug zu spät, grundsätzlich zu hoch. Zu faul zu laufen. Jennie versuchte zu variieren. Sie zeigte, daß sie früher mal einige Wochen systematisch trainiert hatte. »Bravo! Ein Punkt für Jennie!« »Wir spielen nicht um Punkte«, rief Philipp. »Bin noch nicht in Form!«

Auf dem Rasen, hinter dem Platz, stellte Bonalumi den Rasensprenger auf. Er wollte zeigen, daß er mitbeteiligt war. Dann sahen sie nicht mehr herauf; er konnte weggehen vom Fenster. Im Zimmer war es kühl. Auch das eine Annehmlichkeit des Hauses: Das hohe Dach und der Blätterschatten der alten Bäume schirmten die Hitze ab. Die Briefe von drei Tagen lagen unbeantwortet. Auch der Brief an Mister Dexter war noch nicht beendet. Er setzte sich an den Schreibtisch, schraubte den Füllhalter auf und schrieb auf den Briefbogen, der auf der grünen Platte lag:

– wir das Anwesen in dem Zustand halten werden, in dem wir es vorgefunden haben. Es ist eine Möglichkeit, Ihnen gegenüber unsere Dankbarkeit zu erweisen.

Signore Bonalumi hat in fünftägiger Arbeit das Tennisfeld in Ordnung gebracht. Er hat bereits – eingedenk Ihres guten Rats! – die dritte Zigarre erhalten. Sowohl bei ihm wie bei Frau Hauri (die vorzüglich kocht) sind Sie, lieber Mister Dexter, in bester Erinnerung. Auch Ihrer Nichte Barbara gedenken sie gern.

Gestern haben wir den ersten Besuch bekommen. Der Sohn von Frau Miller, der in der Westschweiz im Internat ist, soll hier Ersatz für sein Elternhaus finden. Der Tennisplatz und der See haben ihn enthusiasmiert; es wird schwer für ihn sein, wieder ...

Zum Mittagessen erschien Philipp in der Badehose, einer blauen mit gelben Blumen, wie sie bei Collins im Fenster lagen. Aber nicht die Badehose macht die sportliche Figur. Philipps Haut war weiß wie Papier, und an der Brust und um die Hüften hatte er mehr Fett, als ein Junge in seinem Alter haben durfte. Vielleicht wirkte er deshalb so nackt. »Ich hätte so nicht zum Mittagessen kommen dürfen, nicht einmal in unserem Chalet.« »Hier kann er es doch«, sagte Jennie. »Gut, ich ziehe mein Hemd an, wenn es sein muß!« Er stand auf und rammte gegen den Tisch, daß die Suppe über die Tellerränder schwappte. »Du siehst, Ferdinand, wie wichtig es ist, daß er einen Familientisch kennenlernt.«

Aber Philipp hatte keine Antenne für die gedrückte Stimmung. Er ließ sich wieder eine zweite Portion von Frau Hauri vorsetzen und redete drauflos: »Macht ganz schön Hunger, so 'n Matsch, nicht wahr, Mama?« »Ja, Philipp.« »Zum Schluß war es schon ganz passabel mit uns beiden, nicht wahr, Mama?« »Ja, Philipp.« »Am Abend spielen wir um Punkte. Paß auf, ich komme in Form!« Oder schürte er? »Mama schmettert die Bälle, daß ich von Ecke zu Ecke hetzen muß und mir die Zunge auf die Erde hängt. Ich dagegen spiele wie ein Kavalier, nicht wahr, Mama?« »Ja, Philipp.« »Müßten nur noch einen Balljungen haben.« »Das ist eine gute Idee, findest du nicht, Ferdinand?« Sie erinnerten sich, daß auch er am Tisch saß. »Ja, warum nicht.« Jennie sagte: »Wir könnten bei Collins fragen. Die kennen sicher einen Jungen, der sich liebend gern ein paar Franken verdient. Was meinst du, Ferdinand?« »Sicher weiß Collins Bescheid.« »Ein Grund in den Ort zu fahren, Mama!« triumphierte Philipp.

Der Tisch war um 17 Uhr auf der Terrasse gedeckt. Er nahm allein den Tee. Er saß, bis es kühl wurde. Der Rasensprenger drehte sich über dem geschnittenen Gras neben dem Tennisfeld, und Bonalumi hatte ihn schon dreimal an einen anderen Platz gerückt. Frau Hauri deckte ab und sagte dabei: »Sicher sind sie im Ort ins Café gegangen.« »Ja, wahrscheinlich.«

Er ging in sein Zimmer im oberen Stock, um Briefe zu schreiben. Als er sich gesetzt hatte, hörte er den Wagen und beide Türen zuschlagen. Jennie kam herauf und fragte von der Tür her: »War's langweilig so allein?« Darauf gab es keine Antwort. »Was ist mit dem Balljungen?«

»Der Verkäufer bei Collins schickt morgen seinen kleinen

Bruder.« »Nein, er wird ihn nicht schicken!« »Ferdinand!« »Philipp soll sich selber nach dem Ball bücken – vielleicht kriegt er davon eine Figur, wie andere Jungen in seinem Alter sie haben, wie ich sie hatte mit siebzehn.« »Du bist ungerecht, Ferdinand.«

Sie ließ sich in den Sessel fallen, saß da, ohne den Hut abgenommen zu haben, hielt die Knie zu weit voneinander, und am Hals traten die Sehnen hervor. »Du bist ungerecht«, wiederholte sie. »Vielleicht.« In die Pause hinein rief Philipp unten im Treppenhaus: »Mama!«

Er ging zum Fenster und schloß die Flügel. Es war besser, falls es zu einer Auseinandersetzung kam. »Wenn du willst, schicke ich Philipp weg«, sagte sie. »Du weißt, daß ich das nie verlangen werde.« »Das ist großzügig von dir, Ferdinand.« »Danke. – Aber seit Philipp hier ist, weiß ich –« »Was, Ferdinand?« Philipp rief zum zweiten oder dritten Mal: »Mama!« Seinetwegen blieb sie – Jennie sagte: »Vielleicht habe ich mich zu wenig um dich gekümmert, seit er hier ist. Ich wollte nachholen, was ich in den letzten drei Jahren an Philipp versäumt habe. Du siehst selber, wie ungehobelt er in vielen Dingen noch ist –« »Ich weiß –« Sie ertrugen die Pause. »Alles wieder gut, Ferdinand?« »Ja, Jennie.«

»Du kommst zum Essen?« »Rufe, wenn es soweit ist. Ich habe Briefe zu schreiben.« »Also schön, zum Essen. Bis gleich!«

In der Scheibe spiegelte sich sein graues Gesicht. Er hielt der Spiegelung eine Weile stand, dann ging er weg, setzte sich an den Schreibtisch, schraubte den Füllhalter auf und fuhr fort, den angefangenen Brief an Mister Dexter abzuschließen:

... in sein Internat zurückkehren.

Lieber Dexter, ich habe Ihnen ein wenig von unserem Leben berichtet und hoffe, Sie nicht zu sehr gelangweilt zu haben. Allzu rasch wird das Jahr der Pacht vorübereilen. Wahrscheinlich werden Sie, wie auch ich immer wieder, nur allzugern Amerika den Rücken wenden und um so lieber in Ihr Anwesen, an den See und die Berge heimkommen. Ich selber habe noch keine Pläne, was danach werden soll, ob wir unser früheres Hotelleben wieder aufnehmen oder ob wir uns nach einem neuen Haus umsehen.

Irgendwohin

Ich bin aufgestanden. Ruth hat mich geweckt, vor einer halben Stunde schon. Ich bin wieder eingeschlafen, aber die Müdigkeit ist auch jetzt nicht überwunden. Es dämmert. Ein Radio ist hinter den Wänden zu hören. Auf der Straße unten das kurze Hupen der Autos. Mein Abendschlaf zwischen der Arbeit und der Nacht, den ich nötig habe, um aufzuspeichern, um nicht den anderen auf die Nerven zu fallen mit meiner Müdigkeit. Wie gut, die Müdigkeit brächte auch die Gedanken zur Ruhe. Die Sandalen stehen nicht nebeneinander. Die linke habe ich unter die Couch geschleudert, und nun muß ich mich bücken, mit schwindelndem Kopf. Ich finde sie und wanke über die Diele ins Bad. Ruth ruft aus der Küche: »Du weißt, wir sind eingeladen!« Ja, ich weiß. Sie hat es mir gestern, am Morgen und am Nachmittag, als ich zurückkam, schon gesagt. Sie gibt sich immer den gleichen Erwartungen hin, als schenke der Abend eine Art Belebung. Ich steige in die Wanne und lasse den kalten Strahl über mich brausen, über den Kopf, die Arme, den Bauch, den Rücken. Vor dem Spiegel frottiere ich mein Haar, das schon wieder zu lang ist. Eigentlich sollte ich alle zwei Wochen zum Friseur, doch ich mag nicht das Getue in den Salons. Einer nennt sich jetzt Barber's Shop. Empire style, und die Preise sind dreimal so hoch. Die Haare regnen auf den weißen Umhang wie eh und je. Haare, als stammten sie von einem anderen. Mein Friseur strengt sich an, mich zu unterhalten. Er redet die Zeitungsüberschriften nach, und ich gebe ihm recht. Wenn die Meinungen fallen, fallen alle mit. Wenn ein Politiker, ein Sportler, ein Filmstar die Sympathien einbüßt, er findet keinen einzigen Verteidiger. Man sagt ja, und verbeugt sich dazu, unsichtbar. »Brauchst du noch lange?« ruft Ruth. Ich beende die unbefriedigende Rasur, ziehe den Bademantel an, gehe über die Diele in die Küche und setze mich an meinen Platz am oberen Tischende. Franks Platz ist leer. Sein Teller, seine Tasse stehen da. Ruth schlägt die Eisschranktür zu, sie stellt einen Paprikasalat im Glas zwischen den Wurst- und den Käseteller. »Ich habe nicht mehr gemacht, wahrscheinlich gibt es doch eine Kleinigkeit zu essen –«, sagt sie. »Zu trinken ist garantiert genug da.« Während ich es sage, höre ich mich diesen Satz schon vor früheren Einladungen sagen, so wie Ruth ihre gleichen Sätze sagt. Mir wäre lieber, sie finge an, von Frank zu sprechen. Ob er absichtlich zum Abendessen wegbleibt?

Sie glaubt seinen Entschuldigungen noch: Schwimmen, Tanzen, Englisch. Sie schweigt. Sie macht mir vor, wie man dieses einfache Mahl eiliger zu sich nehmen kann als an Abenden ohne Einladung. Sie schneidet sich größere Stücke, sie greift schneller zur Tasse, zur Zuckerdose, zur Kanne. Sie sieht zur Uhr. 19 Uhr 30. »Kommt er überhaupt nie mehr zum Essen?« Ich bedaure es, so hart gefragt zu haben. »Er trifft sich mit Freunden, die morgen in Ferien fahren, nach Frankreich.« Drei Entschuldigungen glaubt man weniger als einer. Sein leerer Platz – ich will mir nicht merken lassen, daß ich Frank vermisse, daß sein Ausbleiben mir weh tut, weil er, den ich vermisse, nicht mich vermißt. »Wir brauchen dreißig Minuten –«, sagt Ruth. Ich höre auf zu essen, weil auch sie aufgehört hat. Sie beginnt, das Geschirr in den Spülstein hinüber zu stellen. Ich stehe auf, gehe ins Schlafzimmer, nehme das Hemd, die Krawatte, den Anzug aus dem Schrank. Ich wähle den dunkelgrauen, der sportlich geschnitten ist, der mich schlank macht, wie Ruth damals, als wir ihn kauften, gesagt hat. Ich sehe allen meinen Tätigkeiten zu: ich bücke mich zu den Schuhen, knote die Schnürsenkel, ziehe die Socken hoch, schnalle die Hosenträger fest, stecke die sperrigen Knöpfe durch die Manschetten. Vor dem Spiegel im Bad binde ich die Krawatte, die ich mir vor drei Jahren gekauft habe und die ich immer wieder wähle, wenn Ruth nicht protestiert. Die Verkäuferin hat sie mir eigens aus der Vitrine geholt. Man trägt jetzt lebhaftere Dessins. Frank trägt eine Krawatte mit Rosenmuster und eine mit abstrakten Klecksen, gelb, orange, grün, und sie ist dreimal so breit wie gewöhnliche Krawatten. Die Jansen blickt mich jede Woche einmal an und sagt: »Sie haben sich verändert –« Drei Gedankenstriche. Sie läßt eine lange Pause folgen, als ahne sie auch den Grund. Nein, ihretwegen bin ich nicht verändert. Ich will auch nicht, daß sie dahinterkommt, wie ich die anderen sehe, deutlicher und undeutlicher, in verschwommener Distanz. Eine kühle Trennung hat sich vollzogen zwischen mir und den anderen. Ich höre sie, aber nicht so, wie sie glauben, daß ich sie sehe und höre. Mein Beruf ist mir nicht gleichgültiger geworden, doch ich ordne die Stifte auf dem Schreibtisch bedächtiger, ich denke länger nach, bis ich den ersten Strich setze, ich sehe die Reaktionen voraus, wenn ich den Kollegen meine Entwürfe vorzeigen werde. Ich sehe ihre skeptischen Gesichtsfalten, höre die Einwände, weiß, wie die Begutachtung verlaufen wird. Das Gefühl soll mitsprechen! Man holt die Lang aus dem Nebenzimmer, um das Urteil einer Frau zu haben. Die

Jansen sei befangen, sagt einer, und alle lachen. Ich höre zu, ich widerspreche nicht. Ich sage ja. Der junge Thomas ist der einzige, der nicht klein beigibt, und gerade seine Entwürfe machen Aufsehen. »Bist du soweit?« fragt Ruth von draußen. Ich höre sie im Schlafzimmer hin und her gehen. Energische Schritte auf hohen Pumps. Die Handtasche klickt auf und zu. Die Schranktür wird geöffnet, geschlossen, geöffnet. Noch zwei Gänge zum Spiegel im Bad. Ich kann mir ruhig eine Zigarette anzünden. Frank hat eine Zeitschrift, die er sich jede Woche kauft, auf die Konsole gelegt. Ich blättere sie durch: Fotos von Filmschauspielern, Schlagersängern, ein Roman, das Fernsehprogramm, der Briefkasten, Mode, Anzeigen. Ein junges Paar, ganzseitig, ein sympathisches Mädchen, ein Junge, der Frank gleicht. Eine Legende erklärt das Foto: *Er ist sehr glücklich – aber auf einmal zieht sie sich zrück – und er kann es nicht begreifen.* »Sie gehört Frank«, sagt Ruth, und steht vor mir im schwarzen Mantel, der sie noch fremder macht. »Wir können, Liebling –« Ich öffne die Wohnungstür, die Fahrstuhltür, die Garagentür. Ruth setzt sich ans Steuer. Seit zwei Jahren macht sie meinen Chauffeur. Sie setzt sich aufrecht, sie wölbt die Zunge zwischen die Lippen, sie fährt an, biegt in den Südring ein, auf dem wir in Richtung Innenstadt fahren. Die Fenster beschlagen sich von unserem Hauch. Ich drehe auf meiner Seite die Scheibe herunter. Ich sage, und bereue es im gleichen Augenblick, daß ich anscheinend nicht ganz auf Draht bin. »Du bist doch nicht krank?« Eine Frage, auf die sie keine Antwort erwartet. Nein, krank kennt sie mich nicht. Sie hat nicht diesen strengen Jansen-Blick, und es ist mir lieber so. Die Ampeln stehen auf Rot, und sie scheinen ihr jedesmal das Zeichen zu geben, mir eine Frage zu stellen. »Bist du verärgert wegen Frank?« »Er müßte nicht jeden Abend ausgehen –« »Glaubst du, daß die Wegeners kommen?« »Die sagen nie ab –« In der Innenstadt fahren weniger Autos, und auf den Trottoirs sind kaum Fußgänger zu sehen. Die Schaufenster sind erleuchtet, die Neonschriften brennen, aber es ist niemand da, den sie verführen können. Ruth sieht auf die Uhr, zum drittenmal. »Es ist unangenehm, als letzte zu kommen –« Solche dummen Sätze habe ich früher oft gesagt. Ich wünsche, wir führen weiter, weiter über diese Häuserschluchten, Schaufenster und Neonschriften hinaus, wo die Straße durch Alleen zieht, durch Wälder, an Kilometersteinen, an Wegweisern vorbei, irgendwohin, wo mich keine Menschenansammlung erwartet, wo ich nicht einzustimmen habe in Gerede,

Gelächter, Klatsch. Als ich selber steuerte, bin ich einmal losgefahren, irgendwohin, ohne Ziel. Es schneite, der Scheibenwischer kam nicht nach, die Flocken wegzuwischen, die sich so eifrig gegen die Scheibe drängten. Das Licht des Scheinwerfers schien sie anzuziehen. Flocken – kleine, denkende Wesen, die ein Leben zu haben schienen, und nur den einen Willen, an der Scheibe und im Licht zu verlöschen. »Hast du etwas gesagt?« Nochmals hält uns eine Ampel an. Als ich selber steuerte, habe ich einmal sogar Ruth herumgekriegt. Ein Wegweiser, ein nicht sehr verheißungsvoller, zeigte nach einem ›Hotel im Walde‹. Ihr kam es komisch vor, verrückt, den Termin nicht einzuhalten, wegzubleiben ohne abzusagen, irgendwo zu sein, wo einen niemand vermutet. Aber es hat ihr sogar gefallen, das kleine Hotel mit den langen, dunklen Fluren und dem Schimmelgeruch. Wir konnten bei offenem Fenster schlafen. Nicht vom Lärm, von der Stille wurden wir immer wieder wach und schliefen wieder ein. Ich wäre drei, vier Tage geblieben, wenn Ruth begriffen hätte, wozu wir den Mut gehabt hatten. »Wir sind da!« ruft sie. Drinnen im Haus hat man unseren Wagen gehört. Das Licht über dem Eingang wird angeknipst. Die Tür steht offen, und ich höre das Gerede und das Gelächter.

Mit dem Postschiff

Die Aegilium, das neue weiße Postschiff, das sechzehn Uhr dreißig von Porto San Stefano abfuhr, näherte sich zur Dämmerung der Insel. Eine Wolke rauchte aus dem Bergkegel; unten, wo der Hafen lag, warfen zwei Leuchtfeuer ihre Lichttaue ins Wasser, den auf- und niedersteigenden Bug zu fassen.

Die Bank, auf der sie saß, hob und senkte sich mit. Der Italiener und die zwei Kinder, drei-, vierjährige Mädchen, die in seinen Armbeugen lehnten, hoben und senkten sich mit; und vorn, an der Reling, der Priester und die Seminaristen – die gestikulierten, redeten und nach jedem Satzende einen Grund fanden zu lachen – hoben und senkten sich mit.

Als ihr Streichholz verlöscht war, hielt der Italiener sein Feuerzeug herüber, eine ruhige, senkrechte Flamme, die seine gekrümmten Hände vor dem Seewind schützten. Die schwarzen Pupillen der Mädchen sahen herauf; seine Augen sahen herab – in ihren Halsausschnitt. Sie setzte sich aufrecht. Sie dankte.

Später, als die Mädchen wegsahen, geradeaus, den Blinklichtern entgegen und den Fenstern der Häuser, die sich näherten und vermehrten, fragte er, warum sie auf die Insel fahre.

Sie wolle sich erholen, sagte sie. Im Albergo La Pergola werde sie erwartet. So konnten von vornherein keine Zweifel aufkommen. Er sagte, es sei ein guter Albergo. Das Essen sei gut, die Betten auch – man könne den Albergo La Pergola schon sehen. Dort! Rechts über der Mole das langgestreckte Gebäude mit den Lampen über der Terrasse! Aber jetzt seien nicht mehr viel Fremde da; ein englisches Paar, ein Franzose und ein Deutscher oder ein Holländer, ein blonder, der immer Bücher lese.

Also war Bernhard schon registriert. Sie lächelte, weil die Italiener waren, wie Bernhard zu Hause gesagt hatte; so neugierig, so allwissend. Bernhard kannte die Italiener; er hatte in Rom studiert.

Der Italiener sagte, im Frühling müsse sie auf die Insel kommen. Im Frühling sei es schöner. Im Frühling blühe der Mastix, und das Klima sei gut. Jetzt sei der Sommer vorbei. Zu kalt schon ... nicht gut ... nicht gut. Er sprach mit einer rauhen Stimme. Nicht immer nahm er die Zigarette aus dem Mund, während er sprach. Aber sie freute sich, daß sie fast alles, was er sagte, verstand.

Die Mädchen schlüpften aus seinen Armen und gingen steifbeinig zum Geländer. Allein, ohne daß die Lücke zwischen ihnen ausgefüllt war, saß er neben ihr.

»Noch zwanzig Minuten«, sagte er.

»So lange? Die Insel ist doch schon ganz nahe.«

»Es täuscht, Signorina. Es täuscht! Ich weiß es, ich bin auf der Insel zu Hause.«

Es war besser, wenn er sprach. Sein Blick, der sie betastete, war abgelenkt. Sie zeigte auf die Mädchen und sagte: »Sie sind nett.«

Er sagte: »Sie gehören mir.«

»Und wie heißen sie?«

»Sie heißen Angelina und Sandra.«

Sie sagte: »Angelina und Sandra, schöne Namen. I nomi italiani sono belli!«

Es machte ihr keine Mühe, solche einfachen Sätze, die sie vor dem Urlaub gelernt hatte, zu sagen:

»I nomi italiani sono belli!«

Er sagte: »Ich habe Angelina und Sandra auf dem Markt von Orbetello neue Kleider gekauft –«

Es waren weiße Musselinkleidchen mit abstehenden, gestärkten Röckchen, die in der Dämmerung leuchteten wie Brautschleier in der Kirche. Gewiß nicht die geeignete Bekleidung für den Abend über dem Wasser. Aber vielleicht waren italienische Mädchen frühzeitig abgehärtet.

»Schöne Kleidchen«, sagte er.

»Ja, sehr schöne Kleidchen. Belle vestine!«

»Ich habe sie für Trauben gekauft!«

Als der Italiener nicht mehr sprach, spürte sie den Blick auf den Knien. Sie zupfte den Rock darüber und sagte nochmals: »Belle vestine!«, um das Gespräch wieder in Gang zu bringen.

Er sagte: »Angelina und Sandra haben keine Mama.«

Sie sah zu den Mädchen und den Seminaristen, die ihren Priester wie Fledermäuse umflatterten. Sein Blick war weg. Sie konnte wagen, zu ihm hinüber zu sehen. Das Licht von der Kommandobrücke fiel auf seine Füße. Die Zehen krümmten sich über den Holzsohlen. Er trug Sandalen mit aufgenagelten Leinenbändern, wie die jungen Burschen in Porto San Stefano sie getragen hatten; schwarzhaarige Jungen in zebragestreiften Pullovern, die sie im Café und auf dem Weg zum Schiff wie Piraten umringt hatten.

»Vor drei Monaten ist ihre Mama gestorben. Sie war krank. Ein

Jahr lang krank.«

So reich war ihr Wortschatz nicht, Teilnahme zu bezeugen. Sie schwieg. Er schwieg. Die Blinklichter blinkten – grün, rot, grün, rot –, und zwischen den unruhigen Lichtsignalen hielt die beständige Kette der lichtgelben Fenster.

Er sagte: »Bleiben Sie auf der Insel. Bleiben Sie bei mir. Bei Angelina und Sandra.« Es bestand kein Zweifel: »Resti nell' isola! Resti con me!« sagte er.

Wie gut, die Zigarette war eben zu Ende. Sie konnte die Kippe zertreten, hinabsehen, aufstehen, zur Reling hingehen, in die Nähe des Priesters, der mit weitausholenden Gesten seinen Schülern irgend etwas Wissenswertes von der Insel erzählte. Angelina und Sandra wichen zurück vor ihrer Hand, die ihr Haar streicheln wollte, weil sie vielleicht bereute, ihren Papa allein auf der Bank zurückgelassen zu haben.

Schon war der Sitz der sich drehenden Leuchtfeuer zu ahnen: zwei stumpfe Metalltürme, die rechts und links die Hafeneinfahrt flankierten. Zwischen den Vierecken der Fenster schrieben Neonschriften deutlich lesbar »Bar« und »Café«, und eine blaue Neonschrift schrieb »Caracas«. Stimmen waren zu hören und die Wartenden zu sehen, dicht gedrängt auf der Mole. Über den Köpfen winkte jemand. Bernhard sicher.

Sie winkte zurück.

Die Sirene brüllte. Es war Zeit, zum Unterdeck hinabzusteigen, wo sie bei der Abfahrt die Koffer hingestellt hatte. Andere Koffer waren daneben und darüber gestapelt worden.

Sie hob sie beiseite. Als sie ihren ersten Koffer am Griff nahm, faßte der Italiener mit zu.

»Prego –«

Er stand unter dem braunen Deckenlicht und lachte sie mit seinen weißen, ebenmäßigen Zähnen an. Er war kleiner, als sie gedacht hatte. Breit, kräftig. Er trug eine blaue Jacke und ein weißes Hemd, das drei Knöpfe tief offen war. Angelina und Sandra hingen an seinen Taschen und blickten hinab zu dem fremden, wuchtigen Koffer, den ihr Papa sich angeeignet hatte.

»Grazie –«

Er wollte auch ihren zweiten Koffer, den kleineren, abnehmen, aber sie dankte abweisender. Er zog die Hand zurück.

Die anderen Passagiere hatten sich zur Absperrkette gedrängt, nur der Priester und die Seminaristen donnerten eben erst die

Eisentreppe herab.

Er machte nochmals einen Versuch, den zweiten Koffer, den kleineren, wegzunehmen. Er legte seine Hand um den Griff, aber auch sie ließ ihre Hand liegen, und seine Hand deckte ihre Hand zu.

Sie erschrak, als der uniformierte Seemann am Ende des Laufstegs das Billett verlangte. Gleich hinter dem Seemann, in der vorderen Reihe der Wartenden, stand Bernhard. Er begrüßte sie, aber der Druck seiner Hand war nicht so, wie sie ihn in Erinnerung hatte.

In der Gondel

Der Gondoliere schwieg und ruderte, bis wir mitten im Canal Grande waren, unter vielen anderen Gondeln, schaukelnd in den Wellen des Vaporettos, das zur Ca'd'Oro hinüberpflügte.

Vor dem Rialto erklärte er die Brücke: Sie sei an Stelle einer früheren Holzbrücke von Antonio da Ponte erbaut, bestehe aus einem einzigen Bogen, und jeder Pfeiler ruhe auf sechstausend Pfählen.

Als ich Marlen übersetzte, wußte er, daß sie kein Italienisch verstand.

»Ich habe Sie gleich wiedererkannt, als Sie uns ansprachen«, sagte ich.

»Ich auch. Fünf Jahre sind es her – und dieses ist der Palazzo Bembo, ein gotischer Bau des 15. Jahrhunderts von großem ornamentalem Reichtum!«

Marlen konnte sich an den Spitzbögen nicht sattsehen.

»Es war der schönste Sommer Venedigs. Hat es einen Tag geregnet damals?«

»Nein, nie hat es geregnet.«

»Dieser Sommer ist kalt. Immerfort Regen, der die Fremden vertreibt.«

»Was sagt er jetzt?« fragte Marlen.

»Er spricht vom Wetter. Er ist unzufrieden mit dem Wetter.«

»Sie sind verheiratet?« fragte er.

»Ja.«

»Und zur Hochzeitsreise in Venedig?«

»Nein, es ist nicht die Hochzeitsreise. Die war vor drei Jahren schon.«

»Was sagt er jetzt?« fragte Marlen.

»Der Gondoliere meint, wir wären Hochzeitsreisende.«

»Er ist kein Psychologe«, sagte Marlen. »Er soll lieber erklären. Ich hätte den Baedeker einstecken sollen.«

»Wozu?«

»Ich will wissen, wie die Paläste heißen.«

»Du wirst sie doch wieder vergessen.«

Er zeigte und erklärte: »Palazzo Dandolo, Palazzo Loredan, Palazzo Farsetti, Palazzo Grimani –«

Ich glaube, er vergaß nicht einen.

»Sie heißen Enrico?«

»Ja.«

Da fiel auch mir sein Name wieder ein, gerade im richtigen Moment. »Und Sie heißen Francesco!«

»Mamma mia! Sie wissen es noch!«

»Ein schöner Sommer damals –«

»Palazzo Papadopoli, Palazzo della Madonetta, Palazzo Bernado, Palazzo Corner-Spinelli!«

»Die Namen brauchst du mir nicht zu übersetzen, die verstehe ich von allein; aber was sagt er dazwischen?«

»Er erzählt von anderen, die er früher gerudert hat.«

»Interessiert dich das?«

»Ich kann ihm nicht verbieten zu erzählen.«

»Hat er nicht gesagt, er wird singen?«

»Meine Frau wünscht, daß Sie singen, Francesco!«

»Eine strenge Frau«, sagte er. »Ihre Freundin lachte immerfort. Nie hatte ich ein Mädchen in der Gondel, das so viel lachte! Sie konnte über alles lachen, und die Palazzi haben sie einen Dreck interessiert.«

Er sang »O sole mio«.

Die Gondolieri in den Venedig-Filmen haben strahlendere Tenöre. Sie singen in ein Mikrophon, und die Ateliers haben eine bessere Akustik als der Canal Grande.

»Hoffentlich hört er bald auf«, sagte Marlen.

»Du hast es dir doch gewünscht.«

»Ein Caruso ist er nicht.«

Francesco hatte verstanden. Er sagte: »Ihrer Freundin damals hat meine Stimme gefallen, weil sie glücklich war, weil ihr die Welt überhaupt gefallen hat. Und dir, Enrico, hat sie auch gefallen.«

»Mir gefällt deine Stimme auch heute.«

»Weißt du noch, wie eifersüchtig du warst?«

»Ich, eifersüchtig?«

»Nun, sie sprach besser italienisch als du. Sie sagte so witzige Dinge, die du gar nicht alle verstehen konntest. Ihre Mutter war Italienerin.«

»Aus Messina war ihre Mutter. Ihr Vater Franzose.«

»Du wolltest ins Wasser springen«, sagte Francesco.

Ich erinnerte mich. Ich spielte den Eifersüchtigen, weil sie allzu verliebt zu Francesco hinaufblickte, sich allzu gern mit ihm unterhielt. Sie schürte das Feuer. So war ich. Ich sagte, ich ersäufe mich, wenn du nicht augenblicklich geradeaus siehst und mich umarmst, wie man sich in Gondeln zu umarmen hat. Ich sprang auf den Sitz, und sie hielt mich fest, umarmte mich –

»Was macht er jetzt?« fragte Marlen.

Ich drehte mich um und sah, wie Francesco das Ruder ins Wasser stellte, zu beweisen, daß die Lagune nicht tiefer als fünfzig Zentimeter war.

Nichts hatte Francesco vergessen! Alles holte er aus der Erinnerung!

»Er will uns zeigen, wie seicht die Lagune ist.«

»Warum zeigt er das?«

»Wir sollen sehen, in der Lagune kann sich nicht einmal ein Nichtschwimmer ertränken.«

»Willst du dich ertränken?«

»Nein«, sagte ich. »Mir ist zu kalt dazu.«

»Vor fünf Jahren wollte sich einmal einer ertränken«, sagte Francesco und lachte.

»Gehört das auch zur Gondelfahrt?« fragte Marlen.

»Francesco ist besonders aufmerksam.«

»Und wird alle Aufmerksamkeiten auf die Rechnung setzen!«

»Warum bist du so böse auf ihn?«

»Er spricht mir zuviel.«

Damals hatte Francesco die dreitausend Lire, die wir vor der Fahrt vereinbart hatten, abgelehnt.

Ein Märchen aus Venedig könnte so anfangen: Es war einmal ein Gondoliere, der ruderte ein Liebespaar durch den Canal Grande und die Mäanderwindungen der vielen kleinen Kanäle. Er hatte seine Gondel mit Lampions behängt, er sang »O sole mio«, er ruderte zwei Stunden und wies die dreitausend Lire, die ihm der junge Mann zahlen wollte, zurück, weil dessen Freundin so hübsch war und wie ein Glockenspiel lachen konnte. Ja, zuletzt ruderte er die beiden zu einer Osteria, in die sonst keine Touristen hinkamen, lud sie ein, die halbe Nacht Chianti mit ihm zu trinken, zu lachen, zu tanzen –

»Warum bist du so schweigsam auf einmal?« fragte Marlen.

»Ich?«

»Auch dein Gondoliere scheint zu schlafen.«

»Meine Frau wünscht, daß du ihr sagst, wie die Palazzi rechts und links heißen.«

Francesco erklärte mit gewohntem Pathos: »Links sehen Sie den

Campo und die Chiesa San Samuele mit dem typisch venezianisch-byzantinischen Glockenturm aus dem 12. Jahrhundert. Der Palazzo Grassi folgt, ein besoners schöner Bau, im Innern mit berühmten Deckengemälden Alessandro Longhis geschmückt –«

Während ich übersetzte, sagte Francesco: »Warum bist du nicht mit ihr gekommen, einen Ring am Finger?«

»Und der Palast dort rechts?«

Diesmal war ich dankbar für Marlens Einwurf.

»Meine Frau will wissen, wie der Palazzo dort heißt.«

»Es ist der Palazzo Rezzonico, ein Werk Longhenas.«

Wir waren nun fast am Ende des Kanals. Es war dunkel geworden, dunkler durch Regenwolken, die vom Westen heraufzogen. Die Kuppel von Santa Maria della Salute strahlten Scheinwerfer an.

»Steigen wir am Markusplatz aus?« fragte Marlen.

»Wenn du willst –«

»Ich friere, und es sieht aus, als regne es gleich.«

»Hier hielten wir damals lange, weißt du noch Enrico?«

»Ich weiß –«

»Alle Liebespaare halten hier an, die Kuppel von Santa Maria della Salute zu betrachten. Auch Noëlly wollte, daß –«

Francesco biß sich auf die Zunge, weil ihm der Name, den wir bisher vermieden hatten, entfallen war.

»Noëlly –«

»Wer ist Noëlly?« fragte Marlen.

»Noëlly: Es ist der Name eines Mädchens –«

»Welchen Mädchens?«

»Seiner Frau vielleicht«, sagte ich schlagfertig.

»Noëlly è mia moglie«, sagte Francesco.

»Nein, das ist nicht wahr!«

»Es ist wahr. – Sie ist ein Jahr spater wiedergekommen. Allein.«

»Was sagt der gräßliche Mensch?«

»Von seiner Frau erzählt er.«

»Immer erzählt er Dinge, die uns nichts angehen. – Sind wir nicht bald da?«

»Bald, Marlen.«

Der Hund von Torcello

»Zeig mir im Aug von dem Hund
gleichfalls den Schatten der Tat.«
Hugo von Hofmannsthal

Drei Tage blieben uns noch für Venedig. Auch Margot wäre vielleicht lieber – nach den Strapazen in Apulien und Kalabrien – gleich in den Alltag zurückgekehrt; aber wir gestanden es uns gegenseitig nicht ein. Wir spielten Versteck voreinander, wie so oft. Die Prozente der Kellner ärgerten uns. Die auffälligen Typen unserer Landsleute gingen uns auf die Nerven und die Touristen anderer Länder und anderer Kontinente nicht minder. Selbst die Italiener sind so ideal nicht, daß sie einen von früh bis spät zur Begeisterung hinreißen. Doch hauptsächlich lag es wohl an uns, an unserer miserablen Ferienschlußstimmung.

Auf dem Markusplatz schloß sich uns ein alter Mann an. Er witterte unser Mißvergnügen. Er besaß jene Alteleuteheiterkeit, die den erstbesten, der ihr in den Weg kommt, anzustecken versucht, auch wenn der erstbeste nicht will. Er machte uns auf die Inschriften und Medaillons an den Palazzi aufmerksam; er erzählte Anekdoten dazu, lange langweilige Geschichten, die mehr Aufmerksamkeit erforderten, als wir noch aufbringen wollten. Er sagte, während des Krieges habe er sich in Venedig versteckt gehalten. Nein, so einfach durften wir ihn nicht abschütteln.

Er führte uns zu einer Trattoria, die wir allein nicht entdeckt hätten. Nur Venezianer speisten da; das Essen und die Preise waren einheimisch. Wir hatten den Alten eingeladen, so energisch er abwehrte. Wir sahen, wie er sich freute und wie satt er sich aß. Wir mußten mit unserem Geld rechnen; in Urbino hatten wir uns Antiquitäten gekauft, zwei gut erhaltene Etruskerkrüge. Der Alte sagte, wir seien gewiß auf Fälschungen hereingefallen. Ja, so freundlich er war, und so leis und vornehm seine Stimme flüsterte, er ließ uns immer wieder fühlen, daß er uns für die üblichen Touristen hielt; Touristen, die wenig Ahnung hatten, die in wenigen Tagen ganz Italien und zweitausend Jahre Geschichte durchhasteten, die über primitive Sprachkenntnisse verfügten und so ziemlich gegen alle Gesetze des Landes verstießen. Er war ein Plauderer der Alten Schule, den Formulierer runder Bonmots, die uns manchmal geradezu verletzten, Margot vor allem, die zudem nie parieren konnte.

Aber nicht das allein machte das Zusammensein schwierig. Er hatte auch alle die abstoßenden Eigenschaften des Alters; er schlurfte und sabberte, die Suppe tropfte von seinem Bart auf die Serviette, auf das Hemd, ja, seine ganze Kleidung roch; und schließlich mußten wir uns seinen Trippelschritten anpassen, wenn er durch die Zickzackgassen voranging, einer entlegenen Sehenswürdigkeit zu, die er uns, auch wenn wir danach kein Verlangen hatten, zeigen wollte.

Margot war vor dem Zubettgehen einem Weinkrampf nahe. Am Morgen beschlossen wir, obgleich wir einen Treffpunkt mit dem Alten ausgemacht hatten, den Vormittag in unserem Hotelzimmer zu verbringen. Wir frühstückten ausgedehnt, und später entdeckte ich im Reiseführer, eine Fahrt nach Torcello lohne sich; eine Laguneninsel im Nordosten, die vor tausend Jahren das Urvenedig getragen hat, dann aber, der Malaria wegen, verlassen und vergessen worden ist. Es war bestimmt besser, irgend etwas als gar nichts zu unternehmen. Zudem konnten wir dem lästigen Alten ausweichen. Ein Vaporetto fuhr nach Torcello. Unterwegs, in Burano und Murano, stiegen die anderen Fahrgäste aus. Ein dünner Regen scheuchte uns unter Deck. Wir sahen durch die beschlagenen Scheiben auf das Wasser und warteten auf Torcello, das viel weiter weg lag, als wir geglaubt hatten. Hätte das Schiff auf halber Strecke gewendet – wir wären nicht enttäuscht gewesen.

Nein, der erste Anblick konnte uns bestimmt keine Ovationen abfordern. Mit einem Blick übersahen wir, was uns erwartete: ein paar Häuser, Gärten, zwei Kirchen im Hintergrund, ein Kampanile, der halb so schräg hing wie der Schiefe Turm von Pisa; ein verwahrloster Kanal zog von der Anlegestelle zu den Kirchen hin und neben ihm ein Fußweg. Auf diesem Weg entlang des Kanals war der Hund zum erstenmal um uns herum. Es kann sein, daß er uns schon am Steg erwartet hatte, aber wir nahmen ihn erst wahr, als er an uns hochsprang und unsere Hände zu lecken versuchte. Wir sind keine Hundenarren. Beide nicht. Wir mögen die Leute, die Hunde als Kinderersatz halten, die ihnen Teller auf den Tisch stellen und sie mitnehmen ins Bett, nicht sehr. Zudem war es kein Hund, der Sympathien erwecken konnte; ein Rassenkonglomerat, weder Setter noch Spitz, weder Spaniel noch Pinscher; ein Wald- und Wiesenhund mit einem zementgrauen, ungepflegten Fell, mit senkrecht stehenden, für seinen plumpen Körper viel zu kleinen Ohren. Seine Augen war trüb, rotgerändert, mit Schleim verschmiert, und wir versuchten alles mögliche, ihn abzuschütteln. Ich stieß mit dem Fuß nach ihm, doch er nahm's als Spiel, er biß in den Schuh, ohne ihn zu zerreißen; ich warf Steine nach ihm, doch er haschte danach, brachte sie in der Schnauze zurück und legte sie vor uns auf den Weg.

Wir besichtigten die beiden Kirchen von Torcello: Santa Maria Assunta und Santa Fosca. Draußen erwartete uns jedesmal der Hund und zeigte seine Wiedersehensfreude. Er zog uns hin zu den stimmungsvoll verstreuten Säulentrommeln, Sarkophagen und Reliefs der Bischöfe von Torcello. Er jagte die Eidechsen und Geckos die Steine hinauf, und die Bienen schwirrten vor ihm aus den Oleanderbüschen. Als wir Pause machten – im Schatten der Steine uns eine halbe Stunde hinlegten –, ließ er sich neben uns nieder, gähnte, blinzelte, schloß die Augenschlitze, öffnete sie jedoch rasch, wenn wir uns nur bewegten. »Paß auf«, sagte Margot, »am Ende hält er uns die Pfote hin zu einem Trinkgeld.« Dann redeten wir lange nicht mehr, weil uns die Sonne, die nach dem Regen um so stechender schien, müde machte.

Vielleicht wußte der Hund auch, daß wir nach der Ruhepause Lust bekamen, etwas zu essen. Er lief den Kanal, neben dem wir auf die Insel gekommen waren, zurück. Er lief in gestreckten Sprüngen voraus, blieb stehen, drehte den Kopf, wartete, bis wir ihn erreicht hatten, um uns wieder voranzutraben, einer Brücke zu, über die er uns lotste. Drüben lag ein Gebäude, das wir bestimmt unbeachtet gelassen hätten. Ein befrackter Kellner verneigte sich neben dem Eingang. So liebenswürdig er uns empfing, so resolut vertrieb er, mit wedelnder Serviette und unverständlichen Flüchen, den Hund.

Wir waren nicht die einzigen Gäste: braungebrannte Playboys in Netzhemden und hübsche Signorinas saßen an den Tischen und hantierten mit Langusten oder Hummern. Es mußte ein verstecktes Luxusrestaurant sein, das die Gourmets aus Venedig herauslockte. Auf den Büfetts waren Früchte getürmt: Trauben, Melonen, Pfirsiche, Orangen, Auberginen. Wein- und Wasserkaraffen standen auf den Tischen. Blumen waren dekorativ verteilt, und in die Mauern waren Stücke römischer und romanischer Figuren eingesetzt. Die Kellner beherrschten viele Sprachen, trotzdem, wir konnten uns nicht wehren gegen die vielen Gänge, zu denen sie uns überredeten. Es schmeckte großartig. Nein, wir wollten nicht an die

Rechnung denken. Wir nahmen Eis und Kaffee und Patisserien am Ende. Die Zeit war rasch vergangen, wir mußten uns sogar beeilen, das fahrplanmäßige Vaporetto noch zu erwischen.

Der Hund hockte vor der Tür, neben dem Weg am Kanal. Mit Girlanden von Treuekundgebungen gab er uns das Geleit zum Anlegesteg. Noch vom Deck aus sahen wir ihn am Ufer hin und her laufen. Er bellte zu uns hoch, bis sich das Vaporetto in Bewegung setzte, und wir von der Reling weggingen. Wir haben uns schlecht gegen ihn benommen, sehr schlecht. Ob Margot das gleiche dachte? Vielleicht. Wir waren kein junges Liebespaar mehr, das alle seine Gedanken austauscht.

Auch den Alten sahen wir nochmals in Venedig. Wir promenierten auf dem Markusplatz, und als wir im Quadri einen Espresso tranken, kam er vorbei, uns zu begrüßen. Bevor er uns an die nicht eingehaltene Verabredung erinnern konnte, erwähnten wir unsere Fahrt nach Torcello. »Ich weiß«, sagte er. »Sie hatten recht. Um Venedig zu verstehen, muß man Torcello kennen.« Und er sagte einiges, was wir schon im Reiseführer über Torcello gelesen hatten. Seinen Redeschwall abzubrechen, sagte ich: »Und ein Hund war da, der uns die Sehenswürdigkeiten zeigte.« »Ich weiß«, sagte er, »ein anhänglicher Köter, der sich so leicht nicht abschütteln läßt.« Ohne Gruß ging er weg von unserem Tisch, ging über den großen Platz, bis er im Touristengewimmel nicht mehr zu sehen war. War's nur einer seiner ironischen Einfälle? Ich weiß nicht. Seitdem, wenn irgend jemand von Venedig schwärmt, sind wir immer etwas bedrückt.

Guten Winter, Garçon!

Nur die beiden Engländer sind noch da – ausgerechnet sie, die ein einziges Wort zur Konversation beitragen: Beefsteak! Seit Anfang Oktober essen sie Beefsteak, mittags und abends, und jetzt sind wir in der letzten Oktoberwoche, haben den ersten Wolkenbruch und den dritten Mistral hinter uns, und sie verschmähen noch immer die Spezialitäten des Hauses, Bouillabaisse, Ratatouille, Pieds et Paquettes – selbst Mädchenbeine lassen sie kalt; sie tragen Badehöschen wie Body-Building-Athleten, und der bebrillte Mister hat sich die Schläfen blondiert – die Saison ist tatsächlich am Ende. Der Wind bläst die Tische und Stühle von der Terrasse, wenn ich sie nicht endlich hereinhole, und das Meer schiebt seinen Abschaum in unsere Bucht – der Strand ist so und so ruiniert. Die Touristen haben ihre Souvenirs hinterlassen: Cremetuben, Sonnenölflaschen, Konservendosen und Plastikbeutel; ja, vor allem Plastikbeutel sind's in diesem Jahr. Lucien auf seinem Campingplatz guckt in die Röhre, und Ben und Achmed, unsere Stadt-Algerier, streifen durchs Pinienwäldchen, ob sie nicht doch noch eine stramme Brieftasche finden – vergebens! Fini la saison! Sie war nicht schlechter und nicht besser als die früheren; alle kamen auf ihre Kosten, auch ein Carçon ist kein Stiefkind der Geldschwemme, erst recht kein Garçon im »Kontiki«, wohin es die Leute vom Film wie Magnetspäne zieht; und wo die absteigen, da drängelt sich auch das Volk, weil es die Nasenlöcher seiner Flimmerhelden mal aus der Nähe bestaunen will. Für mich sind alle Gäste gleich – Hauptsache, sie machen mir keine Scherereien. Die großen und kleinen Stars wollen partout ihre sechsstelligen Gagen loswerden, bevor sie nach Paris oder Rom zurückfahren. Sie dürfen. S'il vous plaît! Merci beaucoup! Monsieur Philipp, mein Patron, sagt ab und zu – so laut, daß es alle hören und weiterverbreiten –: Die Gäste sind mir lieber als das Geld, das sie mir bringen. Hört sich plausibel an und stimmt doch nicht; aber wer sieht nicht gern Geld in rauhen Mengen? Ich trage die Trinkgelder jeden Monat auf mein Sparkonto im Crédit Lyonnais. Wenn ich durchhalte, bin ich in fünf, sechs Jahren so weit, daß ich mich selbständig machen kann – aber ich wähle einen schöneren Namen: Grotte d'Azur – Colombier – Espérance – oder einfach Chez Roland. In grüner, geringelter Neonschrift: Chez Roland. Das hat bestimmt mehr Faszination als Gorille oder Lion d'or, und an den Kai unten muß die Bar hin, wo die Jachten anlegen, die Sportwagen parken, und wo die Touristen so gern ihren Tee oder Apéritif trinken, wenn die Sonne im Meer versinkt; und einen Sportwagen kann ich mir dann auch leisten, genau wie mein Patron. Diesmal hab' ich's sogar zu einer Filmgage gebracht. Man wollte den Dialog am Tisch mit meiner Wenigkeit auffrischen. Ging ohne Komplikationen, hatte mich selber zu mimen: Garçon! Nicht ich, der Foucherand hat sich immer wieder versprochen, und dann war mal wieder der Himmel nicht in Laune. Filmen ist eine Plackerei. Hinterher, im Kino, sieht's aus wie ein Kinderspiel. Die Valérie hat behauptet, ich hätte das Zeug zu einem Star. Kann sein; ich kann Stimmen imitieren und Grimassen schneiden – aber ich ziele nicht nach Tauben, die, kaum hebt man die Flinte, vom Dach flattern. Ich weiß aus Erfahrung, wie viele Frauen ihre beringten Finger ausstrecken, einem Jungen, der seinen Militärdienst noch vor sich hat, mehr Intelligenz oder Initiative beizubringen. Achtzehn, Neunzehn? Mein Gott, wie herrlich! sagen sie, und: In Ihrem Alter haben Sie noch Ihre ganze, schöne Zukunft in den Händen. So selbstlos sind sie wiederum nicht, daß sie sich mit ihrer Pädagogik begnügen – auch die Valérie wollte mehr –, doch warum soll ich bei so viel Bewunderung nicht ein paar Prozente zurückerstatten? Nein, ich bin kein Gigolo wie Roger vom Bâteau Ivre, der mit jeder weggeht, die für seinen Kleiderschrank oder seinen Roller etwas beizusteuern verspricht; bei der Valérie war Sympathie mit im Spiel, trotz ihrer fünfunddreißig Lenze. Als Françoise dahinter kam, war der Film schon abgedreht. Weinende Mädchen sind das Allerschlimmste, oder, wenn es Mama erfährt; die ist viel zu fromm und schnurrt die Zehn Gebote herunter wie ich die Apéritifs, die auf unserer Karte stehen. Ja, es ist gut, man hat seine Arbeit, so wie ich. Ich decke die Tische, ich serviere das Déjeuner und das Diner, danach, bis um Mitternacht, stehe ich hinter der Bar und auch da habe ich kaum Zeit für ausschweifende Gedanken. Hinterher bin ich müde und schlafe wie ein Murmeltier, bis Madame Berthelot am Morgen an meine Tür klopft. Nach der Saison gehe ich wieder nach Toulon, ins Mirabeau, wo mein Patron mich genauso schätzt wie mein Patron hier. Roland, lassen Sie mich im nächsten Sommer nicht im Stich, sagt Monsieur Philipp; und Monsieur Lecotté sagt: Roland, lassen Sie mich im nächsten Herbst nicht im Stich. So'n Abschiedsgruß hört man gern, und wenn sie großzügig sind, die Chefs, kommt man von allein zurück, nach Toulon oder hierher.

Toulon ist ein Provinznest, und die Matrosen mit ihren roten Pompons können mich am allerwenigsten beeindrucken. Saison bleibt Saison. Ein Garçon überblickt alles, selbst wenn er nicht will. Er ist diskret, drückt die Augen zu und blinzelt durch die Wimpern, wenn's nicht die richtige Türklinke ist, die Monsieur Dupont oder Mademoiselle Duval niederdrücken. Das Frühstück bringt es an den Tag: Entweder sie kommen beide, dann ist alles okay, oder sie bleibt im Zimmer, während er allein unten seinen café au lait nimmt. Dann ist irgend etwas nicht in Ordnung. Sie bringen mehr gute Laune mit, wenn sie ankommen, als sie durchhalten können. Auch Ferien sind eine Strapaze; es gibt Frauen, die schon vom dritten Tag an wegen Migräne im Zimmer bleiben, und es gibt Männer, die jeden Tag einen Flirt bewältigen, und man weiß gar nicht, warum sie sich so anstrengen, wo die Frauen es ihnen doch nur selten danken – und überhaupt so verwöhnt sind mit ihren Ansprüchen, mit ihren Kleidern, mit ihren Launen und so. Im Grunde geht uns das alles nichts an. Wir wollen unsere Gäste nicht vertreiben, indem wir sie bespitzeln, sagt Monsieur Philipp. Nein, wir sind keine Strandwächter, aber langweilig ist es im Kontiki nie. Liberté, égalité, fraternité lernen wir in der Schule – und jeden Sonntag ein Huhn im Topf, und im Bett muß es nicht immer Madame sein – nein, das steht todsicher in keiner Kinderfibel gedruckt, aber in den meisten Büchern steht's drin, und in den Filmen der nouvelle vague können wir's auch sehen. Die Männer haben ganz recht, und die Frauen brauchen kein schlechtes Gewissen zu haben, wenn sie sich mal revanchieren mit einem Roger oder mit mir. Freiheit ist unsere Devise, und dem Geschäft schadet sie bestimmt nicht. Nein, unsere Jungen haben es nicht mehr nötig, vom Kai ins Meer zu springen, um nach ein paar Centimes zu tauchen, und unsere Papas können am Abend, unter den neonbeleucheten Platanen, viel länger Boule spielen, weil sie nicht schon nach Mitternacht rausrudern müssen, um ein paar Doraden oder Lippfische zu fangen, die ihnen dann doch niemand abnimmt. Wer Betten übrig hat und eine Kammer zum Frühstücksraum oder einen Keller zum Night Club möblieren kann, der darf über Winter seine Hände in den Schoß legen. Und wer weder Betten noch Kammern noch Keller zu Geld machen kann, der malt oder fotografiert, der schneidert Strandmoden oder macht einen Laden mit Antiquitäten auf; und wer zu all dem zu dumm ist, der kann noch immer das Messing der englischen, holländischen, deutschen oder französischen Luxusjachten polieren; selbst wer lediglich spazierengeht am Kai – hin und her zwischen dem Leuchtturm und dem Denkmal des Admirals Suffren –, auch dem noch fallen ein paar Brosamen vom Tisch des touristischen Überflusses.

Sieh da, meine beiden englischen Freunde kommen heute vormittag in dicken Wollsweatern. Zum Apéritif wagen sie sich auf die Barhocker, mir einen halben Meter vis-á-vis. Ich schiebe ihnen den gewünschten Ricard vor die Brust – »Cheerio!« – und sehe zu, wie ich zum allerletzten Mal meine Chromtheke blank kriege. Nein, ich bin heute gar nicht in Stimmung, meine fünfzig englischen Vokabeln, die ich beherrsche, herauszurücken. Die beiden machen die Anstrengung nicht wett. Sollen endlich unsere schöne Sprache lernen! Aber sie sind mit ihrer Muttersprache glücklich. Sie sitzen da und trinken sich schluckweise Appetit an auf ihr überraschendes Mittagssteak, dessen Zwiebelduft mich schon in meine blauen Augen beißt. Es wird Zeit, daß ich endlich auf die Terrasse gehe und die Stühle und Tische hereinhole, sonst fliegen sie noch auf Luciens Campingplatz und er behält sie als ein Geschenk des Kontiki für die Saison der Zukunft. Der Wind will mich umwerfen, und der Gischt spritzt meine neue Hose an, und draußen kreuzen die Schlachtschiffe hin und her, weil General Salan morgen oder übermorgen an der Côte d'Azur landen will, so wie 1944, als wir noch Babies waren, die Fallschirmjäger, die uns von den Allemands befreit haben. Yes, Gentlemen, es wird jetzt immer ungemütlicher um euch herum. Ich staple das Terrassenmobiliar mit Gedonner in die Ecke, morgen werde ich die Fenster verrammeln, mit Brettern vernageln und übermorgen motte ich die Kissen und Strandmatratzen ein, daß euch die Luft wegbleibt. Vielleicht entschließt ihr euch doch noch, schon heute zurückzufliegen auf eure neblige Insel hoch im Norden der Halbkugel. Mein Patron hat auf dem Montmartre wahrscheinlich schon die halbe Saison-Einnahme durchgebracht, und Madame Berthelot möchte liebend gern zurück nach Gogolin und ihren inzwischen abgemagerten zehn Kindern eine dicke Soupe des Pêcheurs vorsetzen. Auch ich könnte zwei Tage gewinnen, bevor ich nach Toulon gehe; zwei Tage zum Faulenzen, zwei Tage mehr für mich und meine kleine Françoise, die mir doch lieber ist als alle Valéries, Carolines, Mireilles und so weiter. – Wir haben hier einen Gruß, den es sonst vielleicht nirgendwo gibt, aber nur am Ende der Saison wird er aktuell; wir sagen nicht mehr à tout à l'heure oder salut – wir verwenden dann unseren ganz speziellen Gruß. Besonders pikant klingt er, wenn er einem gilt, von dem jeder weiß: Die Saison hat ihn zu einem Onassis gemacht, aber jetzt ist rapid Schluß, weil die Einheimischen auf seinen Dreh nicht hereinfallen. Wenn zwei Hoteliers sich gegenseitig den Gruß entbieten, hört es sich an, als sagten sie zueinander: Du bist ein ganz großer Gauner, aber nun kannst du machen, was du willst, du liegst auf dem Trockenen! »Bon hiver!« grinse ich zu Lucien hinüber, und den beiden Engländern knurre ich zu: »Bon hiver! – Comprenez-vous?« – Sie ahnen lediglich, daß sie gemeint sind; sie nehmen ihre Gläser zwischen die Fingerspitzen und prosten mir zu: »Cheerio!« Sie sind sogar so splendid und laden mich zum Gegentrunk ein. Ja, danke, aber haut endlich ab. Die Saison ist aus! Fini! Merkt ihr's denn immer noch nicht. Ich habe euch satt, endgültig – aber als wohlerzogener Kellner muß ich meine Gedanken hinter der Stirn bewahren. Mir selber zische ich zu: »Guten Winter, Roland! Bon hiver, garçon!«

Nacht vor Cefalu

Den fremden Namen – schwarz auf weißem Kilometerstein –, den unsere Scheinwerfer für Augenblicke streiften, hatten wir vergessen. Wir spannten die Zelte, schlugen, bei Licht und Schatten hin- und hergeschwenkter Laternen, die Pflöcke in den Kies. Das Meer – Oval einer Birne, die erlosch, allmählich wie die Pergamentleuchte im Kino. Boote auf ihrer Wölbung. Lampen am Kiel, die das Wasser durchfurchten. Thunfischer ruderten hinaus zum Fang.

Ich mußte den Weg zum Dorf ertasten. Eine Mauer großporiger, noch sonnenwarmer Steine. Sturz einer Quelle. Schluck aus der Hand. Eine Kammer, umstellt von Betten, Kissen, Decken, Fellen. Ein Greis lag darin verknotet, er sah herüber, öffnete den Mund, doch kein Wort bildete sich. Mann und Frau im Schlaf: sie, zu ihm gedreht, ihr Haar umflocht seinen schweißigen Rükken; er, auf dem Bauch, das Gesicht in die Hände gedrückt.

Am Tisch, auf zu hohen Stühlen, saßen Kinder, stützten die Ellbogen auf die Kante und hielten die Fächer großer, rot- und schwarzbedruckter Spielkarten vor den Augen. Die kleinen Fäuste zogen Karte um Karte, warfen sie aus hochgereckten Armen in weitem Bogen, doch leise wie Herbstblätter mitten auf die Tischplatte. Ein Junge, dessen Buckel die Stuhllehne überhing, nahm die übereinanderliegenden Karten an sich. Der Spiegel im Waschtisch wiederholte das Bild, warf es zurück in eine ferne Tiefe und Lautlosigkeit. Auch dort nahm der Bucklige die Karten an sich, raffte sie zum Berg, den seine linke schmutzige Hand vor der kurzen Brust umklammerte.

Hunde strichen um die Häuser, Katzen bäumten den Rücken, funkelten, sprangen von den Stufen und huschten durch die trüben Lachen der Fensterlichter quer über den Weg. Ein Pferd mit Menschenhänden, in Stein gehauen, ergriff die schräg zueinandergeneigten Wappen: Rose, Schlange, Delphin. Grünbemalte, grünscheinende elektrische Birnen in den fiedrigen Blättern der Palmen.

Ein Fenster, geteilt von weißlackierten Kreuzen, wie die Fenster der Schlösser. Ein Mann, ein Mädchen, zwischen ihnen das grüne Tuch des Billardtisches. Die rote Kugel, von des Mädchens Queue gestoßen, rollte von Bande zu Bande, die erste, die zweite, die dritte weiße Kugel treffend. Das Mädchen hinabgebeugt, das Profil halb zugeschüttet vom Haar. Der Mann aufrecht, mit bösem Effekt der Augen, die Kugeln störend, während die Hände, unnütz, zerstreut, die Kreide über die Lederkuppe strichen. Das Mädchen verfehlte, richtete sich auf. Das Lächeln seiner Zähne zu verdecken, beugte er sich hinab, schob das Queue durch die aufgestützte Hand und zielte.

Hinten im Zimmer, auf damastenem Sofa, saß eine graue Dame. Halb im Teppichflaum versunken standen ihre Schuhe. Sie stützte ihr Kinn auf den verschränkten Händen, mit festen Augen das Spiel der beiden prüfend. Solange diese Augen zusahen, konnte das Spiel nicht enden, das Spiel des Mädchens, das schön war, das Spiel des Mannes, dem die Augen nach Besitz brannten. Die Uhr auf der Konsole schlug. Der Vogel im Käfig flatterte gegen die Stäbe. Die Palmen löschten aus, aber das Spiel dauerte fort, weil die Augen der Dame forderten, daß es dauere.

In der Taverne saßen Gäste, vor ihnen, auf eisernen Tischen, die Gläser. Sie hoben sie zum Mund, schlürften die schrägen, gelben Spiegel aus. Drei schwarzgekleidete Männer unter schwarzen, breitrandigen Hüten. Hinter ihnen, den Schatten im Gesicht, nahm der Wirt die Geldscheine vom Tisch. Die Männer standen auf, kamen heraus, langsam, schweigend, schritten die Straße hinab ins Dunkel, das gleich hinter dem Neonschein der Reklame begann. Er verzuckte in den bizarren Lettern *Birra Messina*.

Ein Junge lag über der Schwelle, auf den Rücken hingeschlagen, den Kopf über die letzte Stufe hängend, erschlafft wie ein Hirte, der hinter geschlossenen Lidern seine Schafe grasen hört. Seine Hände streichelten sich selber, rieben die Brust unter dem Hemd, krochen unter den Kopf, der darauf sich wiegte. Die Füße nackt, breit, an festen Fesseln, krümmten sich, rieben die Sohlen aneinander, strichen die Waden hinauf und hinab. Auf zerbrochenem Terrazzo stand ein Bügeleisen, glühte aus roten Löchern. Die Zehen des Jungen krümmten sich über der Glut, tupften das heiße Eisen, zuckten zurück. Eine Frau drinnen im Haus rief seinen Namen; ein Name, schön wie ein südlicher Nachtruf, dem er nicht folgte, als tue es gut, ihn so oft und so schmeichelnd zu hören.

Auch die anderen schliefen nicht. Sie standen vor den Pyramiden der Zelte, sahen hinaus aufs Meer, wo die Lichtkegel, auf- und niederschwankend, sich enger schlossen zum Kreis. Einer sagte:

»Sie ziehen das Netz an, zerren die Fische heraus und zerfleischen sie mit Messern über der Reling. Das Meer ist rot von ihrem Blut, aber wir sehen es nicht.« Wir sahen nur die Lampen und den schwarzen Tisch des Wassers. Wir sehen nur die Haut der Bilder, Schlafende, Spielende, Liebende, Träumende, Karten, Kugeln, Wappen, Geldscheine. Hinter Dunkelheit Blut. Hinter Stummheit Schreie.

Mein Onkel aus Amerika

Zuerst besuchte er alle anderen Verwandten. Wir hörten, wie reich er sei und wie viele Geschenke er mitgebracht hatte.

»Warum besucht er nicht auch uns?« fragte ich vorwitzig.

Mein Vater sagte: »Nun, er ist kein richtiger Onkel. So um die sieben Ecken ist er mit uns verwandt. Er ist der Cousin eines Cousins von mir. Als wir zur Schule gingen, haben wir manchen Streich zusammen angestellt.«

Als Siebzehnjähriger war dieser Eduard nach Amerika ausgewandert. In San Franzisko sollten ihm zwei Fabriken gehören.

»Wenn er kommt, sagt ruhig Onkel Eduard zu ihm«, sagte mein Vater.

Onkel Eduard sei von Karlsruhe nach Rom gereist, schrieb Tante Johanna.

Heiner Müller, der ein Jahr vorher aus Amerika zu Besuch gekommen war, wäre bestimmt nicht nach Rom gereist.

Heiner hatte keinen Neffen, keine Nichten, nur seine Schwester Sophie, die gegenüber von unserem Gasthaus eine Konditorei hatte, in der sie Mohrenköpfe, Wundertüten, Lakritze und an den Sonntagen im Sommer Speiseeis verkaufte. Heiner schenkte allen Kindern der Nachbarschaft einen Tennisball und eine Aluminiumdose, in der vierundzwanzig Farbstifte lagen. Auch ich bekam einen Tennisball und eine Dose voller Farbstifte, weil ich Sophie am Sonntagmorgen beim Eismachen half. Ich hatte einen Holzlöffel in die Eismasse zu stemmen und aufzupassen, daß keine Roheisstükke, die mit Viehsalz bestreut waren, in den Kessel fielen.

Wenn die Masse steif war, tropfte Sophie aus verstaubten Weinflaschen Sirup hinein: grünen, gelben oder roten Sirup. Die Eismasse färbte sich und schmeckte nach Waldmeister, Pfirsichen oder Himbeeren.

Heiner sagte dann immer: »Sophie mischt Gift ins Eis! So eine ist meine Schwester!«

Sophie und Heiner rangen miteinander, zum Spaß. Mir boxte Heiner vor die Brust, und er lachte immerfort.

Er trug hellbraune Stiefeletten, eine gestreifte Hose und ein rosafarbenes Hemd, auf dessen Schultern Achselstücke genäht waren. Wenn er in die Stadt fuhr, knöpfte er Hundedeckchen über die Schuhe und setzte eine Melone aus grauem Filz auf.

Am Sonntagmorgen kamen Leute in den Hof, um sich mit Heiner zu unterhalten. Er setzte sich auf die Steintreppe und bot amerikanische Zigaretten an, die er aus der Brusttasche seines Hemdes angelte.

»Wie gefällt es dir wieder in der alten Heimat?« fragten sie.

»Gut, sehr gut – doch ewig hierbleiben, nehmt's mir nicht übel, Leute, könnte ich beim besten Willen nicht. Ich müßte ersticken. Amerika hat Platz für alle!«

Sophie, die sich in der Nähe aufhielt, sagte: »Nächstes Jahr besuche ich meinen Bruder in New York. Er bezahlt mir die Überfahrt auf der ›Bremen‹, erster Klasse!«

Im gleichen Jahr kam auch Amanda Klein zu Besuch. Sie war so elegant angezogen, daß die Leute, die sie von ihrer Schulzeit her noch in Erinnerung hatten, sie nicht mehr erkannten. Sie hatte einen Bubikopf, trug fleischfarbene Strümpfe und einen Rock, der hinten länger herabhing als vorn. Er flatterte bis über die Schenkel hinauf, wenn sie auf dem Sozius hinter Theo davonfuhr.

Jeden Abend fuhren sie miteinander in die Stadt; und niemand wußte genau, wann sie zurückkehrten.

Theo ließ amerikanische Schlager auf dem Grammophon spielen und tanzte dazu, wenn keine Gäste da waren, Charleston und Shimmy.

Meine Mutter sagte: »Das hat diese Amanda angerichtet! – Vergiß nicht, sie ist fünf Jahre älter als du!«

»Ich will sie doch gar nicht heiraten«, sagte Theo. »Ich will mich nur amüsieren.«

»Wenn sie nur bald abreist, diese Amanda«, sagte meine Mutter, und auch Fanny und ich sagten es, wenn wir Theo ärgern wollten: »Wenn sie nur bald abreist, diese Amanda!« Als Heiner abreiste, lief das halbe Dorf zum Bahnhof. Die Kapelle der Feuerwehr spielte »Muß i denn«. Heiner zog die Brieftasche und stiftete ein Faß Exportbier, und der Zug wartete, bis es aus der Bahnhofsrestauration angerollt kam und angestochen wurde.

Alle winkten, bis Heiner und Sophie, die nebeneinander auf der Plattform des letzten Wagens standen, nicht mehr zu sehen waren.

Onkel Eduard kam, als wir ihn schon fast vergessen hatten. Wie irgendein anderer Gast trat er durch die vordere Tür. Mein Vater hatte ihn gleich erkannt und ihm lange die Hand geschüttelt. Wir sagten: »Guten Tag, Onkel Eduard«, doch er war uns fremder als Onkel Theodor oder Onkel Friedrich, die zwei oder drei Mal im

Jahr zu Besuch kamen und immer etwas mitbrachten.

Voller Erwartung sah ich auf Onkel Eduards Koffer, der mit Messingbeschlägen besetzt war. Er hat ihn erst oben im Fremdenzimmer geöffnet und jedem von uns hat er eine Medaille geschenkt, die der Papst gesegnet hatte.

»Ja, Rom wollte ich unbedingt sehen«, sagte er. »Ich bin länger da geblieben, als ich mir eigentlich erlauben durfte. Jetzt bleiben nur noch drei Tage bis zur Abfahrt des Schiffes.«

Auf der einen Seite der Medaille war der Kopf von Papst Pius XI. zu sehen, auf der anderen Seite die Heilige Pforte, die alle fünfundzwanzig Jahre vom Papst mit einem goldenen Hämmerchen geöffnet wurde.

»Wir haben es im Radio gehört, wie der Heilige Vater geklopft hat«, sagte meine Mutter.

»Und ich habe es gesehen«, sagte Onkel Eduard.

Sonst unterhielt er sich mit meinen Eltern über die Schulzeit und über die anderen Verwandten, die er besucht hatte. Er hatte alle Gräber besucht von denen, die in der langen Zeit seiner Abwesenheit gestorben waren.

Er ging früh schlafen, und am nächsten Morgen sagte er, er wolle einen Spaziergang machen. Ich sollte ihn begleiten, damit er sich nicht verirre.

In unserem Dorf gab es keine Sehenswürdigkeiten. Vor dem Dorf ging man nur an Sonntagen oder Feiertagen spazieren, im Mai und im Juni, wenn die Sonne schien.

Die Feldwege führten durch Kartoffel- und Rübenfelder, durch Lehmwände und Raine, die alle gleich aussahen. Man begegnete nur leeren oder beladenen Wagen, die zwei langsam schreitende Kühe zogen. Man mußte vor ihnen auf den Grasrand neben den Wegen ausweichen. Nicht nur der Bauer, der oben auf dem quergelegten Brett mit der Peitsche saß, auch die Kühe sahen einen mit vorwurfsvollen Augen an, als hätte man nicht das Recht, am Werktag spazieren zu gehen.

Onkel Eduard grüßte jedesmal freundlich, und meist bekam er eine Antwort. Er freute sich an den Feldern und an der Aussicht, die man oben auf den Hügeln hatte.

»Das ist die Rheinebene«, sagte ich und zeigte nach Westen.

»Das ist der Odenwald«, sagte ich und zeigte nach Norden.

»Und das ist die Dürener Höhe«, sagte ich und zeigte nach Osten.

Auch in den Wald wollte er ein Stück hineingehen, und immer, wenn es ihm gefiel, blieb er stehen und sagte: »In der Heimat ist es doch am schönsten.« Nie erzählte er von Amerika, wie Heiner. Er wiederholte die gleichen Sätze und mir stellte er nur die Fragen, wie sie Ältere den Kindern stellen: »Wann kommst du zur Schule?« – »Wirst du gern lesen und schreiben lernen?« – »Und was willst du einmal werden?« Ich wußte es noch nicht.

Schon während des ersten Spaziergangs hatte Onkel Eduard etwas gemacht, was man vor anderen nicht machen durfte. In der Kinderschule wurde man von Schwester Tobia sogar geohrfeigt und vor die Tür gestellt. In der Volksschule wurde man bestimmt übers Knie gelegt.

»Nur die Buben vom Unterdorf machen so was«, sagte Schwester Tobia.

Onkel Eduard schämte sich nicht. Er hustete nicht einmal hinterher. Er schritt weiter, setzte seinen Stock senkrecht in die Wagenspuren, als sei nichts geschehen.

Am Sonntag, auf dem letzten Spaziergang, als ich ihm nach dem Hochamt Klärchens Grab auf dem Friedhof zeigte, hat er sich drei Mal so aufgeführt.

Klärchen war im gleichen Jahr gestorben, in dem ich geboren wurde. Es hatte im Gräberfeld der Kinder ein von Granitsteinen gefaßtes Grab, und am Kopfende stand ein Granitblock, auf den eine Marmorfigur geschraubt war, die Ähnlichkeit mit Klärchen haben sollte. Ein Mädchen, aus Marmor gemeißelt, das seinen Lockenkopf an ein Kreuz lehnte. Es trug eine Schürze mit einer großen Schleife im Rücken und über dem Schoß hielt es einen Kranz, in dem man die Blätter und die Rosen unterscheiden konnte.

Wie gut, daß die anderen Friedhofsbesucher weit weg waren; ich hätte mich sonst schämen müssen.

Am Montag darauf brachte mein Vater den Onkel Eduard im Auto zum Bahnhof. Er reiste mit dem Schnellzug nach Hamburg und dann im Schiff über den Ozean.

Wir hatten eben begonnen, die Suppe zu essen, als mein Vater zurückkam. Er setzte sich auf seinen Platz am oberen Tischende und sagte: »Ja, ein bißchen komisch ist er schon geworden, der liebe Eduard.«

»Aber er ist fromm«, sagte meine Mutter. »Auch im fernen Amerika hat er nicht seinen Glauben verloren, wie das Fräulein Amanda oder der Heiner Müller.«

»Na, wer weiß, was er da treibt«, sagte mein Vater. »Sein Geld verschenkt er bestimmt nicht den Bettlern –«

»Er ist sparsam und korrekt«, sagte meine Mutter.

»Und trocken wie eine Schuhsohle –«

Mein Vater selber machte mir Mut, Onkel Eduards Bild anzuschwärzen. Ich sagte: »Er hat immer gefurzt!«

Die Löffel blieben da, wo sie gerade waren, im Mund, vor dem Mund, im Teller, über dem Teller.

»Was sagst du da?« fragte mein Vater.

»Es kann nicht sein, was das Kind gesagt hat –«, sagte Fräulein Luise am unteren Tischende.

Die Augen meiner Brüder blitzten vor Begeisterung.

»Ja, er hat –, sogar am Grab von Klärchen hat er, dreimal –«. Ich gab dem Wort, das ich noch nie zu sagen gewagt hatte, zuerst eine noch festere, dann eine etwas schwächere Betonung.

Fanny prustete die Suppe, die sie schon im Mund gehabt hatte, über ihren und über Theos Teller.

Mein Vater, der sicher mehr Spaß als Ärger an meinem Mut hatte, und der Duckmäuser sowieso nicht leiden konnte, zog mich trotzdem am Ohr vom Stuhl und schob mich vor den Geschirrschrank, wo ich mit dem Rücken zum Tisch stehen und hungern mußte.

Im Hintergrund gab es danach keine Unterhaltung mehr. Weder an diesem noch an einem anderen Tag wurde nochmals von Onkel Eduard gesprochen.

Zu sehr hat er uns alle enttäuscht.

La Paloma oder Der Liebe Nahrung

In den braunen, brettergestreiften, miefigen Wagen der Kleinbahn, die aus der Kreisstadt ins Dorf fuhr, kam es am Abend vor, daß die Lichter hinter den viereckigen, in die Wände gesetzten Scheiben verlöschten, weil die Dochte im Petroleum ertranken vom Stoß der Räder, die über die zu weit gelaschten Schienen ratterten. Dunkel saßen die Fahrgäste in den Kupees. Ein Streichholz flammte auf. Zigarettenenden glosten. Ein Arbeiter, der in Rotenberg ausstieg, boxte mir den Ellbogen ins Gesicht.

Nicht alle bedrückte die Dunkelheit. Die Jungen lehnten ihr Knie ans Knie der Mädchen. Männer zogen die Mützen in die Stirn, ließen den Kopf vornüberfallen und schliefen die paar Minuten, bis der Schaffner ihre Station ausrief.

Manchmal kam es vor, daß eine Stimme zu singen anfing. Die anderen hörten zu oder fielen mit ein:

Sie war so schön, so schön wie Milch und Blut –
Von Herzen war sie einem Räuber gut.

Andere Fahrgäste unterhielten sich lauter und ungenierter, weil die Dunkelheit Gesicht und Augen verbarg, und der Gesang die Stimmung erweichte.

Eine Frau sagte: »Nein, es gibt nichts Schöneres als dieses ›La Paloma‹! Wenn es die Rosl und der Leo spielen, die Rosl auf dem Klavier, und der Leo auf der Geige – ich fange an zu weinen, ob ich will oder nicht.«

Rosl und Leo, ich kannte sie gut. Sie waren die Kinder des Lehrers Ritzl, die bei den bescheidenen Konzerten des Dorfes, bei den Stiftungsabenden der Vereine, den Weihnachts- und Neujahrsfeiern, in unserem Gasthaus auch, als umschwärmte dörfliche Virtuosen aufgetreten waren.

»Und wenn ›La Paloma‹ im Radio kommt«, sagte die Frauenstimme weiter, »lasse ich die Teller fallen, weil ich vor Tränen blind bin.«

Als der Schaffner kam, die Fahrkarten mit der Zwickzange zu lochen, fiel der Schein der Karbidlampe, die ein gewölbter Spiegel dahinter so grell macht, in das Gesicht jener Sprecherin. Es war Sophie, eine Nachbarin von uns. Sie hatte vor einem Jahr eine Mietwaschküche eröffnet, die von den zögernden, dem gewellten Waschbrett anhänglichen Frauen des Dorfes zunächst spärlich, dann mit wachsendem Ansturm aufgesucht wurde und bald ein florierendes Unternehmen war. Sophie, unverheiratet, galt im Dorf als eine robuste Person, die mit hochgekrempelten Ärmeln zupakken konnte, und der ich – wahrscheinlich auch alle anderen – soviel Gefühl gar nicht zugetraut hatte.

Wenige Wochen nach jener Bahnfahrt quartierte sich bei uns ein Herr Ferdinand Schwarz ein. Er sollte für einige Wochen den erholungsbedürftigen Bahnhofsvorsteher Gramlich vertreten. Jeden Abend nach neun Uhr betrat Herr Schwarz die Gaststube, setzte sich an den Tisch unter der ausgestopften Eule, aß zu Abend, steckte sich eine Zigarre an und durchblätterte die Zeitung.

Unter den Leuten, die schnell »über die Straße« zum Büfett kamen, war auch Sophie. Sie schob ihren grünen Siphon zum Bierzapf, wartete, bis mein Vater ihn gefüllt hatte, zahlte und ging mit barschem Gruß.

Ich saß um diese Zeit meist an einem der Tische und machte meine Schulaufgaben. Da ich nun an ihr Bekenntnis im Zug dachte, beobachtete ich sie genauer als früher. Ich bemerkte, sie kam regelmäßiger, seitdem Herr Schwarz unser Gast war. Sie sah zu ihm hinüber, und er sah herüber. Einmal fragte er, ob sie denn soviel Bier allein trinken könne. Die Herren am Stammtisch drehten die Köpfe. Sie sagte: »Warum nicht?« ergriff ihren Siphon und zog hart die Tür hinter sich zu.

Näher kamen sie sich nicht. Sie wirkte wieder resolut gepanzert, und er schien ausgesprochen schüchtern zu sein.

Shakespeare läßt in seiner Komödie »Was ihr wollt« den Prinzen Orsini sagen »Wenn Musik der Liebe Nahrung ist, spielt weiter! Gebt mir volles Maß.« Ich kannte damals Shakespeare und sein schönes Wort noch nicht. Ich war zehn Jahre alt, in der vierten Volksschulklasse, lernte Aufsätze und Diktate schreiben, Gedichte aufsagen und Rechnen, das mir gar nicht leichtfiel. Ich träumte über dem Atlas und las im »Robinson Crusoe«. Seit einem Jahr hatte ich Klavierstunde bei Fräulein Wagenseil, und ich war gerade so weit, daß ich die ersten Sonatinen von Dussek und Clementi spielen konnte.

Als ich wieder in die Kreisstadt kam, kaufte ich mir in der Musikalienhandlung »La Paloma – Tango und Lied«. Es war ein vierseitiges Notenheft mit einem bunten Titelblatt: zitronengelbe Häuser mit roten Ziegeln, grüne Zypressen, ein blaues Meer und darüber eine weiße Taube mit ausgebreiteten Flügeln. Ich legte

Fräulein Wagenseil das Heft vor und bat üben zu dürfen. Sie sagte, ich sei noch nicht so weit fortgeschritten, einen Tango zu bewältigen, mein Spiel würde dadurch unsauber, und mit dem Takt sei es bei mir sowieso nicht weit her.

Also übte ich allein »La Paloma«. Es ging schwer. Mit der linken Hand mußte ich eng neben- und übereinanderliegende Tasten suchen, den Tango-Rhythmus schlagen und mit der rechten Hand gleichzeitig die geschmeidige Melodie darüberspielen.

Unser Klavier war kein Prachtstück. Es war früher ein elektrisches gewesen. Wenn ein Gast einen Zehner in den Schlitz warf, geriet eine Walze, über die ein gelöcherter Pappstreifen lief, in Bewegung, bediente die Filzhämmerchen, die »Puppchen, du bist mein Augenstern«, »Im Grunewald, im Grunewald«, Preußische Märsche und Walzer von Waldteufel mechanisch herunterspielten und dabei die Tasten, wie von unsichtbaren Fingern gedrückt, auf und ab bewegten. Mein älterer Bruder Theo, der schon früh andere Talente als musikalische zeigte, hatte im elektrischen Mechanismus ein Rädchen entdeckt, über das man einen Treibriemen spannen konnte. Er übersetzte ihn auf die kleine Buttermaschine, die mühsamer und langwieriger mit der Hand zu drehen war. Bis die Walze abgespielt hatte – »Heinzelmännchens Wachparade« war Theos Lieblingsstück – war die Butter gestoßen.

Trotz dieser nützlichen Doppelfunktion ließ mein Vater den elektrischen Mechanismus herausnehmen. Der Klavierstimmer, Herr Eder – der jedes Jahr um die Osterzeit kam und mir einen roten Zuckerhasen schenkte –, hatte ihm dazu geraten. Er sagte, es bekäme dann einen volleren Klang; durch den Ausbau der Mechanik vergrößere sich die Resonanz.

Doch das Klavier klang matt. Die tiefen Töne schollerten, als rollten Kartoffeln über Bohlen. Die hohen Töne klimperten trocken, als läge Kreide auf den Saiten. Das zweigestrichene F – das ausgerechnet so oft vorkam – blieb manchmal hängen, und die Tasten waren gelb vom Rauch der Gaststube und den Nikotinfingern der Spieler, die bei den Tanzmusiken im Saal zur Geige und Trompete begleiten.

Als ich auf diesem Klavier an einem Vormittag – mein Vater war weggefahren, meine Schwester bohnerte im ersten Stock die Zimmer, meine Brüder waren in der Schule – den Tango »La Paloma« vielleicht fünfzigmal gespielt hatte, kam meine sanfte Mutter, sonst die geduldigste Zuhörerin meiner Übungen, aus der

Küche und schrie: »Ich kann dieses Stück jetzt nicht mehr hören!« Ich versöhnte sie mit dem Allegro der Clementi-Sonate in C-Dur. Als sie in die Küche gegangen war, begann ich leise, mit dämpfendem Pedal »La Paloma«.

Hätte ich die »Damm-Schule« und die ungeliebten Etüden von Czerny so hartnäckig geübt, ich wäre ein Liszt geworden!

Nach drei Wochen zäher, ein- und zweihändiger Anstrengungen brannte ich auf die Gelegenheit, »La Paloma« zu spielen, wenn Sophie am Büfett stand. Doch zu einer wohlüberlegten Gelegenheit gehören mehrere glückliche Fügungen. Sie fügten sich nie, und eines Abends – der Stammtisch war leer – hörte ich Herrn Schwarz zu meiner Mutter sagen, morgen käme er zum letzten Mal. Herr Gramlich sei, früher als vorgesehen, von seinem Urlaub zurückgekehrt, das bedeute, daß er uns verlassen müsse, was ihm sehr leid tue, denn es habe ihm bei uns wirklich gefallen, das Essen sei gut bürgerlich, er habe bestimmt zehn Pfund zugenommen, und wenn er wieder in der Gegend zu tun habe...

Ich ging zum Klavier, öffnete den Deckel, drehte den Sessel in meine Sitzhöhe und dachte, während ich das Notenheft aufschlug, spiele ich »La Paloma« wenigstens für ihn, zum Abschied gewissermaßen. Ich griff in die Tasten und spielte mit schleppender linker Hand und leichter, durch das tückische zweigestrichene F irritierter rechter Hand viel melancholischer als ich eigentlich wollte »La Paloma«.

Währenddem wurde die Tür geöffnet. Ich hörte Sophie »Guten Abend« sagen und Herrn Schwarz »Guten Abend« antworten. Jetzt kam meine Stunde! Ich spielte »La Paloma« wie ich es nie gespielt hatte und nie mehr später spielte. Hinter mir wurde ein Stuhl gerückt. Meinen Eifer konnte nur noch ein summendes Pedal und ein brausendes Fortissimo steigern. Ich improvisierte, ich sang, denn die menschliche Stimme – das hatte Beethoven vor seinem Tode erkannt – übertrifft die Sprache der Instrumente. Ich schloß mit einem brillanten Accelerando, drehte mich im Sessel und sah, wie Sophie ihre Hand aus der Hand des Herrn Schwarz zog, wie sie ihr Taschentuch an die Augen führte, er sich aufrechter setzte als zuvor und nach dem Knoten der Krawatte griff. »Spiel weiter«, sagte Sophie. Ich spielte »La Paloma« so lange, bis meine Mutter mich zum Schlafengehen zerrte.

Herr Schwarz reiste am nächsten Tag nicht ab. Er blieb in Logis, obwohl Herr Gramlich termingerecht zurückkehrte. Herr Schwarz reichte bei der Kleinbahn AG seinen Abschied ein und heiratete vier Wochen danach Sophie, die ihm den Plan einer Großwäscherei entwickelt hatte.

Am Hochzeitstag kam Herr Oberlehrer Lämmlein – der sehr dick war und in der Kirche die Orgel spielte – in die Gaststube, um sich an einem Glas Spätburgunder für das langwierige Hochamt zu stärken. Während ich den Wein eingoß, sagte ich, ob er heute zur Trauungszeremonie nicht »La Paloma« variieren könne, mit Celesta, Aeolosharfen, Vox humana und ähnlichen Registern. »Wie kommst du auf die Idee, Hansel?« fragte er. »Ich mein halt so«, sagte ich und schob das Glas vor seine runde Weste.

Spalierbäumchen

»Die Patres sind nett«, sagte die Mutter. Edgar sieht aus dem Fenster des Besuchszimmers in den Garten hinaus. Die Zweige einer Trauerweide hängen über geharkte Beete, und eine Amsel schlüpft eben aus dem Schirm ihrer Zweige.

»Sicher bekommst du Heimweh – doch ich werde dich besuchen, so oft ich kann.«

In weiten, schnellen Sprüngen hüpft die Amsel über den Kiespfad.

»Deine Sachen sind hier im Koffer. Vier Laken, sechs Kissenbezüge, zwei Nachthemden, vier Paar Strümpfe –«

Die Mutter zählt alle Gegenstände auf und zuletzt sagt sie: »In jedes Stück ist deine Nummer eingenäht: einhundertsechsundzwanzig.«

Die Amsel fliegt wie ein Pfeil über die Gartenmauer.

»Einhundertsechsundzwanzig! Hast du zugehört? Kannst du die Nummer behalten?«

»Warum eine Nummer?«

»Weil so viele hier sind«, sagt die Mutter. »Weil alle Schüler Laken, Kissenbezüge, Nachthemden und was sonst noch vorgeschrieben ist, mitzubringen haben. Damit sie nicht verwechselt werden!«

»Ich mag nicht zu so vielen.«

Die Mutter hat die Handtasche geöffnet und sucht etwas. Sie sagt: »Es wird dir bestimmt gefallen! Ihr spielt zusammen, ihr lernt zusammen, ihr wandert zusammen. Du wirst mich bald vergessen –«

Die Mutter betrachtet sich im Handspiegel und tupft Puder über die Nase und die Wangen.

»Gehen wir jetzt in den Garten?«

»Ja, gern. Die Luft ist so drückend.«

Nebeneinander gehen sie den Kiespfad hinauf, der am Ende gegen eine Mauer stößt. Unten, am Ende der Mauer, kann man das Tor mit den schwarzen Gitterstäben, und die Straße, auf der sie mit dem Taxi aus der Stadt gekommen sind, sehen.

»Diese Ruhe –«, sagt die Mutter. »Am liebsten würde ich gleich bei dir bleiben! Aber Frauen dürfen das Kloster nicht einmal betreten!«

»Hast du nicht gesagt, es ist ein Internat?«

»Ein Kloster und ein Internat. Ein Kloster mit einer berühmten, teuren Schule, die sich viele Eltern gar nicht leisten können.«

»Schickt Papa das Geld?«

»Er muß. Er wird sich sogar freuen, daß du hier bist, und wird dir bestimmt jeden Monat einen langen Brief schreiben.«

Als sie den Kiespfad zurückgehen, kommt ein Pater über den Hof zum Garten herauf. Er bleibt vor ihnen stehen, sagt »Guten Tag«, aber der Mutter gibt er keine Hand.

Edgar legt er beide Hände auf die Schultern und sagt: »Ich bin der Pater Präfekt, und du bist sicher einer der Neuen, die in die Sexta eintreten wollen.«

Edgar hörte seine Mutter antworten: »Ja – und ich glaube, es fällt ihm gar nicht leicht. Es war viel zu viel allein, sein Vater ist meist im Ausland, und Geschwister hat er auch keine.«

»Also ein Muttersöhnchen –«

»Nein – aber er ist ein wenig verträumt«, sagte die Mutter.

Der Pater Präfekt trägt eine schwarze Soutane, schwarze wuchtige Schnürschuhe und auf dem Hinterkopf ein schwarzes, rundes Käppchen. In der rechten Hand hält er ein Gebetbuch mit Goldschnitt, aus dem gelbe und lila Bänder als Lesezeichen hängen.

Er sagt: »Dann ist es besonders gut, daß Sie Ihren Jungen zu uns bringen. Hier wird er viele Geschwister, viele Freunde haben, und ich werde die Stelle des Vaters zu ersetzen versuchen.«

Die Mutter sagt: »Edgar liebt sehr die Natur –«

Der Pater Präfekt sagt: »Jedes Wochenende machen wir lange, gemeinsame Spaziergänge. In der Umgebung gibt es Wälder und Steinbrüche. Da kann er sich austoben, soviel er will. Aber Zucht und Eifer sind gleichfalls nötig.«

Sie sind bis zur Mauer hinaufspaziert. Der Pater Präfekt bleibt stehen und zeigt auf die Spalierbäumchen, die mit Bast an gekreuzte Holzstangen gebunden sind.

»Eifer und Zucht – wie in der Natur. Wie hier bei unseren Spalierbäumchen. Unser Bruder Gärtner schneidet sie, bindet sie. Nein, er läßt sie nicht wachsen, wie sie selber wollen. Vielleicht schmerzt sie's sogar ein wenig, beschnitten und festgebunden zu werden, doch dafür sind die Äpfel und Birnen, die sie tragen, auch viel größer und saftiger als die Früchte an den wilden Bäumen.«

»Hast du gehört, Edgar?« fragt die Mutter.

Sie gehen über den Rasen zu den Spalierbäumchen hin. Der Pater Präfekt beugt sich zu Edgar herab und sagt: »Siehst du, wie ordentlich sie unser Bruder Gärtner gepflegt hat? Man sieht schon die ersten Knospen. Viele, viele Knospen.«

Auf dem Pfad ist nicht so viel Platz, daß sie zu dritt nebeneinander gehen können. Die Mutter und der Pater Präfekt gehen voraus, und Edgar bleibt zwei Schritte zurück und hört, was sie reden:

»Ich werde ihn besuchen, so oft ich Zeit finde –«

»An jedem Sonntag und Feiertag ist Besuchszeit –«

»Ich habe mir fest vorgenommen, ihn oft zu besuchen –«

»Nicht zu oft. Viele Eltern machen diesen Fehler. Besuche lenken ab, zerstreuen –«

Aber manche Sätze sagen sie so leise, daß sie Edgar nicht versteht. Vielleicht erzählt die Mutter von Vater, so, wie sie auch anderen Leuten erzählt. Eben sagt sie:

»Ja, es ist wohl das Einfachste.«

Der Pater Präfekt sagt mit erhobener Stimme: »Und jetzt werde ich Edgar zeigen, wo er in Zukunft schlafen wird. Komm mit!«

Die Mutter öffnet wieder die Handtasche.

Der Pater Präfekt eilt mit großen Schritten voraus, so daß Edgar beinahe laufen muß.

Die dunkle Säulenhalle hinter dem Eingang nennt der Pater Präfekt »das Atrium«. Auf die Fensterscheiben sind Heilige und Engel gemalt, deshalb ist das Atrium so dunkel. Zwischen zwei Säulen hängt eine Glocke, und eine Uhr schwingt ihren Perpendikel feierlich hin und her.

Silentium steht auf einer Tafel.

Im oberen Stockwerk geht der Pater Präfekt einen langen Flur voraus, von dem eine schmalere Treppe in den zweiten und dritten Stock hinaufführt.

»Die Kleinen schlafen unter dem Dach, weil sie die jüngsten Beine haben«, sagt der Pater Präfekt.

Im Schlafsaal steht Bett neben Bett. Gestreifte Matratzen und Kopfkeile liegen in cremegelben Eisengestellen. Entlang der Wand reihen sich die Schränke, alle gleich groß, eng nebeneinander.

Eine Schranktür steht offen. Ein Junge kniet hinter ihr und nimmt Wäsche aus einem Schließkorb.

Auch diesem Jungen legt der Pater Präfekt die Hände auf die Schultern und sagt: »Hier bringe ich dir einen Gefährten, der zweite, der schon eingetroffen ist.«

Hermann heißt der Junge. Er hat Fledermausohren und der Manchesteranzug, den er trägt, ist ihm zu weit.

Der Pater sagt: »So, ich lasse euch allein. Bis die Glocke im Atrium schlägt, dürft ihr miteinander sprechen. Danach ist Silentium, das heißt: keinen Mucks mehr, verstanden?«

»Verstanden«, sagt Hermann.

»Und du, willst mir keine Antwort geben?« fragt der Pater Präfekt Edgar.

»Ja, ich habe verstanden –«

Als der Pater gegangen ist, sagt Hermann: »Mir gehört das Bett Nummer zwölf. Du kannst das Bett daneben haben, aber du mußt was drauflegen, zum Zeichen, daß es beschlagnahmt ist. Mein Nachthemd ist das Zeichen –«

»Ich nehme ein Bett am Fenster.«

Hermann sagt: »Ich bleibe in Schranknähe, damit mich keiner beklaut. Im Internat wird geklaut, hat mein Bruder gesagt – der hat fünf Jahre im Internat gebrummt.«

Edgar sieht aus dem Fenster über die Hügel. Villen sind zwischen den Bäumen zu sehen, und in der Ebene die Dächer und Türme der Stadt, wo seine Mutter und er aus dem Schnellzug gestiegen sind, und wo sie zu Mittag gegessen haben in einem Restaurant.

Vom Schlafsaal führt eine Tür in den Waschraum. Waschschüsseln, Wasserkrüge, Zahnputzbecher aus weißem Email stehen auf einem Brett nebeneinander, eben so viele wie Betten und Schränke. Auf jede Waschschüssel ist eine blaue Zahl geschrieben, von eins bis vierundvierzig.

»Ich habe Nummer zwölf reserviert!« ruft Hermann herüber. Er ist so tief in seinen Schließkorb gebückt, daß er nicht hört, wie Edgar an ihm vorbeigeht.

Er geht allein zurück, die schmale Steintreppe hinab, durch den Flur zur Haupttreppe, an der Tafel *Silentium* vorbei, an der Uhr mit dem hin- und herschwingenden Perpendikel, hinab in das Atrium mit den bemalten Fenstern.

Er geht schnell über den Kiespfad zur Mauer, wo er seine Mutter zuletzt gesehen hat. Er will ihr sagen, wie er schlafen und wie er sich waschen soll. Neben so vielen! Neben diesem Hermann! Und sie soll ihn wieder mitnehmen nach Hause, in sein Zimmer mit den Büchern und den Bildern, die er an die Tapete kleben darf, und sein Herbarium will er wieder sehen. – Aber seine Mutter ist nicht mehr da.

Niemand ist im Garten.

Unten wird eben das Tor geöffnet, und ein Taxi fährt hinaus. Es ist eingekeilt von den Schülern, die von draußen hereindrängen. Schüler, die Schließkörbe und Koffer tragen, die miteinander reden und lachen.

Edgar sieht, daß ein Taschentuch hinter dem Rückfenster des Taxis gewinkt wird. Er winkt nicht zurück.

Die Schüler überfluten den Hof, aber vor dem Eingang sammeln sie sich in eine Zweierreihe. Das Atrium schluckt sie, und zum ersten Mal schlägt die Glocke an.

Die Wallfahrt

Matt und schlaftrunken stand Hans in der Küche auf dem Tisch, während Anna ihn in die Hose stopfte.

»Seid ihr nicht bald so weit, daß man Kaffee trinken kann?« fragte der Vater.

»Ich wäre längst fertig, wär' er nicht so bockig«, sagte Anna und spannte die Hosenträger, als wollte sie sich an ihnen rächen, daß sie schon bei nachtschlafender Zeit hatte aufstehen müssen.

Hans sprang vom Tisch. In die Schuhe schlüpfte er lieber ohne Hilfe. Es waren neue, gelbe, gelöcherte Sandalen, die graunzten, wenn sich die Sohle bog.

Als Anna die Tassen, die Marmelade, das Brot und die Kanne auf den Tisch gestellt hatte, und der Kaffeeduft die Nasen kitzelte, kam Mutter herein und sagte: »Wir trinken heute keinen Kaffee.«

Vater, der sich schon gesetzt hatte, fragte: »Warum sollen wir keinen trinken?«

»Traurig, wenn du's nicht weißt«, sagte Mutter.

Der Vorwurf war sogar ihrem Rücken anzusehen, als sie vor dem Spiegel die lange Nadel durch den Hut stach.

Der Vater nippte am Kaffee. Anna, die vom Verbot ausgeschlossen war, weil sie zu Hause blieb, saß um so breiter am Tisch und tunkte Brotbrocken in die Tasse. Mutter rief Anna vor den Herd, nahm die Deckel von den Töpfen und erklärte ihr, was sie am Mittag und am Abend kochen sollte.

»Aber wahrscheinlich sind wir am Abend längst zurück«, sagte Mutter.

Im Hof kurbelte der Vater das Auto an, den schwarzen hochrädrigen Renault mit der geschlossenen Kühlerhaube. Der Motor war kalt; er tuckerte, versackte. Der Vater wischte sich den Schweiß von der Stirn, kurbelte wieder, und als er einen Fluch knurrte, sprang der Motor an. Mutter und Hans stiegen ins rüttelnde Auto, Mutter vorne, Hans hinten. Der Vater stieg ein und ergriff den Ganghebel. Anna kam aus dem Haus und rief: »Hans hat die Mütze vergessen!«

Langsam fuhren sie aus dem Hof, bogen in die Straße, die still und leer lag; eine Dorfstraße am Junimorgen vor Sonnenaufgang. Im Bachtal schwammen Nebel über dem Wasser mit, und hinter dem Hügel im Osten schwebte die Sonne herauf, ein Sägeblatt silberner

Zacken, dann der glühende Ball der Sonne selber, der die Augen blind macht, dreht man sie nicht weg.

Mit der Sonne erwachten die Dörfer, die sie durchfuhren. Kühe wankten über die Straße, Pferde trabten zur Tränke; Holztröge, in die das Wasser glitzernd aus rostigen Röhren fiel. Gänse und Hühner flatterten vor den Rädern auf. Leiterwagen stießen aus den Hoftoren. Verschlafene Knechte saßen auf den Böcken und knallten die Kühe und Pferde beiseite.

Auf Wiesen folgten Wälder. Die Sonne filterte ihr Licht durch die Buchenkronen, sprenkelte das Auto, den Vater, Mutter, die flüsternd die Lippen bewegte und die Perlen des Rosenkranzes durch die Finger zählte.

»Eigentlich ist es nicht recht, daß wir im Auto eine Wallfahrt machen«, sagte Mutter. »Die andern Pilger gehen zu Fuß. Aus Trier, aus Fulda, aus Würzburg und Köln kommen sie zu Fuß. Sie tragen Kreuze und Fahnen mit, tragen Kranke auf Bahren, und manche Pilger legen dazu noch Nägel und Erbsen in die Schuhe ...«

»Gekochte Erbsen«, sagte der Vater und lachte.

Er pfiff vor sich hin und drückte den Fuß tiefer auf das Gaspedal. Zur Zahl 60 schlug die Kilometernadel.

Mutter sagte: »Aber es ist schön, daß du uns im Auto hinfährst, auch wenn du an das Wunder nicht so recht glaubst. Es ist ein gutes Werk von dir. Vielleicht bekommst du später dafür die Gnade.«

»Was für ein Wunder denn?« fragte der Vater.

»Das Wunder vom Heiligen Blut!« Und Mutter erzählte dem Vater die Geschichte, die sie Hans am Abend beim Zubettgehen schon erzählt hatte: Vor sechshundert Jahren war einem Priester beim Meßopfer der Kelch umgefallen. Statt Wein ergoß sich Blut über die Altardecke. Das Blut zeichnete zwölf rote Köpfe des dornengekrönten Heilands in das weiße Linnen.

»Vor sechshundert Jahren?« fragte der Vater skeptisch.

»Das Linnen zeigen sie während der Wallfahrtszeit in einem silbernen Schrein. Ihr werdet es sehen.«

Eine Burg stand auf dem Hügel. Eine Fahne wehte über dem Turm.

»Sie wurde im Bauernkrieg zerstört«, sagte der Vater.

Ährenfelder wogten hügelauf, hügelab, die grünen Ährenfelder des Juni mit den roten Punkten der Mohnblumen.

»Es ist die Kornkammer unseres Landes. Du wirst es in der Schule lernen«, sagte der Vater.

Mutter flüsterte den schmerzhaften Rosenkranz. Das Auto brummte dahin. Die Straßen waren holprig. Steinchen prasselten an den Kühler. Der Sog blies den Staub auf, eine gelbe, flatternde Wolke, die weiß hinten auf die Felder niedersank.

Der Vater mußte zweimal halten, weil das Wasser im Kühler kochte. Als er den Deckel abschraubte, schwappte das heiße Wasser über seine Hände.

»Fixsternsakrament!« fluchte er. Fluchte die Sterne vom Himmel, die Teufel auf die Straßen, die Pest über die Kornkammer des Landes.

»Nicht fluchen! Bitte, bitte, nicht fluchen!« jammerte Mutter. »Es ist eine Wallfahrt!«

Die Türme sahen sie zuerst. Hoch über den Hügeln lag die Stadt, über den Dächern der Häuser die Kirche.

»Jerusalem muß so liegen!« sagte die Mutter.

»In einer Viertelstunde sind wir da, wenn das Auto keine Zicken macht. Es ist zuviel für den alten Kasten.«

Mutter betete und blickte verzückt der Wallfahrtsstadt entgegen.

»Einen Hunger hab ich wie ein Bär«, sagte der Vater. »Und du, Hans?«

»Ich auch.«

»Ach, nur an weltliche Dinge denkt ihr«, seufzte Mutter.

Gelbweiße und blauweiße Fahnen hingen in der Stadt aus den Fenstern. Vor dem Gasthaus zum Reichsapfel hielt der Vater. Es gab einen Wortwechsel zwischen ihm und Mutter. Doch zuletzt sagte sie sanft: »Gut, ich gehe allein voraus, und ihr kommt später nach.«

Rasch ging sie die Gasse hinab.

In der Gaststube mußte der Vater dreimal rufen, ehe die Bedienung aus der Küche kam. Ein Servierfräulein, das eine weiße, gestärkte Schürze mit Sicherheitsnadeln vor das schwarze Kleid gesteckt hatte.

»Bei euch ist es ruhig«, sagte der Vater.

»Es ist noch zu früh. Die Wallfahrer sind in der Kirche.«

»Wir sind auch Wallfahrer, und sind hier«, sagte der Vater.

»Wallfahrer mit dem Auto – das gilt nicht«, sagte das Servierfräulein.

»Auch das ist eine Strapaze in eurer Gegend, wo Fuchs und Hase sich gute Nacht sagen, und die Straßen noch nicht mal geteert sind.«

»Soll's was zum Essen sein?« fragte das Servierfräulein leicht pikiert.

»Ja, zum Essen und zum Trinken. Bring eine Wurstplatte und Wein. Für den kleinen Mann eine Limonade. Was für eine willst du?«

»Eine grüne«, sagte Hans.

»Eine Waldmeisterlimonade also«, sagte das Servierfräulein und ging hinter die Theke, wo es in der offenen Tür verschwand.

Der Vater sah dem Servierfräulein nach, rieb sich die Hände, sah Hans an und sagte nochmals: »Einen Hunger hab ich wie ein Bär.«

»Ich auch.«

Das Servierfräulein brachte die Gläser und die Limonadenflasche. Der Vater fragte: »Taugt er was, euer Wein?«

»Die Gäste loben ihn.«

»Ich bin nämlich Kenner, müssen Sie wissen«, sagte der Vater und tätschelte dem Servierfräulein den Popo.

Er redete immerfort mit dem Servierfräulein, während es die Bestecke auflegte. Vaters Stimme war anders als sonst, weicher, freundlicher.

Auf der Wurstplatte lagen viele Sorten Wurst, rosarote Lyoner, dunkelroter Schinken, Leberwurst, Salami, schwarzer Schwartenmagen mit weißen Grieben. Zwiebeln und Gurken, in Fächer geschnitten, waren rundherum auf den Plattenrand gelegt. Brot, dunkelbraune, feuchte Stücke mit verbrannter Kruste, waren in einem Körbchen wie ein Scheiterhaufen übereinander geschichtet.

»Es schmeckt! Es schmeckt bei euch!« jubelte der Vater. »Schmeckt's dir auch?«

Hans hatte den Mund voll. Er nickte.

»Es muß ihm schmecken, besser als zu Hause. Mir schmeckt's auch besser als zu Hause«, sagte der Vater zum Servierfräulein hinauf.

»Wohl bekomm's!«

»Danke, das tut's!«

Hans trank die Limonade zu Wurst und Brot, zu hastig, weil Mutter nicht dabei war und mahnte. Hans rülpste. Der Vater und das Servierfräulein lachten zusammen, als wären sie lange miteinander bekannt.

Als die Platte leer war, rückte Hans auf dem Stuhl hin und her. Der Vater bestellte das dritte Glas Wein, dabei hielt er das Servierfräulein am Arm fest.

Zu Hans sagte er: »Du hast wohl kein Sitzfleisch mehr. Wie wär's wenn du allein vorausgehst...«

»Ja.«

Draußen ging Hans die Gasse hinab. Die hohen Mauern der Kirche schlossen sie am Ende zu, und die Orgel brummte in der Ferne. Aber Hans hatte die Mütze vergessen. Immer vergaß er die Mütze. Er ging die Gasse zurück und schämte sich im voraus schon vor dem Lachen des Vaters.

Als Hans die Tür öffnete, sah er das Servierfräulein neben dem Vater sitzen. Er hatte dem Servierfräulein den Arm um die Schulter gelegt. Sie saßen mit dem Rücken zu ihm, und sie hörten nicht, wie Hans die Tür öffnete – und wieder schloß.

Aus zwei Straßen, die vor der Kirche auf einen großen Platz mündeten, kamen die Pilger. Sie sangen; sie gingen hinter Fahnen und Kreuzen her. Priester und Meßbuben schritten voraus. Ein bärtiger Mann trug ein Kreuz aus baumstammdicken Balken, trug es auf der Schulter wie Christus auf dem Bild in Mutters Schlafzimmer. Mädchen trugen Wachsstöcke, Birkenzweige und Feldblumen, die dufteten.

Die Pilger, die von rechts kamen, sangen ein anderes Lied als die Pilger, die von links kamen. Die Lieder wehten zusammen. Der Klang der Glocken, die oben im Turm in den offenen Fenstern die Mäntel schwangen, deckte die Lieder fast zu, und die Orgel rauschte aus der Kirchentür.

Wo die Pilgerzüge sich kreuzten, geriet auch Hans in ihr Gedränge. Sie drückten ihn mit durch das Portal in die hohe Kirchenhalle. Sonnenbündel aus bunten Scheiben schossen schräg durchs Dunkel. Der Hochaltar war ein Berg von Kerzen, die dottergelb hinter dem Weihrauchdunst flammten. Viele Priester, in weißen und goldenen Gewändern, standen auf den Altarstufen. Meßbuben, weiß und rot, trugen Fahnen und Kerzen von einer Seite zur anderen, und drei große Meßbuben, in Spitzen-Chorhemden, schwangen die Rauchfässer, aus denen Wolken, dick wie Wattebäusche, schwebten. Oben, unter der Kuppel, vor großen Gemälden, flitzten Schwalben von Fenster zu Fenster, zwitscherten ungeniert in den Gesang der Pilger und das Gedröhn der Orgel, als wäre das Gewölbe der Sommerhimmel.

Die Pilger drückten zum Seitenaltar, auf dem noch mehr Kerzen brannten als auf dem Hochaltar. Die Kerzen krümmten sich in ihrer

Hitze, und das Wachs tropfte auf die Altardecke und auf die blauen Blütenbälle der Hortensien.

Im Gefunkel und Geschwel der Kerzen glänzte der silberne Schrein, der ein vergilbtes Linnen rahmte. Die Spuren des Bluts – wie Mutter gesagt hatte. Die Köpfe waren nicht mehr zu erkennen, doch es war das Wundertuch. Die Pilger starrten hinauf, daß ihre Füße stolperten. Sie fielen vor dem Altar auf die Knie und küßten das Kreuz, das auf den Stufen lag. Ein Priester betete laut:

»Heiliges, kostbarstes Blut!«

»Wasche uns rein!« riefen die Pilger.

»Heiliges, kostbarstes Blut!«

»Wasche uns rein!« riefen die Pilger.

Sie alle wollten zum Blutaltar, drängten durch den engen Gang zwischen den Bänken. In einer der Bänke stand Mutter. Ihre Augen – nur das Weiß der Augäpfel war zu sehen – blickten hinauf zum Schrein, und die Lippen bewegten sich beim Gebet. Hans freute sich, als er Mutter sah. Er schlüpfte in die Bank, stellte sich neben sie, aber erst nach einigen Minuten bemerkte sie ihn, nahm seine Hand, beugte sich herab und flüsterte: »Bete, daß Vater die Gnade bekommt!«

Die Gnade? Hans wußte nicht, was die Gnade war. Er flüsterte seine auswendig gelernten Kindergebete, die hierher nicht so recht passen wollten. Und als er sie zweimal gebetet hatte, dachte er an den Vater und das Servierfräulein. Es war Sünde. Nur Mutter durfte der Vater den Arm um die Schulter legen. Im Schlafzimmer hatte er sie einmal zanken gehört, als er mitten in der Nacht erwacht war.

Wenn es die Gnade war, daß der Vater lieber wurde zur Mutter, wollte er um die Gnade beten. Er rief mit seiner hellen Stimme in die immerwährende Litanei der Pilger:

»Wasche uns rein!«

»Wasche uns rein!«

Vor der Kirche, im Mittagslicht, stand der Vater. Er hielt Hans die Mütze entgegen, lachte, blinzelte in die Sonne, und er taumelte ein wenig.

»Oh, was du versäumt hast!« sagte Mutter.

»Gar nichts versäumt«, sagte der Vater. »Ich war auch drin. Am Schluß hab ich noch den Segen mitgekriegt.«

»Wenigstens den Segen«, sagte Mutter.

Auf dem Platz vor der Kirche saßen oder lagen jetzt die Pilger im

Gras. Die Frauen und Kinder bissen in zusammengeklappte Butterbrote, und die Männer setzten Bierflaschen an den Mund. Die einen hatten Taschentücher über den Kopf geknüpft, andere hatten Schirme aufgespannt, um im Schatten ihrer schwarzen Dächer zu schlafen.

»Hans will sicher noch den Markt sehen«, sagte der Vater.

»Markt ist auch?«

»Ja, Wallfahrtsmarkt, aber Mutter muß zuerst was essen.«

»Ich hab Hunger wie ein Bär«, sagte Mutter.

Sie lachten und gingen zum Reichsapfel hinauf, wo sie eng gedrängt zwischen den vielen Gästen zu Mittag speisten. Das Servierfräulein eilte von Tisch zu Tisch und hatte keine Zeit, mit dem Vater zu sprechen. Es war gut so.

Die Sonne lag auf den Planen der Marktbuden. Die Verkäufer und Verkäuferinnen standen in ihrem gelben Schein hinter den Hemden, Jacken, Handschuhen, Socken, Holzschuhen, Hüten, Mützen. Ein Stand war ganz mit Spitzen behängt. Ein Mann spulte sie von den Rollen, behängte sich selber mit Spitzen und lockte die Frauen mit heiserer Stimme zu sich hin.

»Willst du eine Spitze?« fragte der Vater.

»Nein, danke«, sagte Mutter.

Töpfe waren aufgestapelt, braune und gelbe Tonschüsseln, Krüge, Teller, Aschenbecher mit bunten Ornamenten bemalt. Die Käufer staksten in den engen Gassen dazwischen umher, nahmen die Schüsseln auf, betrachteten sie, bezahlten sie und trugen sie unter dem Arm fort.

»Willst du eine schöne Schüssel?« fragte der Vater.

»Nein, danke«, sagte Mutter.

Da waren Stände mit Rosenkränzen, Kerzen, Wachsfiguren, Heiligenbildern, Statuen, kleinen Monstranzen und Kelchen. Das Wundertuch wurde verkauft, rot und deutlich aufgedruckt die zwölf Köpfe des dornengekrönten Heilands. »Willst du so ein Tuch?« fragte der Vater.

»Ja, eins – nein, zwei. Wir wollen Anna eins mitbringen.«

»Willst du noch was?«

Ein Karussell drehte sich. Eine Schiffsschaukel schwang. Kinder ritten auf bleckenden Schimmeln, wiegten in Schwänen und Gondeln, hielten sich an den Trensen und Messingstangen, drehten sich rundum vor den bunten Tafeln mit Elfen, Zwergen und

Seerosen, schwangen zwischen Spiegeln und perlenbesetzten Tüchern auf und ab. Die großen Burschen überschlugen sich oben und kreischten über den Markt, als riefen sie um Hilfe.

»Willst du Reitschul oder Schiffsschaukel fahren?« fragte der Vater.

»Reitschul – auf einem Apfelschimmel«, sagte Hans.

Der Vater und Mutter winkten, wenn er vorbeiflog. Die Orgelpfeifen tönten, und die hölzernen Dirigenten ruckten die Arme, die Glocke schepperte, und die Blöcke bremsten, daß Schimmel, Schwäne und Gondeln wackelten.

»Bist du schwindlig?«

»Kein bißchen.«

Kinder bliesen in blecherne Hähne, bliesen in Pfeifen, bliesen in Papierschlangen, die sich aufrollten bis zur wippenden Feder am Schwanz. Hundert Süßigkeiten lagen zu Pyramiden geschichtet auf den schrägen Tischen der Konditorbuden.

»Willst du ein Lebkuchenherz oder ein Magenbrot?« fragte der Vater.

»Eine Wundertüte«, sagte Hans.

»Unsinn – doch geben Sie ihm eine«, sagte der Vater zu dem Fräulein hinter dem Tisch.

»Hoffentlich bist du nicht enttäuscht«, sagte Mutter.

Zwei Bonbons lagen darin und eine Armbanduhr aus Blech an einem Gummiband. Die Zeiger waren auf das Zifferblatt gemalt.

»Wie spät ist es?« fragte Hans.

Der Vater las die Uhrzeit ab und sagte: »Sieben Uhr – sie geht fünf Stunden vor, deine Uhr. Um sieben sind wir längst zu Hause.«

Mutter sah zurück auf die Wallfahrtsstadt. Dann tauchten die Türme hinter den Hügeln unter.

»Es war schön, es war erhebend«, sagte Mutter.

Die Sonne, eine orangengelbe Kugel, die untere Hälfte angeschwärzt wie ein Lampion am Ende der Fastnacht, schwebte dort, wo die Straße am Horizont auslief, als lenke der Vater das Auto in die Sonne hinein. Aus den Ährenfeldern waberte warme Backofenluft, aber die Schatten der Tannen, die im Wald über der Straße lagen, waren schon abendkalt. Die Feuchtigkeit der Moose war zu schmecken, und Nebelrauch stieg aus den Wiesen.

»Brennt nicht etwas?« fragte der Vater.

Alle drei rümpften die Nasen, und der Vater fuhr so langsam, daß man hätte nebenher laufen können.

»Nein, es ist nichts«, sagte der Vater und gab wieder Gas.

Mutter drehte sich um und sagte: »Warum setzt du deine Mütze nicht auf?«

»Ich hab den Wind gern«, sagte Hans.

»Du erkältest dich.«

»Sofort setzt du die Mütze auf!« sagte der Vater streng.

Die Burg, die im Bauernkrieg zerstört worden war, lag jetzt auf der anderen Seite. Schneller ging die Fahrt, weil alles bekannt war.

»Fahr langsam«, sagte Mutter. »Wir brauchen nicht zu eilen. Ich habe Anna hingestellt, was sie kochen soll.«

»Wir kommen gerade zurecht zum Abendessen«, sagte der Vater. »Gibt es was Gutes?«

»Es gibt Schnitzel und Bohnensalat.«

»Hoffentlich läßt sie die Schnitzel nicht anbrennen«, sagte der Vater.

Die Sonnenscheibe sank rasch, eine Münze, die die Sparbüchse schluckt. Vor dem klaren, grünblauen Himmel war der Mond erschienen, ein weißes Eisstück, das die Sonne halb geschmolzen hatte.

Als das Auto einen Hügel hinaufzog, stieg Rauch aus den Ritzen des Kühlers. Der Vater bremste, sprang heraus, riß die Kühlerhaube auf. Eine Flamme stach hoch.

»Raus! Raus!« schrie er.

Mutter und Hans purzelten im Graben übereinander. Oben gab es kurz hintereinander zwei dumpfe Schläge und schwarzer Rauch wölkte hinterher.

Der Kühler brodelte unter Flammen. Öl und Benzin tropften die Räder hinab, ihre nassen Zungen leckten über die Straße und Flammen hüpften ihnen nach und fraßen sie auf.

»Was können wir machen?« rief Mutter zum Vater hinüber.

Er hob die Arme hoch, ließ sie langsam fallen: »Nichts, gar nichts! Es ist kein Wasser in der Nähe und wenn, wär' es auch zu spät. Der Benzintank ist explodiert.«

»O Gott, o Gott«, jammerte Mutter.

»Wir können nur zusehen«, sagte der Vater. »Brennt's nicht schön, Hans?«

Es waren gelbe und blaue Flammen. Sie wärmten wie ein Grasfeuer im Herbst.

Risse überliefen die Scheiben, dann zersplitterten sie, und mit den Scherben sprühten die ersten Funken auf die Sitze.

»Das gute Polster«, sagte Mutter.

»Wir kaufen ein neues Auto«, sagte der Vater.

»Und wie kommen wir nach Hause?« fragte Mutter. »Es wird bald dunkel –«

»Nach Hause? Vielleicht nimmt uns ein Auto mit – wenn noch eins kommt in dieser Gegend.«

Der Vater ging rund um das Auto herum. Er lachte. Er sagte: »Nun werden wir noch richtige Pilger.«

Er stand neben Mutter und legte den Arm um ihre Schulter.

Als der Vater wieder auf die andere Seite hinübergegangen war, sagte Mutter leise zu Hans: »Er flucht nicht einmal. Es ist die Wirkung der Wallfahrt. Die Gnade.«

Das Gasthaus

Hinter der Brotbüchse, zwischen den verchromten Serviertabletts, steckte das Gästebuch: eine schmale, hohe, braunweiß marmorierte Kladde. Alle Gäste, die über Nacht blieben, schrieben sich ein: Name, Geburtstag, Beruf, Tag der Ankunft und Tag der Abreise.

Untereinander auf den rot-blau linierten Blättern standen: Süß, Wilhelm, Fabrikant aus Weingarten in Baden; Rückert, Otto, Sägewerksbesitzer aus Fürth im Odenwald; Wohnlich, Helmuth, Papierhändler; Neckermann, Karl, Fuhrunternehmer; Liebel, Philipp, Zwiebelhändler; gewöhnliche Namen, gewöhnliche Berufe, die Hans gar nicht gefielen.

Er erfand Gäste. Er schrieb in verstellter, in Feder- und Druckschrift, in deutschen und lateinischen Lettern – so gut er's konnte – bedeutsamere Gäste hinein: Tontanella, Roberto von, Graf, geboren am 1. Juli 1899 in Rom; Tag der Ankunft: 15. Januar; Tag der Abreise: 1. Februar 1926. – Zwei Wochen war Herr von Tontanella in Logis. Er mußte gern hier gewesen sein.

Wenn die wirklichen Gäste ihr Abendessen verzehrt hatten und das leere Glas über dem Filz drehten, legte Hans ihnen das Buch vor. Er sah, wie ihre Brauen sich wölbten, wenn die Augen den Grafen von Tontanella entdeckten.

»Ein guter Gasthof«, sagten sie. »Berühmte Leute. – Darf ich mit Bleistift schreiben?«

»Einen Moment, ich bringe Feder und Tinte«, sagte Hans. Er stellte das Tintenglas in einem Untertellerchen hinter das Buch, reichte einen Halter hin, einen hölzernen, grünlackierten mit einer kupfernen Feder.

Die Gäste zupften die Rockärmel über die Ellbogen zurück, tauchten die Feder ein und schrieben alle Angaben, die die Rubriken forderten.

»Danke schön.«

»Bitte schön.«

Wieder stand ein Name in der Kladde, der an den erfundenen Herrn von Tontanella nicht herankam.

Herr Kandit war eine Ausnahme. Kurt Kandit. Er war – das Gästebuch verriet es – vierundzwanzig Jahre alt, in Danzig geboren, in München wohnhaft. Er reiste für die Familienzeitschrift »Für

Dich«, ein bebildertes Wochenblatt, gekoppelt mit einer Unfallversicherung, die mit der Unterschrift des Abonnenten in Kraft trat. Da Herr Kandit gewandter reden konnte als die Leute vom Dorf, warb er fast so viele Abonnenten, wie das Dorf Einwohner zählte.

Am Vormittag, wenn er unterwegs war, räumte Anna sein Zimmer auf. Anna rief Hans ins Zimmer: »Schau nur, wie interessante Sachen er hat!«

Im Schrank hingen drei Anzüge, zwei Mäntel und ein Bündel seidener Krawatten. Der Koffer war vollgestopft mit Hemden, Socken, Taschentüchern; sein Necessaire hatte einen Reißverschluß. Neben Seife, Rasierpinsel und Rasierapparat standen viele Flaschen mit grünen, gelben und braunen Haar- und Gesichtswassern.

»Oh, wie sie duften!« rief Anna, die eine der Flaschen geöffnet hatte und sich zwei Tropfen in den Halsausschnitt rollen ließ.

Auf dem Nachttisch hatte Herr Kandit die Maske eines Mädchens neben einen schwarzen, schmiedeeisernen Leuchter gelegt. Die Maske hielt ein totes Gesicht fest, geschlossene Lider, geschlossener Mund und straffes, über der Stirn geteiltes Haar, dennoch spielte ein Lächeln über das Gesicht, oder besser, aus dem Gesicht, aus den winzigen Poren des ockerfarbenen Tons, als sei das Mädchen glücklich, tot zu sein, weil es so schönere Dinge sehen und fühlen könne.

»Es macht mir Angst«, sagte Anna. »Es hat ein Sarggesicht – und wenn er am Abend dann noch die Kerze anbrennt! Bleib da, bis ich mit dem Zimmer fertig bin.«

Sie spannte das Leintuch über die Matratze und schüttelte die Kissen auf.

Auf dem Tisch lagen Herrn Kandits Briefe, himmelblaue und rosarote Briefe in aufgeschnittenen Kuverts.

»Es sind Liebesbriefe«, sagte Anna. »Eine Lilo hat sie geschrieben, aber fast nichts konnte ich entziffern. Sie hat eine so komische Schrift. Wenn du sie lesen könntest ...«

Hans nahm einen Brief, entfaltete das Blatt und las stockend vor sich hin: »Liebster, seit Du fort bist ... weh ums Herz, ich weiß, es ist die Sehnsucht ...«

»Hab ich dir nicht gesagt, es sind Liebesbriefe!« rief Anna.

Hans senkte den Kopf und las: »Ob Du das gleiche fühlst? Ob dieser Schmerz einmal aufhören wird? Ja, wenn wir für immer vereint sind. Wann das sein wird? – Wir müssen uns noch lange prüfen. Ein ganzes, langes Leben liegt vor uns. – Liebster, ich habe keine Angst vor der Zukunft, denn ich weiß, wir werden sie zusammen bestehen.«

»Wie schön sie schreibt! Oh, wie schön sie schreibt! So werde ich Emil schreiben!« rief Anna.

»Hast Du schon viele Abonnenten geworben? Was ist das für ein Kaff, in dem Du jetzt bist? Lassen sich die Leute Dein Blatt andrehen?«

»Eine Gemeinheit!« rief Anna. »Sie nennt unser Dorf ein Kaff!«

»Hauptsache, Du machst ein Geschäft«, las Hans. »Auch das sind Bausteine. Du mußt eben sehen, daß Du bald selbständig wirst. Das hat übrigens Papa auch gesagt. Aber auch ich habe schon meine Pläne. Oft male ich mir aus...«

Die Mutter stand in der Tür und sagte: »Ihr lest doch nicht etwa die Briefe von Herrn Kandit?«

»Wir können die Schrift nicht lesen«, sagte Anna und griff zum Mop.

»Das scheint mir aber gar nicht so«, sagte die Mutter.

»Sie schreibt so gemein über uns!« rief Anna.

»Ganz gleich, was sie schreibt; Briefe anderer Menschen liest man nicht, selbst wenn die Briefe so leichtsinnig umherliegen wie die von Herrn Kandit. Es gibt ein Briefgeheimnis...«

Hans faltete den Brief und steckte ihn ins Kuvert.

»Stellt euch vor, irgend jemand erfährt, was ihr gemacht habt! – Marsch aus dem Zimmer! Und du, Anna, bist in fünf Minuten in der Küche; die Kohlrabi sind noch zu putzen!«

Herr Kandit behielt auch das Zimmer, als er in den Nachbardörfern Abonnenten warb. Am Morgen fuhr er mit dem Fahrrad fort und kam am späten Nachmittag zurück. Er trank an dem gedeckten Tisch unter dem Spiegel ein Kännchen Kaffee, schnitt mit dem Messer die Briefe auf, schrieb Abonnentenlisten und rauchte Zigaretten mit Goldmundstück aus Batschari-Blechschachteln.

Fanny brachte Herrn Kandit den Kaffee. Sie setzte sich gegenüber; sie sprachen miteinander, sie lachten miteinander. Herr Kandit nahm Fotografien aus seiner Briefmappe, die Fanny stumm betrachtete.

»Sie müssen einmal raus aus diesem Nest«, sagte Herr Kandit. »Sie sind ein so hübsches Mädchen – Sie wissen gar nicht, was sie hier verpassen.«

»Im nächsten Jahr gehe ich in die Stadt. Ich soll Sancta Clara besuchen«, sagte Fanny.

»Sancta Clara? Was ist das?«

»Ein Haushaltsinstitut, eines der feinsten. Es wird von Clarissinnen geleitet.«

»Clarissinnen sind nicht die schlechtesten«, sagte Herr Kandit.

»Ich soll die Küche lernen«, sagte Fanny.

»Sie sollten aber auch Sprachen lernen, Englisch und Französisch. Parlez-vous français? Do you speak English? Non, no? C'est dommage. – Sie sollten überhaupt sich bilden.«

Als die Mutter an den Tisch kam, stand Herr Kandit auf, verbeugte sich und sagte: »Guten Tag, gnädige Frau.«

Die Mutter lächelte scheu und sagte: »Herr Kandit, sagen Sie doch nicht so.«

Aber die Verbeugung und die ungewohnte Anrede halfen sicher mit, daß Mutter die Erlaubnis gab, als Herr Kandit fragte, ob er Fanny mitnehmen dürfe ins Kino.

»Gut, ich habe nichts dagegen. Aber kommen Sie nach der Vorstellung gleich zurück.«

»Ich verspreche es, hoch und heilig!« sagte Herr Kandit und reckte die Schwurhand.

»Und was wird im Kino gespielt?« fragte die Mutter von der Theke her.

»Des jungen Dessauers große Liebe«, sagte Fanny.

»Aber das ist doch nichts für dich, Kind!«

»Es ist ein historischer Film«, sagte Herr Kandit. »Er behandelt die Mesalliance zwischen dem Fürsten von Anhalt-Dessau und einer schlichten Apothekerstochter.«

Was sollte Mutter darauf sagen? Hans sah, wie sie nachdachte, lächelte, auf die Antwort verzichtete.

In der Dämmerung fuhren Herr Kandit und Fanny mit den Rädern aus dem Hof, die Dorfstraße hinab. Sie sahen nicht mal zurück, auch Fanny nicht.

Am Mittwochnachmittag, wenn die Schule geschlossen war, kam Herr Ronellenfitsch, Lehrer aus Rettigheim, durch die Nebentür, die vom Hof in die Gaststube führte. Die Hosenbeine hatte er mit Klammern über die Knöchel hoch- und zurückgesteckt, und wenn er den Alpakarock auszog und über die Stuhllehne hängte, sah Hans, daß er Hosenträger und Ärmelhalter über dem gestreiften

Hemd trug. Er setzte sich, stützte die Stirn in die linke Hand und starrte vor sich auf die gelb-weiß gewürfelte Tischdecke.

Er sah unter der Handfläche schräg herauf und flüsterte: »Einen Becher Bier, bitte.«

Wenn Fanny, in einem helleren Nachmittagskleid, hereinkam, stand er auf, ging ihr zwei Schritte entgegen und sagte: »Guten Tag, Fräulein Fanny.«

»Guten Tag, Herr Ronellenfitsch.«

»Es war ein schöner Weg hierher.«

»Sind Sie durch den Wald gekommen?«

»Ja, durch den Wald. – Denken Sie, fast wäre mir ein Reh ins Vorderrad gelaufen, und den Kuckuck habe ich gehört.«

»Ach, den Kuckuck! Gibt es den noch?«

Fanny wollte, daß auch Hans Herrn Ronellenfitsch die Hand gab, was Hans nie gern tat; denn immer geschah die gleiche Szene: Hans streckte ihm die Hand entgegen, und Herr Ronellenfitsch sagte: »Ei, was ist das für eine schmutzige Pfote! – Wärst du bei mir in der Schule, na ja ...«

Hans zog die Hand zurück und legte sie auf den Rücken.

»Du gehst gleich in die Küche und wäschst deine Hände tipptopp!« sagte Fanny, und der Ton, in dem sie es sagte, verriet, daß sie für Herrn Ronellenfitsch Partei nahm.

Hans ging in die Küche; er drehte den Wasserhahn weit auf und ließ das Wasser vom Handrücken hinüberspritzen auf das lackierte Büfett, das Fanny vorher mit Politur und Wollappen zum Glänzen gebracht hatte.

Hans ging in die Gaststube zurück und setzte sich, ohne Herrn Ronellenfitsch zum zweitenmal die Hand zu bieten, an den Tisch nebenan. Er nahm das Lesebuch aus dem Schulranzen, schlug die Geschichte vom »Mütterchen auf dem Eis« auf und horchte hinüber, was die beiden redeten. Sie waren noch immer beim Kuckuck, und Herr Ronellenfitsch erzählte alle die Geschichten, die jeder vom Kuckuck kannte, daß seine Rufe die Zahl der Jahre bedeuteten, die man noch zu leben habe, daß man den Geldbeutel festhalten müsse, um nicht arm zu werden. Fanny sagte trotzdem: »Das ist aber interessant!« Wenn in ihrem Gespräch eine Pause entstand, rief Fanny einen ihrer haushälterischen Befehle herüber: »Es ist kein Brot mehr da! Du mußt sofort Brot holen!«

Hans ging zum Brotkasten, hob vorne den Deckel, und alle drei konnten sehen: ein ganzer Laib lag darin.

Hans sagte: »Guck, genug Brot ist da.«

Fanny sagte zu Herrn Ronellenfitsch: »Er ist unausstehlich, aber erst seit kurzer Zeit. Früher war er so lieb.«

Die Mutter kam von oben, wo sie ihr Mittagsschläfchen gehalten hatte. Sie erlaubte Fanny einen Spaziergang mit Herrn Ronellenfitsch. »Sie ist immer so blaß. Die Waldluft wird ihr guttun. – Aber der Hans geht mit«, sagte die Mutter zum Schluß.

»Selbstverständlich, der Hans geht mit«, sagte Herr Ronellenfitsch.

Auf dem staubigen Feldweg, der in den Wald mündete, lief Hans weit voraus. Oben, auf dem Hügel im Wald, unter den windzerzausten Fichten, legte er sich ins hohe Gras. Durch die Halme sah er Fanny und Herrn Ronellenfitsch den Weg unter den Buchen heraufkommen.

Die kleinen Finger gekrümmt und verschränkt, schwangen sie die Arme hoch und tief. Sie blieben stehen. Herr Ronellenfitsch legte die Hand auf Fannys Schulter, doch sie trat zwei Schritte beiseite, daß seine Hand herabfiel. Und als er ihr wieder nahe kam, kniete sie ins Moos, als entdeckte sie ein Tausendgüldenkraut. Als Herr Ronellenfitsch das Hosenbein hochzog und das Knie beugte, stand Fanny auf und tänzelte den Weg herauf. Durch die Handmuschel rief sie: »Haaa-ans! Haaa-ans!«

Auch Herr Ronellenfitsch rief, doch er rief nur zweimal, kurz und ein wenig schüchtern.

Hans gab keine Antwort. Sie waren ihm so nahe gekommen, daß er hörte, was sie sagten.

»Der Anstandswauwau ist weit weg.«

»Meinst du?« fragte Fanny.

»Bestimmt. Er langweilt sich sicher, und leiden kann er mich schon gar nicht. – Aber du kannst mich leiden?«

Herr Ronellenfitsch legte Fanny beide Hände auf die Schultern, und diesmal wich sie nicht aus, sie drehte nur das Gesicht zur Seite. Er küßte sie auf die Wange, zwischen Mund und Ohrläppchen, dem Ohrläppchen näher als dem Mund.

Der Kuckuck rief. Ob Fanny ihn hörte?

Lieber wäre es Hans gewesen, Herr Kandit hätte Fanny auf dem Waldweg geküßt – aber bevor es soweit kommen konnte, reiste er ab.

Die Unfälle im Dorf häuften sich, seit alle Leute gegen Unfälle versichert waren. Luise Kling hieb sich beim Kleemähen die Sense in den Fuß. Als sie aus der Ohnmacht erwachte, sagte sie: »Für Dich«, was Ewald, der Knecht, der sich über sie beugte, um mit seinem abgerissenen Hemdärmel die Schlagader abzubinden, so verstand, er solle oder dürfe Luise küssen. Ein junger Mann schlug sich beim Holzhacken das Beil in den Handballen, und Karl Rachel stürzte durch das Glasdach der Veranda.

Alle, die sich verletzt hatten, sagten: »Für Dich«, und auf dem Rückweg vom Doktor kamen sie bei Herrn Kandit vorbei, der ihnen die Fragebogen ausfüllte. Sicher reiste er deshalb ab.

Als Hans aus der Schule heimkam, stand die Tür zu Herrn Kandits Zimmer offen. Die roten Barchentkissen lagen auf den gestreiften Matratzen. Der Waschtisch war leer, der Schrank war leer, die Briefe waren fort, der Koffer, der Leuchter, die Mädchenmaske.

Nach drei Tagen zog in Herrn Kandits Zimmer Herr Liebel, der Zwiebel- und Knoblauchhändler, der jedes Jahr kam, bevor die Leute im Dorf ihr Schwein schlachteten. Einen Knoblauchkranz um den Hals gehängt, schritt er neben seinem Planwagen her, den Lotte zog, eine Falbe mit großem Kopf und dicker Mähne. Herr Liebel schwang die Schelle und rief: »Zwiiie-beln! Knooob-lauch! Die schönen Pfälzer Zwiiiebeln!« Die Frauen kamen aus den Häusern, ließen sich Zwiebeln und Knoblauch in die Körbe wiegen, unterhielten sich mit Herrn Liebel. Wenn er zuletzt einen Witz erzählte, kreischten die Frauen, packten ihren Korb und flatterten ins Haus wie Tauben, zwischen die eine Katze springt.

Hans sah Herrn Liebel am Abend am Tisch unter dem Spiegel Geldstücke rollen. Wenn er gegessen hatte – eine rote, heiße Lyonerwurst auf einem Berg geschmelztem Sauerkraut –, setzte er sich an den runden Tisch zu den Stammgästen, zu Herrn Bürgermeister Adam, dem Ratsschreiber Kleinlagel, dem Werkführer Just und dem Schuhmachermeister Rachel. Sie sprachen über Versailles, über den Young-Plan, über Stresemann und die Große Koalition – schwierige Worte, die Hans nicht verstand, die sicher wichtig waren, weil sie immer in ihrem Gespräch vorkamen.

Bevor Herr Liebel schlafen ging – er ging früh schlafen, früher als Hans –, schaute er in den Stall, um Lotte Hafer vorzuschütten.

Am letzten Abend, vor der Abfahrt, kam Herr Liebel rasch aus dem Stall zurück. Schon in der Tür schrie er: »Schnell, rufen Sie den Tierarzt!«

»Was ist los?« fragte der Vater.

»Ein Unglück!« schrie Herr Liebel und schlug die Tür hinter sich zu, daß die Scheiben klirrten.

»Er ist weiß wie Kreide«, sagte Herr Bürgermeister Adam.

Der Vater lief zum Telefon im Treppenhaus. Die Stammgäste standen auf und gingen rasch über den dunklen Hof zum Stall.

Auch Hans ging mit, und einige Jungen, die mit ihren Fahrrädern auf der Straße gestanden hatte, gingen mit.

Als der Vater in den Stall kam, sah er Hans zwischen den anderen. Er sagte: »Was machst du hier? Marsch ins Bett! Das ist kein Bild für dich.«

Hans wich zurück, aber er hatte das Bild gesehen: Lotte, die Falbe mit dem großen Kopf und der dicken Mähne, auf den Hinterhufen steil aufgerichtet; der Pfahl, ein zugespitzter Stamm, an den die Bretter der Boxen genagelt waren, steckte im breiten Bauch des Pferdes. Schleim und Blut flossen den Pfahl herab, Gedärm hing aus der Wunde bis hinab ins Stroh. Stumm und steif, wie die Holzpferde des Karussells schwebte Lotte über dem Pfahl, und ihre Augen blickten starr ins Licht der Stallaterne.

Herr Doktor Hillenbrandt, der Tierarzt, fuhr mit dem Auto in den Hof und schlüpfte mit seinem Koffer in die Stalltür. Er schob die Jungen und die Stammgäste heraus, nur Herr Liebel und der Vater durften bleiben.

Hans hörte den Bürgermeister sagen: »Er muß es erschießen, da ist nichts mehr zu retten.«

Hans blieb im Hof bei den Jungen, die sich über die Fahrräder lehnten. Glühende Zigaretten zuckten vor ihren Lippen. Hoch über Sophies Garten sprang der Mond durch jagende Wolken. Hunde bellten, und die Häuserwände schlugen das Echo zurück.

Einer der Jungen sagte: »Die Hunde wissen, was los ist.«

»Wieso?« fragte ein anderer. Der Junge gab keine Antwort, aber Hans wußte, was er sagen wollte.

»Tausend Mark ist das Pferd bestimmt wert«, sagte einer der Jungen.

»Tausend? Du hast keine Ahnung. Mindestens dreitausend.«

Dann knallte der Schuß, kurz und hell. Dem Schuß folgte ein Sturz, als rolle das Pferd heraus auf den Hof.

Im September, wenn der Hopfen gedörrt war, kamen die Juden aus Malch, Herr Löwe, Herr Falke und Herr Simeon Heß. Sie fuhren in gelb-schwarz lackierten Berner Wägelchen, braune, schweißglänzende Pferde mit zuckenden Muskeln davor. Den Geruch der Pferde brachten die Juden mit in die Gaststube, Herbstluft, Morgenkälte.

Am runden Tisch, nahe zum Ofen gerückt, tranken sie Glühwein aus dicken Gläsern, in denen silberne Löffel staken. Sie unterhielten sich, bis draußen die Wagen in den Hof rumpelten, Leiterwagen, hochbepackt mit prallen Hopfensäcken.

Die Juden gingen hinaus, stiegen auf die Wagen und knüpften die Säcke auf, griffen hinein und betrachteten die Hopfenzapfen in ihren Handmuscheln.

Herr Löwe sagte: »Lauter Stiele.«

»Hier ist es genau das gleiche!« rief Herr Simeon Heß vom anderen Wagen herüber.

»Und feucht ist er auch«, sagte Herr Falke, der tief in einen der Säcke schnupperte.

»Er ist trocken wie Kienholz«, sagte der Berghassel.

»Feucht wie Pilze«, sagte Herr Löwe. »Aber mir ist es ganz schnuppe, ziehen wir eben ein Viertel ab.«

»Kein Gramm lasse ich mir abziehen«, sagte der Berghassel, der wie ein Denkmal stand.

»Gut, dann kannst du deinen Hopfen wieder mit nach Hause nehmen«, sagte Herr Löwe.

»Das mache ich auch«, sagte der Berghassel. »Ich heize im Winter meine Stube damit, dann bin ich immer noch besser dran, als wenn ich ihn euch Halsabschneidern schenke.«

In das Gemurre und Gebrodel rief Herr Löwe laut: »Gimel schuck!« Gimel schuck, dreihundert Mark für den Zentner wollte Herr Löwe zahlen.

»Warum soll er in diesem Jahr vierzig Mark billiger sein als im vorigen Jahr?« fragte der Berghassel.

»Weil auch die Herren von der Brauerei nicht mehr geben«, sagte Herr Falke.

»Dann reißen wir unseren Hopfen aus und bauen Tabak«, sagte einer der Landwirte, und andere knurrten: »Wir bauen Tabak.«

»Das kannst du halten wie *der* auf dem Dach«, sagte Herr Löwe, »aber ich gabe nicht mehr als gimel schuck.«

Herr Löwe hüpfte vom Wagen. Der Berghassel machte sich an seinen Kühen zu schaffen, die anderen Landwirte gingen zu Herrn

Löwe hin und sagten: »Also gut, dann dreihundert in diesem Jahr.«
»Kommt rein«, sagte Herr Löwe, »wir einigen uns schon.«

Die Landwirte gingen hinter den Juden in die Gaststube. Sie nahmen ihre Mützen ab und setzten sich Herrn Löwe und Herrn Simeon Heß gegenüber. Sie legten die Wiegescheine hin, unterschrieben die Quittungen, blätterten die Geldscheine nach und schoben sie in die Rocktaschen.

Zuletzt kam auch der Berghassel. Herr Löwe wollte ihm ein Extratrinkgeld geben, aber der Berghassel nahm es nicht an. Grußlos ging er aus der Tür.

Hans hörte seinen Vater sagen: »Nun haben sie die Taschen voller Geld, aber sie gönnen sich nicht einmal einen Schnaps. Die Arbeiter sind mir hundertmal lieber, die geben ihr Geld wenigstens aus, gönnen sich etwas.«

»Wir gönnen uns auch noch etwas«, sagte Herr Löwe und hielt sein Glas hoch.

»Ich auch, Fritz«, sagte Simeon Heß, und Herr Falke trank rasch sein Glas leer.

Herr Löwe sah Hans hinter dem Ofen stehen und sagte zum Vater: »Ist das nicht dein Junge, der hebräisch zählen kann?«

»Ich weiß nicht, ob er's noch kann«, sagte der Vater.

Herr Löwe zog Hans am Hosenbund vor seinen Stuhl und sagte: »Wie weit kannst du zählen?«

»Bis zehn«, sagte Hans.

»Donnerwetter, bis zehn! Na, dann zähl uns mal was vor.«

Hans trat von einem Bein auf das andere, während er zählte: »Olef – beis – gimel – doled – hei – wov – sojin – ches – tes –«

»Na, was ist los? Hast du nicht gesagt, du kannst bis zehn zählen?« fragte Herr Löwe.

»Er getraut sich's nicht zu sagen«, rief der Vater von der Theke her.

»Ich wollte dir fünfzig Pfennig geben, wenn du bis zehn zählst, aber du hast nur bis neun gezählt, also behalte ich meine fünfzig Pfennige.«

Hans setzte nochmals an: »Ches – tes –«

»Und?« ermunterte ihn Simeon Heß.

Hans lachte und stieß heraus: »Jud!«

Nun lachten auch die Juden, und der Vater lachte mit.

»Zehn heißt jud – daran kannst auch du nichts ändern«, sagte

Herr Löwe, und er warf Hans das Geldstück hin. Die Juden lachten noch immer, als Hans aus der Tür ging. In Sophies Konditorei konnte er sich fünf Mohrenköpfe kaufen.

Am Sonntag nach Martini war Kerwe. Die Beefsteaks und Koteletts, die Hühnchen und Hähnchen wurden schon am Samstagabend gebraten und ihr Fettduft schwelte durch das Haus.

Die Gäste kamen in dunklen Anzügen; sie brachten ihre Frauen mit. Sie tranken Flaschenweine aus der Pfalz, von der Mosel und der Nahe. Am Abend war Tanz, drei Abende hintereinander. Herr Becker und seine drei Söhne machten Tanzmusik. Hugo spielte Klavier, Otto die Geige, Heinz die Trompete, und der alte Becker strich die Baßgeige. Der Saal unter der tiefen Decke voller Girlanden und Lampions wogte von den tanzenden Paaren.

Hans durfte zusehen, ein Hühnerbein essen, eine Flasche Limonade trinken, bis Großmutter, die vom Nachbarhof zu Besuch gekommen war und in der Küche Geschirr spülen half, ihn ins Bett brachte.

Er lag wach, hörte unten die Musik; den Schrei der Trompete, die dunklen Schritte der Baßgeige. Er schlief ein, er wurde wach, und unten waren noch immer die Musik und das Gewoge der Tänzer.

Wie Donner dröhnte die Musik, grollte, rollte – ein Blitz überflammte das Fenster. Nein, es war keine Musik. Ein Gewitter füllte die Nacht, ein böses, gefährliches Novembergewitter! Hans sprang auf, das Licht anzuknipsen, aber die Birne brannte nicht mehr. Im Dunkeln tastete er die Treppe hinab, und niemand hörte ihn rufen.

In der Küchentür schloß ihn die Großmutter in ihre Arme. Sie trug ihn hin zur Kerze, die auf dem Tisch flackerte, sie setzte ihn auf ihren Schoß und knetete seine Füße in ihren warmen Händen.

Neben ihrem Gesicht sah er durch das Servierfenster in den Saal. Im Saal brannten viele Kerzen, Stearinkerzen, in die Hälse der Weinflaschen gesteckt. Auf dem Klavier brannten Kerzen und beleuchteten die Notenblätter, hinter denen Herr Becker und seine Söhne die Instrumente bliesen und strichen. Die Paare drehten sich im Schein der Kerzen, und wenn ein Blitz flammte, sah Hans ihre weißen Gesichter, die bunten Kleider der Mädchen, die gestreiften Hemden der Burschen.

»Sie sollten aufhören zu tanzen«, sagte die Großmutter. »Man tanzt nicht, wenn Gott droht.«

»Sag es ihnen doch, Großmutter! Sie sollen aufhören!«

»Es nützt nichts. Es macht ihnen sogar Spaß, im Gewitter zu tanzen. Oh, so viele Sünde ist in der Welt!«

Damit Hans weniger Angst hätte, erzählte ihm die Großmutter; erzählte ihm die biblische Geschichte, wie Sodom und Gomorra untergingen. Die Großmutter wiegte Hans dabei hin und her, und als bete sie die lauretanische Litanei vor, ließ sie Gott und Abraham ihr Streitgespräch austragen:

»›Gut, wenn ich in Sodom vierzig Gerechte finde, schone ich die Stadt‹, sagte der liebe Gott.

›Sagen wir fünf weniger; fünfunddreißig‹, sagte Abraham.

›Gut, ich schone sie bei fünfunddreißig‹, sagte der liebe Gott.

›Bitte, schone sie auch bei dreißig‹, sagte Abraham.

›Gut, schon bei dreißig‹, sagte der liebe Gott.

›Dreißig sind viele ...‹, sagte Abraham.

›Nicht sehr viele für eine große Stadt‹, sagte der liebe Gott.

›Bitte, schone sie auch bei zwanzig – mir zuliebe!‹ flehte Abraham.

›Also gut; dir zuliebe schone ich sie sogar bei zwanzig‹, sagte der liebe Gott.«

»Hat er sie geschont, Großmutter?« fragte Hans.

»Nein«, sagte die Großmutter, »weil es nicht mal zehn Gerechte in Sodom und Gomorra gegeben hat.«

»Keine zehn?«

»Nein – obwohl der liebe Gott auch bei zehn noch die Stadt verschont hätte.«

Ob im Saal zehn Gerechte waren? – Ein greller Blitz und ein polternder Donner fielen zusammen. Das Gewitter hing über dem Haus. Die Kerzenflammen zuckten und viele verlöschten, aber die Musikanten spielten auswendig weiter, und die Tänzer drehten sich, drückten sich enger aneinander, lachten, johlten.

Die Großmutter erzählte den Untergang der Städte: »Fackeln fielen aus den Wolken, Feuerkugeln und salzige Phosphortropfen, die sich in die Haut fraßen. Die Fackeln und Kugeln fielen auf die Dächer. Die Schindeln und Balken fingen Feuer, und die Steine zerschmolzen in der Hitze. Auch die Menschen fingen Feuer. Als Fackeln liefen sie durch die Feuergassen, sprangen in die Flüsse, aber auch die Flüsse brannten.«

Hans schrie auf. Das Feuer fiel in den Saal, in die Küche!

»Das Licht ist wieder da!« rief die Großmutter. »Schau in den Saal, wie alle sich freuen.«

Die Burschen und Mädchen öffneten die Fenster, sie lehnten sich hinaus in die gereinigte Nachtluft und fächelten mit ihren Taschentüchern die Kühle vor die Stirnen. Die Serviermädchen kamen ans Fenster und riefen nach frischen Tellern.

»Und der Hans ist auch noch wach!« sagten sie.

Die Donner grummelten ferner. Die Blitze leuchteten fern und blau.

»Sie sollen weitertanzen«, sagte die Großmutter. »Der liebe Gott hat nichts dagegen. Lauter Gerechte!«

Das Nachbarhaus

Im Zimmer, vor den rotgeblumten Vorhängen, die Josefas Bett verhängten, saß Therese auf einem Stuhl und sah mit ihren blauen Augen herüber, als Hans hereinkam. Josefa faltete ein Frotteetuch, stopfte Therese einen Zipfel zwischen die Zähne und sagte: »Du mußt fest daraufbeißen, dann spürst du rein gar nichts.«

Sie nahm eine Stopfnadel vom Tisch, zog mit der linken Hand Thereses Ohrläppchen herab, und mit der rechten Hand stieß sie die Nadel hindurch. Therese zuckte, doch gleich darauf lächelte sie angestrengt über den zusammengebissenen Zähnen, was auch Hans das Gesicht wieder erhellte.

Durch die Nadelstiche schob Josefa die dünnen, silbernen Häkchen der Ohrringe. Sie stellte sich neben Hans und sagte: »Stehen sie ihr nicht ausgezeichnet?« Es waren emaillierte Vergißmeinnicht mit silbernen Staubgefäßen und silbernen Rändern. »Sie sind sehr schön«, sagte Hans. Josefa nahm den holzgerahmten Spiegel von der Wand und hielt ihn vor Therese, die ihr blasses Gesicht darin schweben sah, es hin und her wendete, die Ohrringe zu betrachten. Jetzt perlten zwei, drei Blutstropfen aus den Stichen. Als Therese sie sah, nahm sie das Tuch von ihrem Schoß und biß nochmals hinein. »Wenn sie Blut sieht, meint sie, 's tut weh!« Josefa lachte, und wie sie lachte, erschreckte Therese und Hans.

Auch die Kinder im Hof – Hildegard, Klara, Elise, Peter und Edgar – bestaunten die Ohrringe. Therese sagte: »Nein, es hat kein bißchen weh getan. – Stimmt es nicht, Hans?«

Vier Bäume standen im Hof: ein Apfelbaum, der nie Früchte trug, obwohl er schöner und voller blühte als alle anderen Apfelbäume, die ihre Kronen über die Zäune der Hauptstraße beugten; ein Birnbaum mit Schweizer Wasserbirnen, die im Herbst auf dem harten Lehmboden zerplatzten, die jedoch das Herz drückten, wenn man sie zu schnell aß; ein Pflaumenbaum, den Thereses Vater jedes Jahr pfropfte, und der dennoch immer die gleichen zehn bis zwölf schwarzblauen, schrumpligen Pflaumen hervorbrachte; und, mitten im Hof, wie der Paradiesbaum, auf einer Hügelwelle, der Türkische Kirschbaum. Einen ähnlichen hatte niemand im Dorf. Er blühte schon zu Ostern, und wenn die Blüten verwehten, schuppten grüne Blättchen die Zweige. Im Aprilregen wuchsen die Früchte, färbten sich gelb und rot im Mai und reiften in der Junisonne. Dann verschenkte Therese viele Kirschen, schob sie Hans in die Taschen, schüttete sie den Mädchen in die Schürzen, füllte sie in Spankörbchen für die Nachbarn und für Fräulein Luise, die im Gaupenzimmer unter dem Dach in Miete wohnte.

Über dem Sofa, zwischen vergoldeten Rahmen, hing das Foto eines Eisenbahnunglücks, zwei Züge, ineinandergeschoben, der eine schräg hochgestellt über dem andern hängend. Eine Lokomotive lag über den Schienen, die Räder nach oben, wie eine Raupe, die auf den Rücken gedreht war. Mit weißer Tusche stand das Datum des Unglücks in der unteren linken Ecke: 26. Mai 1897.

»Im Mai passieren die meisten Zugunglücke«, sagte Fräulein Luise. »Warum?« fragte Hans. »Es ist erwiesen«, sagte Fräulein Luise. Dann zeigte sie auf dem Foto das Kupee, in dem sie damals gesessen hatte. »Hinter *diesem* Fenster. Ich aß gerade eine Tafel Schokolade, als es rumste« – die Kinder lächelten – »fünf Tote, sechzehn Verletzte« – die Kinder wurden ernst – »Ich hatte hinterher nur ein wenig Kopfweh« – die Kinder lächelten wieder.

Erst einige Jahre später hatte sie das Schicksal getroffen. Sie war damals »Mädchen« in der Stadt, in einer Bäckerei mit Studentenpension. Eines Morgens trug sie Brötchen aus, trug einen schweren Korb auf dem Rücken, als die Leute am Ende der Kettengasse riefen: »Der Zeppelin!« Luise lief dorthin, wo sie in Bündeln standen und mit Finger hinaufzeigten, sie lief mit ihrem Brötchenkorb und plötzlich »bekam ich einen Bruch«. – Therese und Hans konnten sich darunter nichts vorstellen, aber sie wußten, von damals bis heute – sie hatte jetzt weiße Haare – mußte Fräulein Luise eine Bandage tragen.

»Das ist mein Kummet«, sagte sie, wenn Therese und Hans das seltsame Gerüst aus Binden und stoffbezogenen Schnallen bestaunten, das an einem Seil über dem Herdschiff hing. »Es muß trocknen. Schon am Mittag habe ich es durchgeschwitzt. Aber ich habe noch ein zweites«, sagte sie und klopfte auf den Bauch, der klang, als poche sie mit dem Knöchel an eine leere Bettflasche. Die Kinder horchten ernst erstaunt. »Wenn ich mein Kummet nicht trage«, sagte Fräulein Luise, »gehe ich auseinander wie eine Dampfnudel.«

Nein, bei Luise war es nie langweilig. Sie erzählte vom Papst, der als Relief neben dem Eisenbahnunglücksfoto hing, von Friedrich Ebert, mit dem sie in der Sattlerei gesprochen hatte, von den Studenten, die damals in der Pension wohnten und nun Professoren, sogar Rektoren in Marburg, in Jena und in Freiburg im Breisgau waren. Andere waren im Weltkrieg gefallen. Die einen schrieben ihr Briefe oder schickten Geld, und die anderen hatten sie vergessen.

Josefa hatte eine böse Stimme. Sie rief nach Therese. Hans hörte sie keifen, als Therese unten im Flur ankam. Therese weinte. Türen schlugen zu. »Oh, sie hat Gift im Blut!« sagte Fräulein Luise. »Warum hat sie Gift im Blut?« fragte Hans. »Weil sie keinen Mann bekommen hat.« »Und du, Fräulein Luise, hast auch keinen Mann«, sagte Hans. »Nein, ich habe keinen, aber vor dem Bruch hatte ich so viele ich wollte.«

Therese saß im Keller zwischen zwei Kartoffelbergen, einem kleinen und einem großen. Die Kartoffeln des großen Berges waren überwuchert von den weißen Trieben, welche die feuchte, warme Kellerluft über Winter den Kartoffeln aus den Augen getrieben hatte.

»Die muß ich bis zum Abend zupfen«, sagte Therese und zeigte auf den Berg, den Josefa hingeschüttet hatte. »Ich helfe dir«, sagte Hans. Er stülpte einen Bottich um und setzte sich darauf, neben Therese; er pflückte Trieb um Trieb ab und warf die glatten Kartoffeln auf den kleinen, doch wachsenden Berg.

»Tun die Ohrringe noch weh?« fragte Hans. »Nur wenn ich daran ziehe«, sagte Therese. »Du brauchst nicht daran zu ziehen«, sagte Hans. »Es juckt so«, sagte Therese. »Wenn es juckt, heilt es«, sagte Hans.

Josefa blieb auf der Kellertreppe stehen und sagte: »Warum zupfst du nicht allein?« »Ich helfe freiwillig«, sagte Hans. »Dann habe ich nichts dagegen«, sagte Josefa.

Sie hielt einen Krug unter den Hahn. Der Most zischte hinein und schäumte über den Rand. »Habt ihr auch Durst?« fragte Josefa. Therese und Hans sahen ängstlich zu ihr auf. »Natürlich habt ihr Durst!«

Auf dem Faß stand ein Senfglas mit gerillten Wänden, in das sie den milchigen Most aus dem Krug goß. Sie gab es Hans, der zwei Schlucke trank und es Therese hinüberreichte. Sie nippte nur. »Ihr schmeckt es natürlich nicht«, sagte Josefa, »sie trinkt lieber Zuckerwasser. Die ist eine ganz Süße! – Und dir? Schmeckt es dir?« »Wir haben keinen Most im Keller«, sagte Hans. »Ich weiß, ihr trinkt nur Spätleseweine und französische Rotweine aus Flaschen mit verschimmelten Korken, stimmt's?« Um nicht antworten zu müssen, setzte Hans nochmals das Glas an und trank es in einem langen Zug leer.

Josefa stand noch eine Weile da, dann fragte sie: »Ist's wahr, daß die Änn bei euch in der Gaststube Foxtrott und Charleston tanzt?« Hans schoß das Blut in die Stirn. »Ja, sie tanzt manchmal.« »Und mit wem tanzt sie? – Mit dir vielleicht?« »Sie tanzt mit Herrn Essenbreiß, der aus Amerika gekommen ist.« »Und du, du schaust zu, wenn sie tanzen?« »Ich darf nicht. Meine Mutter hat mich in die Küche geschickt.«

Ja, die Änn und Herr Essenbreiß tanzten manchmal, am Vormittag, bevor andere Gäste kamen. Herr Essenbreiß, der einen engen Pfeffer-und-Salz-Anzug trug und dottergelbe Jimmy-Schuhe, brachte in einer Aktentasche Schallplatten mit, die er selber auf den Grammophonteller legte.

Wenn die Musik aus dem Lautsprecher kam, wischte Änn die Sohlen auf den Dielen hin und her. Ihr enger Rock hatte an der Seite Schlitze, aus denen ihre Schenkel hervorkamen, magere, mit fleischfarbenen Strümpfen bezogene Schenkel. Ihr Kopf ruckte, und ihr Haar, das lang auf die Schultern hing – wie dem Herzen Jesu auf dem Öldruck in der Küche –, wehte über ihren Mund, den sie öffnete, als bisse sie in ihr Haar. Herr Essenbreiß hüpfte zu ihr hin, stellte sich ihr gegenüber und wischte gleichfalls die Schuhe über dem Boden hin und her; er faßte Änn um die Hüfte, was sie anscheinend gern hatte, denn sie drehte ihm die Hüfte entgegen und warf die Arme hinauf, als wollte sie sich an der Decke der Gaststube festkrallen.

»Und was machen sie, wenn der Tanz zu Ende ist?« »Sie trinken Wein und sprechen miteinander amerikanisch – was niemand versteht.« »Aber ich verstehe es«, sagte Josefa. Sie füllte Hans nochmals das Glas, dann stieg sie die Kellerstufen hinauf, rasch, als wäre sie zornig.

An der Tür von Fräulein Luise hing eine Schiefertafel, unter der an zwei langen Schnüren ein Stück Kreide und ein immer feuchtes Schwämmchen baumelten. Bevor sie wegging, schrieb sie auf die Tafel: »Bin bei Herrn Doktor. Komme 16 Uhr zurück.« »Bin bei Hochwürden Herrn Pfarrer. Am Abend zurück«, oder: »Bin beim Bandagist. Ankunft morgen.« Wer war der Bandagist? Auch Therese wußte es nicht. Sie machten ein Gedicht:

Der Bandagist,
der Bandagist,
der pflückt die Blumen auf dem Mist,
weil er die kleinen Kinder frißt.

Aber wie herrlich waren diese kurzen Ortsangaben geschrieben! Das große H von Hochwürden zum Beispiel!

In den Weinbergen treiben die Reben im Mai Schößlinge, die an ihren Enden sich winden, schnörkeln, rollen zu fünf- und sechsfach sich überschneidenden Bögen, die oben ausschwingen, sich schließlich gabeln zu kleinsten Schößlingen, die noch eine winzigere, zärtliche Girlande darüberkringeln. Fanny bekam von ihrer Patin aus der Stadt eine Ungarbluse geschenkt, deren weiße Gazeärmel mit rotem, grünem und gelbem Garn bestickt waren, ineinander sich flechtende Ornamente, die sich vom Bund bis zur Schulter die Ärmel hinaufschlängelten. Wie die Schößlinge der Reben, die Ornamente der Ungarbluse, so begann das große H in Hochwürden, das Luise mit Kreide auf die Schiefertafel schrieb.

Therese und Hans gab sie Schreibunterricht. Tief hingen ihre Köpfe über dem linierten Papier. Ein rundes Tintenfaß stand zwischen ihnen, in das sie, an langen hölzernen Haltern, die Federn tauchten, Redisfedern Nr. 2, nach Fräulein Luises Meinung die besten Federn, Dünne und Dicke der Striche spielend zu erzwingen.

»Eure Schulschrift hat euch verdorben!« tobte sie. »Heute schreibt einer wie der andere. Die Schriften gleichen sich wie die Legeier! Wo zeigt sich da der Charakter?«

Hans legte seinen Charakter hinein. Er schrieb »Hochwürden«, doch schon die zweite Hälfte des Wortes war wieder in ganz gewöhnlicher Schulschrift geschrieben.

Es klopfte. Fräulein Luise rief: »Komm mit Gott herein!« Rosa Six öffnete die Tür und blieb erschreckt stehen. Eine Berta Six ging in die gleiche Schulklasse wie Hans. Berta war drei Jahre älter, aber sie war schon dreimal sitzengeblieben. Schon dreimal hatte sie das Pensum durchgenommen, und doch war sie dümmer als Johann Maier, der sehr dumm war.

Rosa Six war Bertas Schwester. Sie nahm Platz, wickelte ein Stück Dörrfleisch aus braunem, fettigem Packpapier und sagte: »Fräulein Luise, wenn Sie so gut wären, mir einen Brief zu schreiben...« »Gern«, sagte Fräulein Luise, nahm das Dörrfleisch und legte es in die Tischschublade. »Und was für ein Brief soll es sein?« »Es soll ein...ein...«, sie stockte und sah zu Therese und Hans hinüber. »Die stören nicht«, sagte Fräulein Luise. »Die sind ganz ins Schreiben vertieft.« »Es ist ein peinlicher Brief, ein...« »Ihr rückt ein wenig zusammen«, sagte Fräulein Luise barsch, und zu Rosa sagte sie in weichen Tönen: »An wen soll er gerichtet sein?« »An den Heidiwitschka!« »Den Heidiwitschka?« »Der Monteur vom Bohrturm, der im Herbst auf dem Ruppberg gearbeitet hat.« »Er war bei uns im Logis«, sagte Hans. Rosa drehte das Gesicht hinüber und sagte weinerlich: »Sehen Sie, er hört doch zu!« Sie stemmte die Hand auf den Tisch, als wolle sie aufstehen. »Dich hat niemand gefragt!« rief Fräulein Luise. »Und hast du die Adresse dieses Heidiwitschka?« »Ja, der Herr Bürgermeister hat sie mir gegeben.« Sie öffnete die linke Hand, in der sie einen Zettel gerollt trug, und ließ ihn vor Fräulein Luise wie eine glühende Kohle fallen.

Während Fräulein Luise den Zettel entrollte, sagte Rosa: »Eigentlich heißt er Jupp, aber die Mädchen von der Fabrik nannten ihn so, weil er statt ›Guten Tag‹ immer ›Heidiwitschka‹ sagte.« »Du hast etwas mit ihm gehabt, und nun...« Rosa senkte den Kopf und rieb ihr zerknittertes Taschentuch über die Augen.

»Dann schreiben wir zuerst die Adresse«, sagte Fräulein Luise; sie stand auf, ging zur Kommode neben dem Eisenbahnunglücksfoto, zog oben die kleine Schublade auf und nahm Briefbogen und Kuvert heraus. Sie setzte sich wieder, tauchte den Federhalter ein und schrieb die Adresse. Sie schrieb das große H des Wortes Herrn, in der oberen linken Ecke begann es, unten, am Rand des Kuverts, endete es, schwang wie ein Segel aus, in das alle anderen Worte sich lehnten, Jupp und Andernach und Miesenheimer Straße.

Rosa, die anfangs mit Staunen zugesehen hatte, wurde unruhiger, als Fräulein Luise begann, Ort und Datum auf den Briefbogen zu setzen. »Muß ich nun alles sagen?« würgte sie hervor. »Gar nichts mußt du mir sagen! Ich weiß schon, was man solchen ehrvergessenen Männern schreibt. Von vornherein – er muß bezahlen!«

Rosa wischte nochmals mit dem Taschentuch über die Augen, dann lächelte sie. Ein Lächeln, das auch Therese und Hans ansteckte. Rosa sah es und sagte: »Fräulein Luise, sie lachen!« »Wie oft habt ihr ›Hochwürden‹ geschrieben?« »Zweiundzwanzigmal«, sagte Therese. »Und du?« »Ich habe es nicht gezählt.« Fräulein Luise zog sein Blatt vor sich hin, betrachtete es und fragte: »Heißt das vielleicht ›Hochwürden‹?«

Unter zehn Hochwürden stand dreimal: Heidiwitschka. »Nur Unsinn im Kopf«, sagte Fräulein Luise.

In den letzten Januartagen – auf der vereisten Staffel war Asche gestreut – wurde Thereses Mutter krank. Sie lag im vorderen Zimmer, das drei Fenster hatte, die jetzt zugezogen waren mit zitronengelben, durchscheinenden Vorhängen. Ein Glasschrank stand im Zimmer, hinter dessen Scheiben dicke, goldrandige Porzellantassen und chinesische Vasen gestellt waren, aus denen Haselkätzchen aus violetter Seide baumelten. Auf der Kommode, unter dem Bild »Jesus geht mit den Jüngern durch das Weizenfeld«, thronte eine Monstranz, die Thereses Vater mit der Laubsäge aus Zigarrenkistchen gesägt und mit Goldbronze bepinselt hatte, daneben ein Aschenbecher aus einer Granathülse aus dem Weltkrieg. Die Geranienstöcke, die im Sommer vor den Fenstern blühten, standen dürr und gelb auf einer Bank.

Der Arzt kam mit einer Ledertasche, eine Schwester huschte ein und aus, nahm in der Küche Kompressen aus der Waschschüssel, brühte Pfefferminztee auf und verquirlte Eier in Rotwein.

Therese sagte zu Hans: »Ich habe ein Brüderchen. Georg heißt es, aber es ist auch krank.« »Hast du es gesehen?« »Ja, ich habe es gesehen. Es ist *so* klein.« Ihre Hände zeigten das Maß einer Puppe.

»Der Herr Pfarrer hat ihm die Nottaufe gespendet, weil es wahrscheinlich stirbt.«

Sie saßen in Josefas Zimmer neben dem Ofen und spielten mit den Puppen. Eine hieß jetzt Georg. Therese legte ihr wassergetränkte Taschentücher auf die Stirn, und Hans fühlte ihr den Puls, der viel zu rasch pochte.

Josefa saß an der Nähmaschine und nähte ein Kostüm für Sophie Hillenbrandt, ein Samtmieder mit goldenen Borten und einen grünen Satinrock, der wie eine Glocke fallen sollte.

Sophie kam zur Anprobe. Sie schlüpfte in das Mieder und den Rock und sah an sich herunter. »Die Taille noch enger«, sagte sie. Josefa, mit Stecknadeln zwischen den Lippen, sagte: »Du mußt doch auch schnaufen können beim Tanz.« »Trotzdem, ich möchte ihn hier ganz eng haben.« Josefa kniete auf dem Boden, zupfte am Rock hinten und vorn und steckte Nadeln in den Saum. »Und wann ist das Kostüm fertig?« fragte Sophie. »Wann brauchst du's«, fragte Josefa. »Am Samstag. Am Samstag ist der Ball.« »Am Samstagvormittag kannst du es abholen. Ich bügle es dir vorher.«

Eines Morgens war der kleine Georg tot. Hans bekam Geld von seiner Mutter. Er kaufte ein Bukett: Rosen und Vergißmeinnicht aus Wachspapier, halb eingerollt in eine weiße Spitzenmanschette. Georg lag im Kinderwagen, der mit olivgrünem Segeltuch bezogen war – wie der Schulatlas von Hans.

Ein Kind aus Wachs, in einem starren Papierhemd, das unten gegen den Wagen stieß. Eine Kerze flammte neben dem Wagen, und die Vorhänge waren ganz zugezogen. Thereses Mutter lag im Bett an der hinteren Wand, den Oberkörper auf drei Kissen aufgerichtet. Sie sagte: »Ein schönes Bukett. Das kann der Georg mitnehmen in den Himmel.«

Im Hof, auf zwei Küchenhockern, stand am nächsten Tag der kleine, weißlackierte Sarg. Ein silbernes Kreuz stand darauf, und eine Kerze, die der Wind ausblies. Das Weihwasser im Senfglas war zugefroren. Der Herr Pfarrer, Thereses Vater, Josefa, Fräulein Luise und die anderen taten nur so, als tauchten sie die Fingerspitzen hinein und zerstäubten das Wasser über dem Sarg.

Der Herr Pfarrer sprach die lateinischen Einsegnungsgebete schneller als sonst. Zu den Meßbuben sagte er: »Setzt eure Mützen auf. Bei der Kälte braucht ihr die Mützen nicht abzunehmen.« Deshalb setzte auch Hans seine Mütze wieder auf und zog die pelzbesetzten Muscheln über die Ohren.

Thereses Kusine Elisabeth legte sich den Sarg auf den Kopf und hielt ihn mit ihren schwarzen Handschuhhänden an den silbernen Griffen. Die wenigen Leute, die zur Beerdigung mitgingen, folgten dem Sarg. Hans ging neben Therese. Rotverweint brannten ihre Augen im weißen Gesicht.

Der Totengräber sagte, er habe das Grab sprengen müssen, so tief sei die Erde gefroren. Harte, graue Schollen lagen um das schmale Grab, in das Elisabeth den Sarg an zwei Stricken hinablies. Die Erdschollen trommelten auf den Sargdeckel, als schlügen Fäuste an eine verschlossene Tür.

Vier Wochen später schon blühte der Türkische Kirschbaum. Thereses Mutter ging wieder zur Fabrik. Josefa nähte zu Ostern Kleider aus gestreiften und gepunkteten Stoffen. Fräulein Luise fuhr mit einem Herrn Professor, der sie besucht hatte, im Auto zur Stadt. Die Katze bekam Junge, drei kleine, tapsige, blaugraue Kätzchen mit blinden, verschmierten Augen, die unter der Treppe im Flur in einer Kiste übereinanderkrochen.

Die Kinder im Hof spielten »Wer fürchtet sich vorm schwarzen Mann«, spielten Fangen und Verstecken, mit Bällen, Reifen, Murmeln und Tanzknöpfen. Wenn der Lärm zu wild wurde, erschien Josefa am Fenster, warf die Fäuste hoch und schrie: »Das ist kein öffentlicher Spielplatz! Verschwindet alle miteinander!«

Sie krochen in die Scheune, hielten sich für Augenblicke still, faßten Therese zuliebe die besten Vorsätze, aber schon nach wenigen Minuten tobten sie alle wieder um so lauter.

Als Therese suchen mußte, versteckte sich Hans im Flur. Die Tür stand offen. Hinter ihr war gerade noch so viel Platz, daß er an die Wand gepreßt stehen konnte. Er hörte, wie Therese die anderen Kinder fand: Hildegard im Keller, Klara im Schuppen, Edgar in der Scheune hinter den Strohballen. Schließlich fand sich auch Peter, der in einen der Kartoffelsäcke geschlüpft war, die neben dem Gartenzaun lagen.

Als Therese ihn hinter der Tür stehen sah, rief sie:

»Ich sehe dich! Ich sehe dich! Nun laufe, Hans, und fange mich!«

Jetzt durfte Hans aus seinem Versteck hervorkommen, um sie abzuschlagen, aber er machte nur zwei oder drei Schritte, als eines der Kätzchen unter seiner Schuhsohle aufwimmerte. Es wollte der Treppe zukriechen, doch es taumelte, fiel um, krümmte sich, als wäre sein Rückgrat zertreten. Hans kniete nieder, um es in die Kiste zu heben, zu den zwei anderen Kätzchen.

»Was hast du gemacht?« Josefa war in der Tür ihres Nähzimmers erschienen; sie stützte die Hände in die Hüften und wiederholte noch strenger: »Was du gemacht hast, habe ich dich gefragt?«

Hans sagte: »Ich hab's getreten, aber nicht für gern. Es saß da, und ich hab's nicht gesehen!«

»Nicht gesehen! Nicht gesehen! Bist du vielleicht blind? Oder taub? – Absichtlich hast du's getreten, weil du ein Tierquäler bist, ein eingebildeter, stinkreicher Tierquäler!«

Auf der Staffel sah Hans Therese und die andern Kinder als stumme, verängstigte Zuschauer stehen.

Josefa fuhr dazwischen: »Meine Engelsgeduld ist zu Ende! Hinaus! Alle hinaus! Ich will euch nicht mehr sehen, endgültig!«

Die Kinder, auch Hans, konnten weglaufen, die Staffel hinab, und unten im Hof durch das Gattertor auf die Dorfstraße hinaus; nur Therese mußte die Staffel hinaufgehn. Josefa empfing sie oben und zerrte sie an den Zöpfen ins Haus.

In der Woche nach Ostern brachte der Briefträger die Aufnahmepapiere für das Internat. Hans hatte die Prüfung bestanden. Eine Liste lag dabei, was mitzubringen war: zwei Bettbezüge, zwei Leintücher, vier Kissenbezüge, ein Paar Pantoffeln, zwei lange Nachthemden, ein Zahnputzglas und vieles andere. Am nächsten Montag mußte er im Internat eintreffen.

Mit seinen Eltern fuhr er in die Stadt. Sie kauften, was vorgeschrieben war. Zuletzt, als seine Mutter im Café wartete, kaufte ihm sein Vater eine Mütze aus blauem Tuch. Der Verkäufer sagte: »Das ist die Sextanermütze. Die Quintanermütze ist orange, die Quartanermütze grün, und wenn du Primaner bist, darfst du eine Mütze aus weißer Seide tragen.«

»Das dauert noch ein wenig«, sagte sein Vater.

Hans sah sich im Spiegel: Die blaue Mütze, die Ohren, die weit abstanden, und unter dem Lackschild hing eine weißblonde Locke in die Stirn. »Sie steht ihrem Herrn Sohn ausgezeichnet«, sagte der Verkäufer.

»Gut, wir behalten sie«, sagte sein Vater und zog einen Geldschein aus der Brieftasche.

Hans zählte das Schlafengehen bis zur Abreise, wie er das Schlafengehen vor Weihnachten zählte. Aber es war ein anderes Zählen. Noch dreimal, noch zweimal, noch einmal.

Am Tag der Abreise ging er auf den Hof des Nachbarhauses. Vor der Staffel rief er: »Therese!« Wie er oft gerufen hatte.

Sie kam oben aus der Tür, hielt den linken Zopf in ihren Händen, als flechte sie ihn gerade zu Ende. »Ich will dir auf Wiedersehen sagen, nach dem Essen fahre ich fort.« – »Aber du kommst doch bald wieder?« – »In den Ferien.« – »Und wann hast du Ferien?« – »Zu Pfingsten vielleicht.« – »Pfingsten ist bald«, sagte sie. – »Oder zur Ernte.« – »Bis zur Ernte ist es noch lange.«

Er stand drunten im Hof, und sie oben auf der letzten Stufe vor der offenen Tür. Plötzlich war Josefa neben Therese. Sie schwang beide Arme nach vorn, und der tote Körper des Kätzchens schlug auf die Staffel.

»Das schenk ich dir!« rief sie. »Du hast es kaputtgetreten! Drei Wochen hat das arme Tier gelitten. Nimm's mit, zum Andenken!«

Als werfe sie Steine nach ihm, lief Hans aus dem Hof.

»Auf Wiedersehen!« rief Therese.

Die Klosterschule

Ohne Echo schlugen die Mauern im abendkühlen Hof die Schreie der Jungen zurück. Hin und her zwischen ihren roten Händen flogen die Bälle. Hans fühlte sich von Blicken getroffen, denn es war verboten, während der Freizeit ins Haus zu gehen und die Schränke aufzusuchen, die oben im dritten Stockwerk die Flure säumten.

Äpfel waren mit der Paketpost gekommen, die ersten, reifen Äpfel von daheim, ein Weidenkorb voll, ins Stroh gelegt, Sackleinen darüber gespannt, das der Vater mit weiten Männerstichen an den Korbrand genäht hatte.

»Ich will nur einen Apfel holen ...« Diese Entschuldigung würde auch den Präfekten erweichen.

Die Patres saßen um die Abendstunde in ihren Zimmern und rauchten über aufgeschlagenen Goldschnitt-Brevieren Zigarillos. Keiner konnte Hans, der in Turnschuhen vorbeischlich, hören. Eine Kette vom Hosenbund zur Tasche hielt den Schlüssel. Er gehörte ihm allein, öffnete und schloß seinen Schrank, sein kleines Reich, das er mit keinem anderen Schüler teilen mußte. Der Kommunionsanzug und der Wintermantel hingen an der Stange. Oben im Fach lagen die Hemden, die Handtücher, die Taschentücher, die Bettwäsche, die Servietten gestapelt, wie es die Vorschrift war. Hans kniete sich vor den Schrank, legte die Hände auf die Äpfel, streichelte sie, schnupperte ihren Duft: Äpfel aus dem Grasgarten von daheim, von jenem Baum am Zaun, dem knorrigen, schräggewachsenen, der im Herbst, wenn er voller Früchte hing, die Zweige ins Gras tunkte. Sein Stamm hatte sich kurz über der Erde gespalten, und die Rinde war von schwarzen, schimmeligen Pilzen geschuppt. Der Vater sagte, der Baum sei krank, er müsse gefällt werden; aber der Baum – als könne er die Gedanken des Vaters lesen – brachte ihn jedes Jahr wieder von seinem Vorsatz ab; er blühte voller und trug mehr Früchte als alle anderen, auch die jungen Bäume des Gartens.

»Was machst du hier?«

Hans buckelte den Rücken, beugte sich ganz hinab zum Korb, den der Schatten des Sprechers verdunkelte.

»Du weißt doch, daß es verboten ist, während der Freizeit das Haus zu betreten? Oder weißt du's vielleicht nicht?«

»Doch ...«

Die Hand des Sprechers zerrte an der Schulter.

»He, ich spreche mit dir!«

Hans sah hinauf, sah Kniestrümpfe, eine kurze Hose, ein weißes Hemd, ein Gesicht in Schweiß, Augen, die ihn erschreckten, weil sie ihn früher schon, im Hof, in der Kapelle, im Speisesaal, angestarrt hatten.

»Bist ganz schön erschrocken, was?«

»Ja.«

»Dachtest, der Präfekt wär's. Keine Bange nicht, der macht momentan seine Hofrunde. – Ist es *dein* Schrank?«

»Ja.«

»Du bist der kleine Sänger mit dem hellen Sopran?«

»Ja.«

»Ja, ja, kannst nur ja sagen? Hast wohl Angst?«

»Nein.«

»Endlich! Nein, brauchst keine Angst haben. Ich verpetz dich nicht.«

»Ich will nur einen Apfel holen.« Jetzt erst konnte Hans seine Entschuldigung sagen; dabei hob er die Hände mit den Äpfeln.

»Äpfel, ich habe auch welche. Bei uns am Bodensee werden sie groß wie Kindsköpfe. Schmeiß die weg! Kriegst von meinen.«

Hans legte die Äpfel in den Korb und zog das Sackleinen darüber.

»Steh auf, schließ ab!«

Hans ging hinter dem Schüler her, folgte ihm weiter den Flur hinab, wo die Fenster aufhörten und rotglühende Sparbirnen an der Decke glosten.

Sein Schrank war vollgestopft mit vielen Kleidern, und die Hemden oben im Fach lagen durcheinander. An der Innenseite der Tür, hinter einem Bündel Krawatten, klebten Fotografien, aus Zeitungen und Illustrierten ausgeschnitten, Filmschauspieler, Athleten, Boxer.

»Hier, Kleiner!«

Er hielt Hans einen Apfel vor die Brust.

»Der schönste, den ich hab.«

»Danke.«

»Quatsch, zu mir brauchst nicht danke zu sagen. Beiß schon rein!«

Hans hatte das erste süße Stück im Mund, als der Schüler ihn um die Hüften faßte und hochstemmte.

»Hoi, du bist ja federleicht.«

»Sechsundsechzig Pfund wiege ich...«

»Eine richtige kleine, zarte Feder bist du noch. Und wie heißt du?«

»Hans.«

»Ich heiße Hubert Steiner. Du wirst mich hoffentlich nicht mit Sie anreden. Sag Hubert. Wir können richtige Freunde werden...«

So freundlich Hubert sprach, seine Finger taten ihm weh, drückten gegen die Hüftknochen.

»Du tust mir weh.«

»Will ich ja, du Angsthase.«

Hans krümmte sich, strampelte und kam auf die Füße zu stehen.

Schüler, die nach den Ferien ins Internat kamen, waren vom Geheimnis umgeben.

Am Nachmittag eines Septembertages, während des Studiums, kam der Präfekt mit einem neuen Schüler in das Klassenzimmer. Den Namen verstanden sie nicht, aber alle Augen betrachteten den Neuen.

Herr Rehberger, der im Dorf zu Hause die Jagd gepachtet hatte und am Morgen, bevor er mit den anderen Jägern, den Treibern und Hunden aufs Feld ging, am Stammtisch Glühwein trank, hatte einen Sohn namens Edgar. Er war nur drei oder vier Jahre älter als Hans, aber er ging schon mit zur Jagd. Er hatte ein Gewehr wie sein Vater, nur kürzer, trug wie sein Vater eine grüne Joppe mit Hirschhornknöpfen, ein grünes Hütchen mit einer Kordel und einer Fasanenschwanzfeder. Marko, der Jagdhund seines Vaters, eine braun-grau gefleckte Dogge, saß dann neben dem Stuhl Edgars, drückte den Kopf an seine Wade und blickte mit rotgeränderten, wäßrigen Augen zu ihm hinauf. Edgar sprach wenig, und sein Vater sagte zu den anderen Herren, Edgar sei der geborene Förster. Sein Gesicht und seine Hände waren noch im Herbst gebräunt, und wenn er sein Hütchen abnahm, war sein Haar struppig, als wäre er lang im Regen umhergegangen, und die Sonne hätte es hinterher gebleicht. Im letzten Herbst, als Hans zu Hause war, am Abend nach der Jagd – die Säcke steckten voller schlaffer Hasen, und mehr als zwei Dutzend Rebhühner und Fasane hingen neben den Gewehren und Mänteln der Garderobe – klebte in Edgars Haaren ein gelbes Buchenblatt. Das sah schön aus; aber sein Vater nahm es weg und kitzelte mit dem Blatt Markos Nase.

Der neue Schüler, der neben dem Präfekten von einem Bein auf das andere trat, glich Edgar. Nur seine Augen waren heller, unruhiger; aber als er zum erstenmal lachte, dachte Hans, er gleiche Edgar doch nicht. Er trug eine marineblaue Jacke mit Messingknöpfen und eine lange, graue Hose, deren Umschlag eng auf den Schuhen lag.

Der Präfekt sagte, Walter List solle seinen Platz in der ersten Bank räumen und sich neben Grünwald in die letzte Bank setzen. Der Neue käme in die erste Bank.

Walter List räumte seine Bücher, Hefte, Federhalter und Bleistifte zusammen, und der Neue stand da, sah ungeniert von Gesicht zu Gesicht, ließ die Blicke über die Wände und Fenster rundum gehen, dabei zuckten seine Nasenflügel, als rümpfe er die Nase. Er ging zum Glasschrank und betrachtete die ausgestopften Vögel, die Steine und die Herbarien, bis Walter List mit dem Ausräumen fertig war. Der Neue sagte laut »danke«, setzte sich und begann gleich mit dem Nebenmann, mit Rolf Weigand, zu flüstern.

Der Zensor, ein Primaner mit Pustelgesicht, Brille und Ärmelschonern aus verschossenem Satin, beobachtete ihn eine Weile, runzelte noch mehr die Stirn und fauchte ihn schließlich an: »Du weißt anscheinend nicht, daß es streng verboten ist, während des Studiums zu sprechen?«

»Nein, das weiß ich nicht.«

»Aber jetzt weißt du's. – Und ihr habt nun auch genug geglotzt«, sagte der Zensor zu allen anderen.

Die Köpfe senkten sich auf die Bücher, nur Hans sah lange noch hinüber zu dem Neuen.

Der saß da und sah viele Minuten lang auf den leeren, grünen, zerkratzten Pultdeckel. Er holte aus der Innentasche seiner Jacke Spiegel und Kamm, betrachtete sich im Spiegel und kämmte sein Haar, zog einen geraden Scheitel und pustete die Locke aus der Stirne. Als er Kamm und Spiegel weggesteckt hatte, lehnte er sich zurück, stützte die Ellbogen auf die Bank hinter sich und streckte, wie die jungen Burschen im Gasthaus, die Füße weit von sich. Der Zensor, der immer wieder hingesehen hatte, fragte im gleichen gereizten Ton: »Du hast wohl keine Bücher mitgebracht?«

»Schon, aber sie sind noch im Koffer.«

»Und wo ist dein Koffer?«

»Im Schlafsaal wird er stehen.«

»Dann hole ihn gefälligst. Oder glaubst du, ein Diener trägt ihn dir nach?«

»Wäre nicht schlecht, ein Diener.«

Alle hatten während des ungewöhnlichen Dialogs wieder die Köpfe erhoben, aber nicht zu lachen gewagt, bis der Neue hinausgegangen war.

Im Unterricht dann zeigte Klaus Kleine-Brockhoff eine Eigenschaft, die nach seinem ersten Auftritt niemand erwartet hatte: er war dumm. Vielleicht war er nur faul oder mit den Gedanken weit weg; denn nach den Schulstunden, besonders was sein Mundwerk anging, war er allen seinen Klassenkameraden, auch denen, die in den lateinischen Arbeiten lauter »sehr gut« schrieben, überlegen.

Lehrer Dietsche, der stets unrasiert war und die Knöpfe seiner Jacke in höhere oder tiefere Löcher geknöpft hatte, war unter den Kleine-Brockhoff feindlichen Lehrern sein ärgster Feind. »Du ungeistiger Junge«, sagte er und beendete damit die langen Schweigepausen, die meist nach einer unbeantworteten Frage gähnten.

Lehrer Dietsche gab Deutschunterricht und dichtete. Seine Verse mußten die Schüler auswendig lernen, als Diktate schreiben, als Schönschreibunterlagen verwenden. Die Schüler schätzten die Gedichte schon deshalb nicht. Zudem widersprach Herr Dietsche dem Bild des sanften Lyrikers: mit seinem fleischlosen Fingerknöchel verteilte er Kopfnüsse, die weniger bestraften als seine schlechte Laune abreagierten.

Pater Ludewig, der erste Präfekt, der das Streichorchester dirigierte und den gemischten Chor leitete, komponierte auch. Zum bevorstehenden Geburtstag von Pater Rektor komponierte er ein Gedicht von Lehrer Dietsche, das mit der sorgenvollen Frage begann:

Was bist du traurig, Menschenkind?
Was hast du für ein Leid?

Es sollte eine Blume betrachten, die Blume würde es trösten, war in den sechs folgenden Strophen des Gedichts ausgeführt, gereimt und dem Menschenkind angeraten.

Pater Ludewig übte das Lied. Es war einfach gehalten, und schon nach zwei Proben klang es vierstimmig und fehlerfrei zusammen.

Hans sang Sopran, Klaus Kleine-Brockhoff sang Alt, aber seine Stimme mutierte schon, und sie überschlug sich manchmal.

Vor der Uraufführung des Liedes, am Nachmittag während der

Pause, ging Klaus Kleine-Brockhoff vor Hans die Treppe zum Hof hinab. Auf der letzten Stufe blieb er stehen, und als Hans vorbeiging, kam er nebenher. Die anderen Schüler, die nicht aus dem Chorzimmer kamen, spielten Völkerball. Hubert Steiner war unter ihnen. Als er Hans ansah, traf ihn der Ball.

»Spielst du auch?« fragte Klaus.

»Ich seh lieber zu –«

Sie setzten sich auf die Mauer am Ende des Hofes, wo ein paar andere Schüler saßen und dem Ballspiel zusahen. Klaus sagte: »Singt ihr in eurem Chor immer so dämliche Lieder?« Hans sagte: »Zu Ostern haben wir ein Oratorium gesungen, das Pater Ludewig komponiert hat, und als der Pater Provinzial zu Besuch kam, haben wir das Ave verum von Mozart gesungen und einen Jägerchor aus Rosamunde.«

»Lauter so'n dämliches Zeug.«

Dämlich war anscheinend sein Lieblingswort. Marianne, seine kleine Kusine aus der Stadt, hatte auch bei jeder Gelegenheit dämlich gesagt: dämlicher Klicker, dämlicher Hund, dämliches Kaff, dämlicher Mist...

Klaus sagte: »Ich habe eine Idee. Wir schmeißen das Lied. Wir singen nur *einen* Buchstaben mehr zu diesem dämlichen Stuß – machst du mit?«

Freute sich Hans, weil Lehrer Dietsche geärgert werden sollte, oder freute er sich, weil Klaus ihn zu seinem Vertrauten machte?

»Was für eine Idee?«

»Zuerst muß ich wissen, ob du ja oder nein sagst.«

»Ja, ich mache mit«, sagte Hans.

Klaus sagte: »Keiner wird's deinem Mund ansehen, wenn du dich nicht dämlich anstellst.«

»Und die andern, sollen die's auch wissen?«

Klaus sagte: »Nein, nur wir zwei.«

»Klar, ich mache mit!«

»Hör zu...«

Nach dem Abendessen, als das Streichorchester den Priestermarsch aus ›Athalia‹ gespielt hatte, hielt der Pater Ökonom eine Rede auf den Geburtstag des Rektors. Alle klatschten. Dann stand der Pater Rektor auf und hielt eine Rede. Er sagte, Geburtstag sei eigentlich ein weltliches Fest, doch sei er heute fünfzig, eine runde Zahl, und der heilige Heinrich, sein Namenspatron, werde es ihm nicht übelnehmen, wenn er den Geburtstag diesmal festlicher begehe als den Namenstag. »Damals, im Weltkrieg, als ich bei der Kavallerie diente...« Das kannten die älteren Schüler schon. Doch zum Schluß sagte er, den Schülern der Oberklassen spendiere er je eine Flasche Bier, und jeder dürfe zwei Zigarillos rauchen; die Kleinen könnten sich an Kaffee und Kuchen vergnügen.

Während des Geprassels der Hände lief Pater Ludewig durch die Tischreihen und knipste mit den Fingern: das Zeichen für die Sänger zur Aufstellung.

Am Ende des Refektoriums, der Akustik wegen, stand der Chor, Sopran und Alt vorne, Tenor und Baß hinten, die Köpfe der Primaner, Sekundaner, Tertianer schwebten über den Köpfen der Quartaner, Quintaner und Sextaner. Pater Ludewig steifte den Nacken und hob die rechte Hand mit dem Ebenholztaktstock, den er auf dem Konservatorium als Preis gewonnen hatte. An der Hufeisentafel der Patres wurde die Tischglocke geschüttelt. Rechts von Pater Rektor saß – als einziger Vertreter des weltlichen Lehrerkreises – Lehrer Dietsche, Ehrengast sicher, weil er der Verfasser des Geburtstagsliedes war, saß oben im schwarzen Anzug, gestärkten Hemd und weißer Leinenkrawatte.

Obwohl alle Augen zum Chor gerichtet waren, sah keiner, wie den runden Mündern von Hans und Klaus gleich zu Beginn des Liedes ein zusätzliches s entschlüpfte, das aus dem »Menschenkind« ein »Menschenskind« machte. Sie erzielten damit eine Wirkung, die sie selber unterschätzt hatten. Nicht nur die Zuhörer – die Patres hinter den Weinpokalen, die Schüler in gutgelaunter Erwartung des Biers, der Zigarillos, des Kaffees und Kuchens –, auch der Chor prustete vor Lachen. Und weil man singen und lachen zugleich nicht kann, löste sich das Lied dissonant auf. Pater Ludewig, der energisch abgewinkt und dreimal den Taktstock gereckt hatte, um von vorne anzufangen, sah seine Machtlosigkeit schließlich ein, denn das Gelächter wuchs noch mehr an, weil auch der Pater Rektor, dem das Lied doch speziell gewidmet war, lachte und begeistert auf die Kavallerieschenkel unter der Soutane klatschte.

Es war verboten, daß zwei Schüler allein im Hof und oben auf der Terrasse unter den Bäumen spazierengingen. Klaus fand Ausflüchte; er verstand es, von den anderen Schülern sich zu trennen, vom Präfekten unbeobachtet, mit Hans hinter einer Hügelwelle zu liegen.

Die Bogenfenster der Kapelle leuchteten durch die Äste. Die Blätter moderten im Gras. Fern, unten im Tal, war der Lärm der Stadt zu hören, ein immerwährendes, unbestimmbares Rauschen, deutlicher darin die hupenden Autos, der Uhrenschlag der Stadt- und Schloßkirche, und vom Bahnhof hinter der Stadt das Huuh der Lokomotiven.

Fast jeden Abend war Gesang marschierender Männer zu hören, manchmal ein Redner, der mit heiserer Lautsprecherstimme über einen weiten Platz schrie.

Klaus sagte: »Ich habe in der Stadt eine Freundin. – Als ich hier ankam, habe ich sie kennengelernt. Wir waren zusammen im Kino.«

»Deine Eltern – sind nicht deine Eltern mit dir gekommen?«

»Nein. Ich bin allein gekommen. – Elfie heißt sie. Sie schreibt mir Briefe unter einem Decknamen und wirft sie am Bahnhof ein, damit sie nicht den Poststempel der Stadt tragen.«

Die Schüler, die Küchendienst hatten, knallten drinnen im Refektorium die Aluminiumteller und Aluminiumtassen auf die Tischplatten, stellten die Wasserkannen zwischen die langen Doppelreihen der Teller und Tassen. Waren die Tische gedeckt, schlug die Glocke an und rief alle hinein in den warmen, vom Kartoffeldampf nebligen Saal.

»Morgen abend will ich mich mit Elfie am oberen Tor treffen.«

»Es ist verboten!«

»Natürlich ist's verboten! Was ist in diesem dämlichen Zuchthaus nicht verboten. Aber ich lasse mich nicht einsperren, und wenn ich fliege. Es wär' das vierte Internat, aus dem ich fliege. Und hier bin ich sogar froh, wenn ich fliege.«

»Und dein Vater – was sagt dein Vater dazu?«

»Der? Er reist immerzu umher, unterschreibt nicht mal mein Zeugnis.«

»Und deine Mama?«

»Die hat Musterknaben auch nicht gern. – Hilfst du mir aufpassen, wenn Elfie kommt?«

»Ja«, sagte Hans, obwohl er nicht wußte, wie und auf wen er aufpassen sollte.

»Du bist der einzige patente Junge der Klasse.«

»Ja, ich passe auf ...«

»Du sollst mir die Daumen halten, vor dem Tor stehen bleiben und pfeifen, wenn der Präfekt kommt.«

»Ja.«

»Morgen. – Rauchen wir noch eine?«

Hans sagte nicht wieder, es ist verboten. Klaus hatte die zwei Zigaretten schon zwischen den Lippen, und seine gekrümmte Hand leuchtete vor dem Streichholzlicht wie ein Mohnblatt.

Als sie nebeneinander am Stamm lehnten, sagte Klaus: »Von allen drei Internaten, in denen ich bisher war, ist dies das dämlichste. Die Patres wollen aus jedem Schüler einen Pater machen, son'n Drückeberger, der schwarze Strümpfe trägt und die Augen nach oben verdreht. Mich haben sie nur aufgenommen, weil Mama den doppelten Preis bezahlt. Die denken auch nur ans Pinke-Pinke, die frommen Patres. – Noch dämlicher sind die Lehrer, und der Dietsche ist der allerdämlichste. Eine verkrachte Existenz, der nicht mal Examen hat und hier seine wacklige Stellung halten muß, weil er am Stadtgymnasium abgeblitzt ist. – Willst du vielleicht Pater werden?«

»Meine Mutter will's«, sagte Hans.

»Und du?«

»Ich weiß noch nicht.«

»Wärst schön dumm. – Glaub nur nicht, daß ich so 'ne Niete bin, wie die Steißtrommler glauben! Ich will ihnen nun mal nicht imponieren. Wie sagen sie immer? Non scholae sed vitae discimus. Ich hab nun mal das Leben lieber als die dämliche Schule.«

»Und wohin willst du, wenn du fliegst?« fragte Hans.

»Wieder in die Stadt zurück, wo was los ist. Hier gehst du ja ein, in diesem dämlichen Nest.«

»Und Elfie?«

»Elfie...«

Eine Pause entstand, wie hinter einer Frage von Lehrer Dietsche: Wie heißt das Plusquamperfekt, die zweite Person, Plural von amare?

»Elfie – ich kenne eine ganze Menge Mädchen.«

Im Hof war es ruhig geworden, und eben löschte die Lampe über dem Eingang zum Atrium aus, weil alle Schüler schon hineingegangen waren.

»Es hat geläutet«, sagte Hans.

»Natürlich hat es geläutet. Den ganzen Tag läutet es in diesem dämlichen Haus!«

Klaus zog noch einmal an seiner Zigarette, dann warf er sie weg und zerdrückte mit der Schuhsohle die Glut im Gras.

»Du sollst sofort zum Pater Rektor kommen«, sagte der Zensor.

»Ich?«

»Ja, du!«

Vor einer Stunde waren drei andere Quartaner zum Rektor befohlen worden. Rolf Weigand war nicht ins Klassenzimmer zurückgekommen. Der Präfekt selber hatte die Bücher, Hefte und Schreibutensilien zusammengeräumt und weggebracht.

Klaus kniff das linke Auge zu, als Hans vorbeiging. Es bedeutet wohl: Verpetz mich nicht. – Nein, ganz bestimmt nicht – sowenig, wie ich damals unser Menschenskind verpetzt habe.

Vor der gepolsterten Tür des Rektorzimmers wartete ein anderer Schüler, ein Untersekundaner, der im Orchester Cello spielte; der Zensor stand zwischen ihm und Hans, damit sie nicht miteinander sprachen.

Als der Pater Rektor drinnen rief, ging der Zensor mit dem Schüler in das Zimmer, kam allein heraus und stellte sich wie eine Schildwache neben Hans.

»Wissen Sie, warum ich ...«

»Psst! Wir dürfen nicht miteinander sprechen!«

Vierundzwanzig Polsternägel waren an der Tür des Rektorzimmers. Hinter der Polstertür war eine zweite Tür, und vor den beiden Türen war es so ruhig, daß Hans sein Herz klopfen hörte.

Der Sekundaner, der herauskam, senkte sein Gesicht, und seine Schultern zuckten. Der Rektor stand hinter ihm und sagte zum Zensor: »Gehen Sie mit ihm nach oben und helfen Sie beim Packen. Doch sprechen Sie kein Wort mit ihm!«

»Jawohl, Hochwürden.«

»Er ist der Letzte. – Komm, Hans!«

Drinnen im Zimmer setzte sich der Pater Rektor hinter den Schreibtisch, nahm den Federhalter und schrieb auf einen Block Zeile unter Zeile.

»Warum setzt du dich nicht?«

Hans ging drei Schritte zum Stuhl, setzte sich, saß da, und noch klopfte sein Herz, klopfte jetzt mehr aus Furcht, der Rektor könne es klopfen hören, als aus Furcht vor dem unbekannten Grund, wegen dem er ihn gerufen hatte.

Der Rektor legte den Federhalter neben den Block und zog über seinem Schoß eine Schublade auf, nahm ein Zigarillokistchen heraus, klappte den Deckel auf. *Senator* war dunkelbraun in das braune Holz gebrannt. Er nahm einen Zigarillo heraus und sagte dabei: »Du weißt, warum ich dich habe rufen lassen ...«

»Nein, Hochwürden.«

»Aber du fürchtest dich, ja?«

»Ja, Hochwürden.«

Hans sah auf seine Hände, die über den Knien lagen. Den rechten Zeigefinger mit dem Tintenfleck versteckte er unter den anderen Fingern.

»Und warum fürchtest du dich?« fragte der Pater Rektor.

»Ich weiß nicht, Hochwürden.«

»Man fürchtet sich doch nicht, wenn man ein gutes Gewissen hat.« Er legte den qualmenden Zigarillo in den Aschenbecher, sah Hans mit einem langen, traurigen Blick an. Dann nahm er, als sei ihm selber der Blick unangenehm, die Brille ab, zog ein Taschentuch aus der Soutane und wischte es über beide Augen, rieb die Brillengläser, zuerst das linke, dann das rechte, mit dem Taschentuch sauber.

»Hast du einen Freund?« fragte er.

Jetzt ging es um Klaus! Das Mädchen, die Briefe, ihre Gespräche – alles war verraten!

»Ja.«

»Du weißt aber, daß es nach unseren Statuten verboten ist, einen privaten Freund zu haben. Alle sollen deine Freunde sein, auch die, die dir vielleicht physisch unangenehm sind, die vielleicht kein angenehmes Gesicht, ja, vielleicht sogar einen Ausschlag im Gesicht haben.«

Die grauen Rauchkringel waberten über den Schreibtisch und verwischten, wie auf einer unscharfen Fotografie, das strenge Gesicht des Pater Rektor.

»Hast du unter den Schülern der oberen Klassen einen Freund?«

»Nein!«

Das ließ sich leichter sagen. Nein, unter den Sekundanern und Primanern hatte er keinen Freund. Klaus war drei Jahre älter als er, weil er schon von drei Internaten geflogen war, aber es schien nicht um Klaus zu gehen.

»Und Hubert Steiner – hast du den gekannt?«

Der Apfel, der Schrank, der Flur – der verbotene Gang ins Haus. Die Hände dieses Hubert Steiner! Nein, das ließ sich nicht erzählen!

Wie gut, der Rektor fragte schon weiter: »Und in den Ferien? Hat er dich in den Ferien besucht?«

»Nein, Hochwürden.«

Daß er ihn doch kannte, daß Hubert Steiner ihn immer so seltsam angesehen hatte – er mußte es nicht sagen.

»Ich glaub dir, Hans«, sagte der Pater Rektor, »und ich bin froh, daß du ihn nicht gekannt hast. In seinem Tagebuch, in seinem schmutzigen, haben wir deinen Namen gefunden, neben den Namen anderer Schüler. Ich mußte Hubert Steiner und fünf andere Schüler heute entlassen. Leicht hättest du dabei sein können.«

Es ging nicht um Klaus...

»Du darfst deinem Schöpfer danken, daß du nicht dabei gewesen bist. – Du weißt, wir sind mit deinen Leistungen und deinem Betragen recht zufrieden. Es hätte mir in der Seele weh getan, wenn ich dich hätte entlassen müssen.«

Hinter der Stadt, draußen vor dem Fenster war die Sonne untergegangen. Im Atrium schlug die Glocke drei Schläge. Ende des Studiums. Über die Treppen des Schulflügels trampelten die Schüler in den Hof.

Der Pater Rektor sagte: »Du kannst das Geheimnis des Lebens jetzt noch nicht verstehen. Du mußt Geduld haben, sonst zerstörst du es, bevor es sich entfaltet hat. In deinem kleinen Körper regen sich schon die Kräfte, die neues Leben zeugen wollen. Sei darüber nicht beunruhigt, gib ihnen auch nicht nach. Sie werden später, wenn sie ihre Bestimmung zu erfüllen haben, um so stärker sein. Wenn du sie jedoch vergeudest, wenn du sie – verstehst du mich, Hans?«

»Ja, Hochwürden.«

Der Pater Rektor streckte die Hand zur Schreibtischlampe hinüber und hielt sie über den Knipsschalter am Fuß der Lampe, doch zog er sie wieder zurück.

»Wir Priester«, sagte er, »müssen uns ein Leben lang gegen diese Kräfte stemmen. Gott gibt uns dafür andere Gaben. Ich weiß nicht, ob du zum Priester berufen bist, wenn nicht, ist es auch nicht schlimm. Um so mehr wirst du eines Tages deine Kräfte gebrauchen, und du wirst um so stärker und glücklicher sein, je enthaltsamer du deine Jugendjahre verbracht hast. – Hubert Steiner und seine Freunde wollten nicht warten, bis der Zeitpunkt kommt, wo auch Gott und die Natur einverstanden sind – verstehst du mich, Hans?«

»Ja, Hochwürden.«

»Später, wenn du älter bist, ist die Liebe zwischen einem Jungen und einem Mädchen Gott wohlgefällig. Wenn zwei sich gernhaben, schaut er ihnen nicht in die Fenster. – Ich rede nicht von unbekannten Dingen, wie viele andere Priester. Bevor ich berufen wurde, war ich bei der Kavallerie. Ich war ein schmucker Fähnrich und Leutnant…« Er klopfte die Asche von der Kuppe des Zigarillos und griff nach der Streichholzschachtel.

»Aber – ich kann aufhören. Es ist schon Recreation.« Jetzt knipste er die Schreibtischlampe an, stand auf und sagte: »Geh, schlag einen Purzelbaum! Los!«

Der Pater Rektor selber öffnete die zwei Türen, als wollte er Hans rasch aus dem Zimmer scheuchen.

Hans lief über den Hof, wo die Schüler – es war schon zu dunkel, um Ball zu spielen – in Gruppen rundum wanderten, miteinander sprachen und lachten.

Er lief den Weg hinauf, der oben auf der Terrasse unter den Bäumen zum Tor sich schlängelte. Am Abend war das Tor geöffnet, denn Frauen aus der Stadt kamen zur Beichte in die Kapelle und knieten danach vor der silbernen Maria des Seitenaltars.

Vor dem Tor senkte sich der Weg zur Stadt hinab, vorbei an Gärten und Villen mit erleuchteten Fensterfronten.

Klaus war fort, draußen, im Dunkel – und Elfie war bei ihm.

Breitbeinig stellte sich Hans vor das Tor, steckte die Hände in die Taschen, hielt die Daumen in die Fäuste gepreßt und wünschte inständig, daß niemand käme und er nicht pfeifen müsse.

Hans Bender
als Herausgeber im Insel Verlag

Insel Almanach 1971 für Marie Luise Kaschnitz. 1971
Das Insel-Buch vom Alter. 1976. 320 S. Ln.
Sonne, Mond und Sterne. Gedichte, Prosa und Bilder. 1976. 240 S. *insel taschenbuch* Band 170
Das Insel-Buch vom Reisen. 1978. 294 S. Ln.
Das Insel-Buch der Freundschaft. 1980. 292 S. Ln.
Heinrich Zimmermann, Reise um die Welt mit Capitain Cook. Mit Abbildungen und Faksimiles. 1981. 166 S. *insel taschenbuch* Band 555
Das Herbstbuch. Gedichte und Prosa. 1982. 272 S. *insel taschenbuch* Band 657
Das Katzen-Buch. Von Katzen und ihren Freunden. Geschichten, Gedichte, Bilder. Gesammelt von Hans Bender und Hans Georg Schwark. 1982. 250 S. *insel taschenbuch* Band 567
Das Winterbuch. Gedichte und Prosa. Herausgegeben von Hans Bender und Hans Georg Schwark. 1983. 258 S. *insel taschenbuch* Band 728
Deutsche Jugend. 1983. 544 S. Geb.

st 809 Darcy Ribeiro
Maíra
Roman
Deutsch von Heidrun Adler
340 Seiten
»Meisterhaft in der Komposition, von bestechendem Können im psychologischen Zugriff auf die einzelnen Charaktere, von geradezu weltliterarischer Souveränität in der allmählichen Entfaltung unaufhebbarer Konflikte, gehört dieser Roman zu den großen Leistungen des amerikanischen Subkontinents.«
Frankfurter Allgemeine Zeitung

st 810
Lateinamerika
Gedichte und Erzählungen 1930–1980
Herausgegeben mit einer Einleitung und Hinweisen zu den Verfassern von José Miguel Oviedo
426 Seiten
Chronologisch werden die großen Dichter und Erzähler Lateinamerikas vorgestellt: mit einem kurzen Stück Prosa oder wenigen Gedichten. Die Auswahl vermittelt einen Begriff von der unerhörten Lebendigkeit und schöpferischen Kraft, die überall auf diesem Kontinent zutage treten. Sie reicht von der Lyrik César Vallejos, Pablo Nerudas und Nicolás Guilléns bis zu den Erzählungen Asturias', Guimarães Rosas und Gabriel García Marquez'.

st 811 Die Neue Welt
Chroniken Lateinamerikas von Kolumbus bis zu den Unabhängigkeitskriegen
Herausgegeben und mit einer Einleitung versehen von Emir Rodríguez Monegal
Mit zeitgenössischen Illustrationen
434 Seiten
Diese Chroniken sind der Beginn eines Dialogs der Kulturen. Die Europäer reagierten auf die ersten Zeugnisse aus Amerika: so entstanden die *Utopia* von Thomas Morus oder der Essay über die *Kannibalen* von Montaigne, der Vorstellungen nachhaltig prägte. Dieser Dialog dauert bis heute an, im Begriff des Eurozentrismus hat er seine moderne Form gefunden.

st 812 Der lange Kampf Lateinamerikas
Texte und Dokumente
von José Martí bis Salvador Allende
Herausgegeben von Angel Rama
424 Seiten
Seit den Unabhängigkeitskriegen existiert die Idee Simón Bolívars von einem einigen und starken Lateinamerika: mit politischer, wirtschaftlicher und kultureller Selbständigkeit. Der Traum ist heute noch ein Wunschbild, Lateinamerika sucht noch immer seine Identität.

st 813 Robert Walser
Der Gehülfe
Roman
292 Seiten
»Die Prosa Robert Walsers ist auf arglose Weise hinterhältig. Gefeit gegen jede schnelle Lektüre, verlangt sie eine unendlich rege Aufmerksamkeit, denn erst im Wieder- und Wiederlesen zeigt sie ihre wahre Gestalt. Was zuerst wie Unvermögen und Verwahrlosung, wenn nicht gar wie Kitsch aussieht, entpuppt sich im Nachhinein als Raffinesse. ... Jedes Klischee gerät ihm zur Demonstration gegen den gefälligen Effekt, seine Komik ist freiwillig.« *Wolf Wondratschek*

st 815 Hans Christoph Buch
Jammerschoner
Sieben Nacherzählungen
162 Seiten
»Hintergründig und scheinbar sadistisch entlarvt der Autor soziale, politische, historische Verhältnisse, er verschränkt spielerisch, doch mit deutlichem Hinweis, verschiedene Epochen, Zeiten, ja Kulturen. Er tut dies mit den Mitteln einer Sprache, die parodistisch zitierend den Figuren ihr eigenes Urteil spricht.«

st 816 Natalia Ginzburg
Ein Mann und eine Frau
Aus dem Italienischen von Arianna Giachi
190 Seiten
»Aus diesen gleichmütigen, fast teilnahmslosen Mitteilungen entsteht unversehens ein unentrinnbares Lebensge-

füge, in das man selbst, lesend, hineingerät, dem man in alle Einzelheiten folgt.« *Süddeutsche Zeitung*

st 817 Igor Strawinsky
Aufsätze, Kritiken, Erinnerungen
Ausgewählt und herausgegeben von Heinrich Lindlar
226 Seiten
Was über Werden und Wirken, über Weg und Werk des russisch-französisch-amerikanischen Komponisten und Kosmopoliten Strawinsky vom Aufbruch unseres Jahrhunderts im Reflex seiner Mitarbeiter, Freunde und Mäzene, aber auch seiner eingeschworenen Gegner aus dem Umfeld der Neuen Wiener Schule Schönbergs – was da an Erinnerungen, an Huldigungen und Attacken von Belang war, findet sich in diesem Auswahlband wie in einem Brennspiegel.

st 818 J. G. Ballard
Kristallwelt
Roman
Aus dem Englischen übersetzt von Margarete Bormann
Phantastische Bibliothek Band 75
178 Seiten
»Am Tage flogen phantastische Vögel durch den erstarrten Wald, und edelsteinbesetzte Krokodile glitzerten wie heraldische Salamander an den Ufern des kristallenen Flusses. Nachts jagte der leuchtende Mann unter den Bäumen dahin, die Arme wie goldene Wagenräder, der Kopf wie eine gespenstische Krone . . .«

st 819 Peter Schattschneider
Zeitstopp
Science-fiction-Geschichten
Phantastische Bibliothek Band 76
230 Seiten
»Mit einemmal sah er nur noch Atome und Moleküle, die keinen Bezug zueinander hatten. Nichts veränderte sich. Die Naturgesetze zerfielen, weil es in der Zeitlosigkeit nichts gab, das sie beschreiben konnten, und mit ihnen zerfielen die Objekte. Bäume, Sträucher, das verdorrte Gras, Erde und Gestein, selbst die Sonne und der in der Luft erstarrte Vogel: Alles verlor sich in Bedeutungslosigkeit.«

st 821 Hans Carossa
Der Arzt Gion
Eine Erzählung
256 Seiten
»Die Lauterkeit seiner Gesinnung, die Tiefe seiner so bescheiden auftretenden Problematik, und mehr als alles der Adel seiner Sprache, seines schönen, wie eine Quelle fließenden Deutsch machen dies ernste Buch unausschöpflich, wie alle echte Dichtung es ist.« *Hermann Hesse*

st 822 Marcel Proust
Sodom und Gomorra
Auf der Suche nach der verlorenen Zeit
Vierter Teil
Deutsch von Eva Rechel-Mertens
2 Bände, zus. 724 Seiten
»Von der Erfahrung Prousts in Deutschland verspreche ich mir Entscheidendes, nicht im Sinne der Nachahmung, sondern in dem des Maßstabes. ... Angesichts des desorientierten Zustandes der deutschen Prosa, wenn nicht der Krisis der Sprache überhaupt, ist Rettendes zu hoffen von der Rezeption eines Dichters, der das Exemplarische vereint mit dem Avancierten.«
Theodor W. Adorno

st 823 Sylvia Beach
Shakespeare and Company
Ein Buchladen in Paris
Aus dem Amerikanischen von Lilly v. Sauter
Mit Abbildungen
248 Seiten
»*Shakespeare and Company* ist kein gelehrtes Buch, es ist ein ganz persönlicher Bericht. In Sylvia Beachs Erinnerungen kommen nahezu alle vor, die in den zwanziger Jahren eine Rolle spielten, und Sylvia Beach zählte sie alle zu ihren Bekannten.« *The New Yorker*

st 824 Erik H. Erikson
Lebensgeschichte und historischer Augenblick
Übersetzt von Thomas Lindquist
296 Seiten
Die Frage, um die es Erikson in diesem Buch geht, lautet: Psychoanalyse – Anpassung oder Freiheit? Erikson plä-

diert für eine Form von Adaption, die den Patienten befähigt, die Realität so zu sehen, wie sie ist, was nicht bedeutet, sie in ihrer Faktizität einfach hinzunehmen. Eriksons »goldene Regel« für seine eigene Praxis ist ein Begriff von Anpassung, der auf Gegenseitigkeit und Anerkennung basiert.

st 825 Volker Erbes
Die blauen Hunde
Erzählung
190 Seiten
Die blauen Hunde erzählt die Geschichte einer Krankheit. Scheinbar unangekündigt trifft sie eine junge Frau. Die Vorgeschichte zeigt, daß die Formen ihres Wahns nicht zufällig sind oder abstrus, sondern bis in die absonderlichen Details biographisch bestimmt. Auch der Erzähler, der ehemalige Freund dieser Frau, wird von dem Wahn, der der Wahn einer Epoche ist, erfaßt. Indem er ihre Geschichte erzählt, entdeckt er betroffen die Rolle, die er darin spielt.

st 826 Phantasma
Polnische Geschichten aus dieser und jener Welt
Herausgegeben und übersetzt von Klaus Staemmler
Phantastische Bibliothek Band 77
282 Seiten
Zwanzig Erzählungen von neunzehn Autoren stellt dieser Band vor, utopische und phantastische Geschichten, heitere und ernste, amüsante und besinnliche; Spekulationen über die Zukunft stehen neben satirischen Seitenhieben auf die wenig vollkommene Gegenwart. Und es gibt auch gar schauerliche, diabolische und unheimliche Geschichten.

st 828 Hermann Lenz
Die Begegnung
Roman
204 Seiten
»Ein wundersames und wunderbares Buch ... ein Roman, der ganz unwichtig tut und doch voll Weisheit ist; der beiläufig erzählt wirkt und doch Existentiellem auf den Grund geht; der in geschichtlicher Zeit spielt und uns die eigene Zeit und unsere eigene Zerrissenheit besser wahrnehmen läßt.« *Deutsche Zeitung*

st 829 Pablo Neruda
Liebesbriefe an Albertina Rosa
Zusammengestellt, eingeführt und mit Anmerkungen versehen
von Sergio Fernández Larraín
Aus dem Spanischen von Curt Meyer-Clason
Mit Abbildungen
338 Seiten
Wer die Memoiren Nerudas gelesen hat, kennt seine Erzählhaltung. Das Schreiben sei für ihn wie das Schuhemachen – und so urpersönlich, sympathisch warm und menschlich ist auch der Ton dieser Briefe. Sie befassen sich mit Zuneigung und alltäglichen Sorgen, mit Hoffnungen und Enttäuschungen.

st 831 Helm Stierlin
Delegation und Familie
Beiträge zum Heidelberger familiendynamischen Konzept
258 Seiten
»Die Beiträge des Bandes verarbeiten eine Fülle von Fallbeispielen und therapeutischen Erfahrungsdaten vor dem Hintergrund der psychoanalytischen Grundannahmen zu einem komplexen System von Hilfestellung für die unterschiedlichsten familiären Konstellationen. Lesenswert für jeden, der an Einsicht in ein komplexes Gefüge von Zusammenhängen interessiert ist.«
Wissenschaftlicher Literaturanzeiger

st 833 J. G. Ballard
Die Tausend Träume von Stellavista
und andere Vermilion-Sands-Stories
Aus dem Englischen von Alfred Scholz
Phantastische Bibliothek Band 79
204 Seiten
Vermilion Sands, ein Wüstenkurort zur Erfüllung der ausgefallensten Träume der gelangweilten Reichen, jetzt Künstlerkolonie für Maler, Literaten, bildende Künstler und Musiker, ist in einem langsamen, aber unaufhaltsamen Verfall begriffen. Dichter drücken lediglich auf die Knöpfe ihrer Computer, die automatisch für sie dichten; tönende Skulpturen wachsen aus dem Boden, und empfindsame Pflanzen reagieren auf die Töne der Musik.

Alphabetisches Gesamtverzeichnis der suhrkamp taschenbücher

Abe, Die vierte Zwischeneinszeit 756
Achternbusch, Alexanderschlacht 61
– Das letzte Loch 803
– Der Neger Erwin 682
– Die Stunde des Todes 449
– Happy oder Der Tag wird kommen 262
Adorno, Erziehung zur Mündigkeit 11
– Studien zum autoritären Charakter 107
– Versuch, das ›Endspiel‹ zu verstehen 72
– Versuch über Wagner 177
– Zur Dialektik des Engagements 134
Aitmatow, Der weiße Dampfer 51
Aldis, Der unmögliche Stern 834
Alegría, Die hungrigen Hunde 447
Alewyn, Probleme und Gestalten 845
Alfvén, Atome, Mensch und Universum 139
– M 70 – Die Menschheit der siebziger Jahre 34
Allerleirauh 19
Alsheimer, Eine Reise nach Vietnam 628
– Vietnamesische Lehrjahre 73
Alter als Stigma 468
Anders, Kosmologische Humoreske 432
v. Ardenne, Ein glückliches Leben für Technik und Forschung 310
Arendt, Die verborgene Tradition 303
Arlt, Die sieben Irren 399
Arguedas, Die tiefen Flüsse 588
Artmann, Grünverschlossene Botschaft 82
– How much, schatzi? 136
– Lilienweißer Brief 498
– The Best of H. C. Artmann 275
– Unter der Bedeckung eines Hutes 337
Augustin, Raumlicht 660
Bachmann, Malina 641
v. Baeyer, Angst 118
Bahlow, Deutsches Namenlexikon 65
Balint, Fünf Minuten pro Patient 446
Ball, Hermann Hesse 385
Ballard, Der ewige Tag 727
– Die Tausend Träume 833
– Kristallwelt 818
Barnet (Hg.), Der Cimarrón 346
Basis 5, Jahrbuch für deutsche Gegenwartsliteratur 276
Basis 6, Jahrbuch für deutsche Gegenwartsliteratur 340
Basis 7, Jahrbuch für deutsche Gegenwartsliteratur 420
Basis 8, Jahrbuch für deutsche Gegenwartsliteratur 457
Basis 9, Jahrbuch für deutsche Gegenwartsliteratur 553
Basis 10, Jahrbuch für deutsche Gegenwartsliteratur 589
Sylvia Beach, Shakespeare and Company 823
Beaucamp, Das Dilemma der Avantgarde 329
Becker, Jürgen, Eine Zeit ohne Wörter 20
– Gedichte 690
Becker, Jurek, Irreführung der Behörden 271
– Der Boxer 526
– Jakob der Lügner 774
– Schlaflose Tage 626
Beckett, Das letzte Band (dreisprachig) 200
– Der Namenlose 536
– Endspiel (dreisprachig) 171
– Glückliche Tage (dreisprachig) 248
– Malone stirbt 407
– Molloy 229
– Warten auf Godot (dreisprachig) 1
– Watt 46
Das Werk von Beckett. Berliner Colloquium 225
Materialien zu Beckett »Der Verwaiser« 605
Materialien zu Becketts »Godot« 104
Materialien zu Becketts »Godot« 2 475
Materialien zu Becketts Romanen 315
Behrens, Die weiße Frau 655
Bell, Virginia Woolf 753
Benjamin, Der Stratege im Literaturkampf 176
– Illuminationen 345
– Über Haschisch 21
– Ursprung des deutschen Trauerspiels 69
Zur Aktualität Walter Benjamins 150
Beradt, Das dritte Reich des Traums 697
Bernhard, Das Kalkwerk 128
– Der Kulterer 306
– Frost 47
– Gehen 5
– Salzburger Stücke 257
Bertaux, Hölderlin 686
– Mutation der Menschheit 555
Beti, Perpétue und die Gewöhnung ans Unglück 677
Bienek, Bakunin, eine Invention 775
Bierce, Das Spukhaus 365
Bingel, Lied für Zement 287
Bioy Casares, Fluchtplan 378
– Tagebuch des Schweinekriegs 469
Blackwood, Besuch von Drüben 411
– Das leere Haus 30
– Der Griff aus dem Dunkel 518
Blatter, Zunehmendes Heimweh 649
– Schaltfehler 743
Bloch, Atheismus im Christentum 144
Böni, Ein Wanderer im Alpenregen 671
Börne, Spiegelbild des Lebens 408
Bohrer, Ein bißchen Lust am Untergang 745
Bonaparte, Edgar Poe, 3 Bde. 592
Bond, Bingo 283
– Die See 160
Brandão, Null 777
Brasch, Kargo 541
Braun, J. u. G., Conviva Ludibundus 748
– Der Fehlfaktor 687
– Der Irrtum des Großen Zauberers 807
– Unheimliche Erscheinungsformen auf Omega XI 646
Braun, Das ungezwungne Leben Kasts 546
– Gedichte 499
– Stücke 1 198
– Stücke 2 680
Brecht, Frühe Stücke 201
– Gedichte 251
– Gedichte für Städtebewohner 640
– Geschichten vom Herrn Keuner 16
– Schriften zur Gesellschaft 199
Brecht in Augsburg 297
Bertolt Brechts Dreigroschenbuch 87
Brentano, Berliner Novellen 568
– Prozeß ohne Richter 427
Broch, Hermann, Barbara 151
– Briefe I 710
– Briefe II 711
– Briefe III 712
– Dramen 538
– Gedichte 572